SÊNECA

ENSAIOS COMPLETOS

A SABEDORIA DE SÊNECA

· SOBRE A BREVIDADE DA VIDA ·
· A FIRMEZA DO SÁBIO ·
· SOBRE A IRA ·
· SOBRE UMA VIDA FELIZ ·
· SOBRE A TRANQUILIDADE DA ALMA ·

© 2021 by Book One
Todos os direitos de tradução reservados e protegidos pela Lei 9.610 de
19/02/1998. Nenhuma parte desta publicação, sem autorização prévia
por escrito da editora, poderá ser reproduzida ou transmitida sejam
quais forem os meios empregados: eletrônicos, mecânicos, fotográficos,
gravação ou quaisquer outros.

Tradução	Lina Machado
Preparação	Guilherme Summa
Revisão	Letícia Nakamura Tainá Fabrin
Arte	Francine C. Silva
Capa, projeto gráfico e diagramação	Renato Klisman • @rkeditorial

---

S479s   Seneca

A sabedoria de Sêneca: ensaios completos – Sobre a
brevidade da vida – A firmeza do sábio – Sobre a ira –
Sobre uma vida feliz – Sobre a tranquilidade da alma /
Lúcio Aneu Sêneca; tradução de Lina Machado. –
São Paulo: Excelsior, 2021.

256 p. (Sêneca : Ensaios completos)

ISBN 978-65-87435-54-1

1. Filosofia I. Título II. Machado, Lina

21-5014   CDD 100

SIGA NAS REDES SOCIAIS:

 @editoraexcelsior
 @editoraexcelsior
 @edexcelsior
 @editoraexcelsior

editoraexcelsior.com.br

Tipografia	Alegreya
Impressão	COAN

SÊNECA

ENSAIOS COMPLETOS

A SABEDORIA DE SÊNECA

- SOBRE A BREVIDADE DA VIDA -
- A FIRMEZA DO SÁBIO -
- SOBRE A IRA -
- SOBRE UMA VIDA FELIZ -
- SOBRE A TRANQUILIDADE DA ALMA -

EXCELSIOR
BOOK ONE

SÃO PAULO
2021

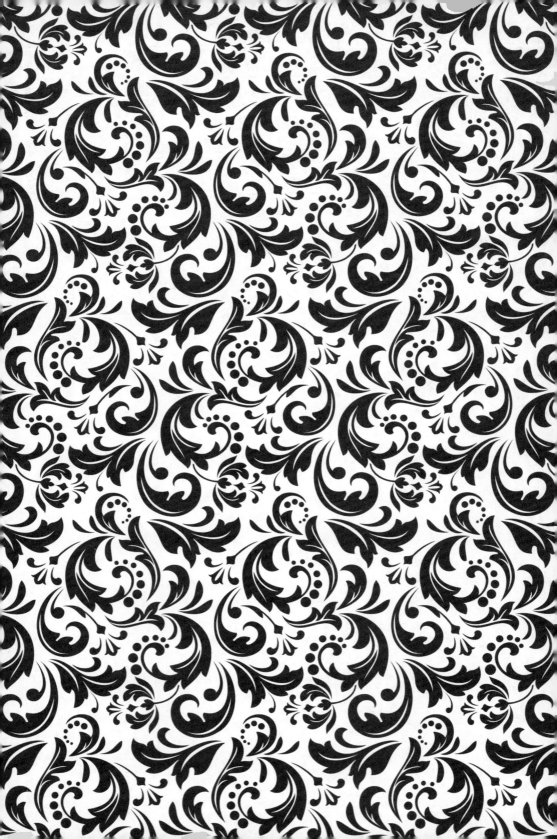

SUMÁRIO

**LIVRO DOS DIÁLOGOS DE LÚCIO ANEU SÊNECA,
ENDEREÇADO A PAULINO**
Sobre a brevidade da vida 7

**LIVRO DOS DIÁLOGOS DE LÚCIO ANEU SÊNECA,
ENDEREÇADO A SERENO**
A firmeza do sábio 39

**LIVRO DOS DIÁLOGOS DE LÚCIO ANEU SÊNECA,
ENDEREÇADO A NOVATO**
Sobre a ira 67

**LIVRO DOS DIÁLOGOS DE LÚCIO ANEU SÊNECA,
ENDEREÇADO A GÁLIO**
Sobre uma vida feliz 179

**LIVRO DOS DIÁLOGOS DE LÚCIO ANEU SÊNECA,
ENDEREÇADO A SERENO**
Sobre a tranquilidade da alma 217

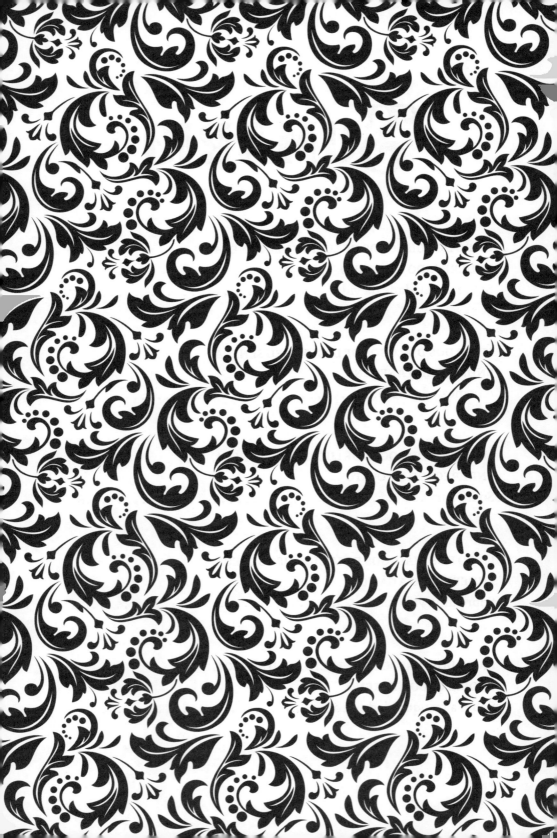

LIVRO DOS DIÁLOGOS DE LÚCIO ANEU SÊNECA, ENDEREÇADO A PAULINO

Sobre a brevidade da vida

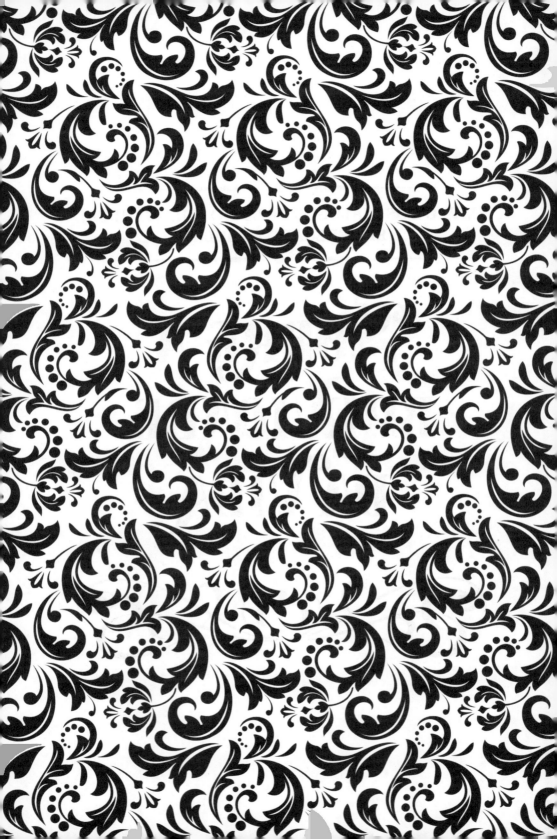

I. Meu caro Paulino, a maior parte da humanidade reclama da crueldade da Natureza, por nascermos para viver somente por um breve espaço de tempo e por esse período de vida que nos foi concedido se esgotar tão rapidamente, ou melhor, de modo tão apressado, que, com apenas poucas exceções, a vida chega ao fim no exato momento em que as pessoas se preparam para desfrutá-la. A massa comum e os ignorantes vulgares não são os únicos a lamentar esse infortúnio universal, como o consideram; tal reflexão arrancou lástimas até mesmo de homens notáveis. Daí vem o conhecido aforismo do maior dos médicos: "A arte é longa, mas a vida é breve". Daí surgiu a briga, tão indigna de um sábio, que Aristóteles comprou com a Natureza, por ela ter dotado os animais com tantos dias de vida que alguns vivem por dez ou quinze séculos, enquanto o homem, embora nascido para vários e grandiosos feitos, recebeu um tempo de existência muito mais curto. Não recebemos um tempo muito curto, porém, desperdiçamos a maior parte dele. A vida é longa o bastante para realizar os projetos mais importantes; recebemos uma porção generosa, se a ordenamos da maneira certa. Contudo, quando se esvai no luxo e no descuido, quando não é dedicada a nenhum bom propósito, somos enfim forçados a perceber que se acabou, embora nunca tivéssemos notado que se esgotava. Portanto, não recebemos uma vida curta, mas a tornamos breve; não somos pobres em dias, mas os desperdiçamos. Da mesma maneira que enormes fortunas, dignas de reis, ao caírem nas mãos de um mau administrador são logo esbanjadas, enquanto uma fortuna, mesmo que moderada, se concedida a um sábio guardião, aumenta pelo uso que se faz dela, assim também, nossa vida guarda grandes oportunidades para quem sabe como aproveitá-la da melhor maneira.

A vida é longa o bastante para realizar os projetos mais importantes; recebemos uma porção generosa, se a ordenamos da maneira certa

II. POR QUE RECLAMAMOS DA NATUREZA? Ela foi generosa para conosco. A vida é longa o suficiente, caso se saiba como aproveitá-la. Um homem é possuído por uma avareza que nada é capaz de satisfazer, enquanto outro é tomado por uma persistente diligência em fazer o que é totalmente inútil; um se afoga em vinho, enquanto outro é entorpecido pela preguiça; um homem é exaurido pela ambição que o faz cortejar a boa vontade de outros; já outro, por sua ânsia como comerciante, é levado a visitar todas as terras e todos os mares pela esperança de obter lucro. Alguns homens são atormentados pelo amor à guerra e estão sempre colocando em risco a vida de outros ou temendo pela própria; há alguns que desperdiçam suas vidas na servidão voluntária do serviço não reconhecido aos homens célebres; muitos se ocupam em perseguir a fortuna alheia ou em reclamar da própria; um grande número não tem propósito estabelecido e é jogado de um esquema para outro por um espírito divagante, inconsistente, insatisfeito; outros não se importam o suficiente com nenhum objetivo para tentar alcançá-lo, mas vivem prostrados bocejando preguiçosamente, até que seu destino recaia sobre eles. Isso ocorre de tal modo, que não posso duvidar da veracidade daquele verso que

Não recebemos uma vida curta, mas a tornamos breve; não somos pobres em dias, mas os desperdiçamos

o maior dos poetas revestiu com o manto de um oráculo: "Vivemos apenas uma pequena parte de nossas vidas".

Contudo, toda extensão é tempo, não vida. Vícios nos pressionam e nos cercam por todos os lados e não permitem que nos reergamos ou que levantemos nosso olhar e vejamos a verdade, mas, quando estamos caídos, nos mantêm prostrados e acorrentados a desejos vis. Aqueles que estão nessa condição jamais podem voltar a si, se por acaso obtêm algum descanso, se reviram para lá e para cá, tal como o mar profundo que se revolve e se agita após uma tempestade, e nunca têm qualquer descanso de seus desejos. Supõe que eu falo daqueles cujos males são notórios? Não, volte seu olhar para aqueles cuja prosperidade todos os homens correm para admirar; eles são sufocados por seus próprios bens. Para quantos as riquezas se provam um fardo pesado? A quantos a eloquência e o desejo contínuo de exibir a própria inteligência custou a vida? Quantos estão empalidecidos devido à indulgência constante dos sentidos? A quantos a multidão de clientes que se aglomeram ao seu redor não lhes deixa liberdade? Observe a todos, do mais inferior ao mais elevado: um homem chama seus amigos a fim de apoiá-lo, um se apresenta no tribunal, aquele é o réu, outro advoga por ele, um está no júri, mas ninguém reivindica a si mesmo, todos perdem seu tempo com outros. Investigue esses homens, cujos nomes são conhecidos por todos, e descobrirá que carregam as mesmas marcas: A é dedicado a B, e B, a C. Ninguém pertence a si mesmo. Além disso, alguns homens estão cheios de uma raiva irracional: reclamam da insolência de seus chefes, por não lhes concederem uma audiência quando desejavam; como se um homem tivesse o direito de reclamar de ser tão arrogantemente excluído por outro, quando nunca tem tempo para ouvir a própria consciência. Esse seu chefe, quem quer que seja, embora possa olhar para você de maneira ofensiva, algum dia ainda vai olhar para você, dará ouvidos às suas palavras e um lugar ao seu lado; porém, você nunca pensa em olhar para si mesmo, em ouvir as próprias queixas. Você não deveria, então, reivindicar esses serviços de outro, especialmente porque, enquanto o fazia, não lhe faltaram audiências com outrem, mas você não foi capaz de oferecer uma para si mesmo.

III. Mesmo se os intelectos mais brilhantes de todos os tempos se debruçassem sobre esse único assunto, nunca poderiam expressar suficientemente seu espanto com essa cegueira da mente humana: os homens não permitem que ninguém tome suas propriedades e, na mais insignificante disputa sobre a medição de terrenos, lançam mão de pedras e porretes. No entanto, permitem que outros invadam suas vidas, ou melhor, eles mesmos levam os outros a se apossar delas. Não é possível encontrar alguém que esteja disposto a distribuir seu dinheiro, mas entre quantos cada um de nós reparte sua vida? Os homens são zelosos na guarda de suas propriedades. Em contrapartida, quando se trata de perder tempo, são muito pródigos com o que seria apropriado ser avarento. Imagine que dizemos a um dos anciãos: "Vemos que chegou aos limites extremos da vida humana, está no seu centésimo ano, ou até mais velho; venha, relembre sua vida e faça as contas; diga-nos, quanto do seu tempo foi gasto com seus credores, com uma amante, quanto com seu rei, com seus clientes, quanto em brigas com a esposa, em manter seus escravos em ordem e quanto correndo para um lado e para o outro da cidade a negócios. Acrescente a isso as doenças que causamos a nós mesmos e o tempo que ficou ocioso sem que qualquer uso tenha sido feito dele; verá que não viveu tantos anos quanto calcula. Olhe para trás em sua memória e veja quantas vezes foi consistente em seus projetos, quantos dias se passaram da maneira como planejou quando estava por conta própria. Quantas vezes você não mudou de humor e sua mente não se perturbou, quanto trabalhou em tanto tempo; quantas pessoas roubaram partes de sua vida sem a sua ciência, o quanto você perdeu, quanto foi tomado por uma tristeza inútil, uma alegria tola, um desejo ganancioso e por conversas educadas. Quão pouco de si mesmo é deixado a você. Perceberá, então, que morrerá prematuramente".

Logo, qual é a razão disso? É que as pessoas vivem como se fossem viver para sempre; você nunca se lembra de sua fragilidade humana, nunca nota o quanto do seu tempo já passou, desperdiça-o como se tivesse um estoque abundante e transbordante; embora todo dia que você dedica a um homem qualquer ou a qualquer coisa seja talvez o seu último. Temem tudo, como os mortais que são, mas, ainda assim, desejam tudo como se fossem imortais. Ouvirá muitos homens dizer: "Depois de completar cinquenta anos, me entregarei ao lazer; meu sexagésimo será meu último ano no ofício público"; que garantia têm de que sua vida durará muito mais? Quem permitirá que tudo isso ocorra da maneira que você planejou? Não tem vergonha de reservar apenas as sobras de sua vida para si mesmo e designar para o gozo de sua mente apenas o tempo que não pode dedicar a negócio algum? Como é tardio começar a vida justo quando temos que deixá-la! Que tolo esquecimento de nossa mortalidade, adiar planos sadios para o quinquagésimo e sexagésimo ano e ter a intenção de começar a vida em um ponto que poucos de nós jamais alcançam.

É que as pessoas vivem como se fossem viver para sempre; você nunca se lembra de sua fragilidade humana, nunca nota o quanto do seu tempo já passou, desperdiça-o como se tivesse um estoque abundante e transbordante

IV. Você verá que os homens mais poderosos e bem posicionados fazem comentários em que anseiam pelo ócio, o aclamam e o preferem a todas as bênçãos de que desfrutam. Algumas vezes, desceriam alegremente de seu alto pedestal, se pudessem fazê-lo com segurança, pois a Fortuna entra em colapso sob seu próprio peso, sem qualquer assalto ou interferência externa.

O finado Imperador Augusto, a quem os deuses concederam mais bênçãos do que a qualquer outro, nunca deixou de orar pelo descanso e pelo afastamento dos problemas do Império. Era com essa doce, mesmo que vã, consolação de que um dia viveria apenas para si, que costumava animar seus trabalhos. Em carta que dirigiu ao Senado, depois de prometer que seu descanso não seria desprovido de dignidade nem inconsistente com suas glórias anteriores, encontro as seguintes palavras: "É mais honroso agir do que prometer nessas questões; porém, minha ânsia por esse tempo, tão fervorosamente desejado, leva-me a derivar certo prazer de falar sobre isso, embora sua concretização ainda esteja muito distante". Ele considerava o ócio tão importante que, embora não pudesse de fato desfrutar dele, fazia-o por meio da antecipação e da imaginação. Ele, que via tudo dependendo apenas de si, que determinava o destino de homens e de nações, considerava que o dia mais feliz de sua vida seria aquele em que deixaria de lado sua grandeza. Sabia, por experiência própria, quanta labuta estava envolvida naquela glória que brilhava por todas as terras e quanta ansiedade secreta se escondia por trás dela. Fora forçado a afirmar seus direitos por meio da guerra, primeiro contra seus compatriotas, depois contra seus colegas e, por último, contra os próprios parentes. Derramou sangue tanto no mar quanto na terra. Após marchar com suas tropas através de Macedônia, Sicília, Egito, Síria, Ásia Menor e quase todos os países do mundo, quando seus soldados estavam cansados de massacrar romanos, guiara-os contra um inimigo estrangeiro. Enquanto pacificava as regiões dos Alpes e subjugava os inimigos que encontrou no seio do Império Romano, quando estendia as fronteiras para além do Reno, Eufrates e Danúbio, em Roma, as espadas de Murena, Cepião, Lépido, Egnácio e outros estavam sendo afiadas para assassiná-lo. Mal escapara da trama, quando sua já enfraquecida idade foi atormentada por sua filha e por todos os jovens nobres ligados à causa dela por meio do adultério como por um juramento de fidelidade. A isso seguiu-se Paulo e a amante de Antônio, a ser temida por Roma uma segunda vez. E quando havia extirpado essas úlceras dos próprios membros, outras cresceram em seu lugar. O Império, como um corpo com excesso de sangue, sempre sofria alguma ruptura. Por este motivo, ansiava pelo ócio. Todos os seus trabalhos se baseavam em esperanças e pensamentos de descanso. Este era o desejo daquele que podia realizar os desejos de todos os outros homens.

V. ENQUANTO ERA ARREMESSADO DE UM lado para o outro por Catilina e Clódio, Pompeu e Crasso, alguns inimigos declarados, outros amigos duvidosos, enquanto lutava com a República em conflito e a impedia de cair na ruína, quando finalmente foi banido, sendo incapaz de manter o silêncio na prosperidade, nem de suportar as adversidades com paciência, quantas vezes Marco Cícero deve ter amaldiçoado seu consulado que jamais deixou de louvar, embora não sem razão? Que expressões lamentosas usa em uma carta para Ático quando Pompeu, o pai, havia sido derrotado, e seu filho estava recrutando suas forças despedaçadas na Espanha! "Você me pergunta", escreve ele, "o que faço aqui? Vivo na minha vila tuscolana quase como um prisioneiro". Acrescenta mais depois, lamentando sua vida anterior, reclama do presente e se desespera com o futuro. Cícero se chamava "quase um prisioneiro", mas, por Hércules, o homem sábio nunca teria caído sob um título tão baixo, jamais seria quase um prisioneiro, mas sempre desfrutaria de liberdade total e completa, sendo livre, em seu próprio poder e maior do que todos os outros. Pois o que pode ser maior do que o homem que é maior do que a Fortuna?

VI. QUANDO LÍVIO DRUSO, HOMEM VIGOROSO e enérgico, apresentou projetos para novas leis e medidas radicais segundo o padrão de Graco, sendo apoiado por vasta multidão de todos os cantos da Itália, e não vendo uma saída para a questão, uma vez que não podia lidar com a situação como quisesse, e também por não estar livre para abandoná-la após ter tomado parte dela, reclamou amargamente de sua vida, que havia sido uma de inquietação desde o berço, e afirmou, nos disseram, que "era a única pessoa que nunca tinha tido férias, mesmo quando era um menino". De fato, quando ainda era menor de idade e usava a toga pretexta, teve a coragem de pleitear a causa de acusados no tribunal e de fazer uso de sua influência de forma tão poderosa que é bem conhecido que em algumas causas seus esforços ganharam um veredicto favorável. Onde ambição tão precoce iria parar? Era de se esperar alguém que demonstrou tamanha ousadia quando criança acabaria se tornando uma grande praga tanto na vida pública quanto na privada. Já era tarde demais para que reclamasse que não tinha férias, quando, desde sua infância, havia sido um causador de problemas e um estorvo nos tribunais. Há dúvidas se cometeu suicídio, pois sucumbiu devido a um ferimento repentino desferido em sua virilha; alguns duvidaram se sua morte tenha sido voluntária, embora ninguém tenha contestado que havia sido mais do que oportuna.

Seria supérfluo mencionar outros, que enquanto as pessoas consideravam os mais felizes dos homens, deram verdadeiro testemunho de seus próprios sentimentos e expressaram repulsa por tudo o que fizeram em todos os anos de suas vidas; mas por essas queixas não mudaram nem a si próprios nem aos outros, porque depois que essas palavras lhes escapam, seus sentimentos retornam para o seu modo costumeiro. Por Hércules, a vida de vocês, grandes homens, embora devesse ultrapassar os mil anos, ainda é muito curta; seus vícios consumiriam qualquer quantidade de tempo. Não é de admirar que esse nosso período ordinário que, embora apressado pela Natureza, pode ser prolongado pelo bom senso, logo lhes escapa, pois não o agarram nem o retêm, nem tentam deter a mais veloz de todas as coisas, mas permitem que passe como se fosse uma coisa inútil que poderiam substituir.

VII. Entre esses considero piores aqueles que não dedicam seu tempo a nada além de bebedeiras e devassidão, pois nenhum homem se ocupa mais vergonhosamente. Os outros, embora a glória que perseguem seja vã, ainda merecem algum crédito por sua busca. Embora você possa me falar de homens avarentos, apaixonados, de homens que odeiam e que até lutam guerras sem causa, ainda assim, todos esses pecam como homens; enquanto o pecado daqueles que se entregam à gula e à luxúria é vergonhoso. Examine todas as horas de suas vidas, considere quanto de seu tempo gastam calculando, criando planos, com medo, quanto bajulando e sendo bajulados, quanto comprometendo-se diante do tribunal em causa própria ou para os outros, quanto em banquetes, que de fato se tornam negócio sério, verá que seus prazeres e suas inconveniências não lhes dão tempo para respirar.

Por fim, todos concordam que nada, seja a eloquência ou a literatura, pode ser feito de modo adequado por alguém que está ocupado com outra coisa; pois nada pode criar raízes profundas em uma mente que está voltada para algum outro assunto e que rejeita o que tentam colocar nela. Nenhum homem sabe menos como viver do que um homem de negócios; não há nada que seja mais difícil de aprender. Para as outras artes, há muitos por todos os lugares que professam ensiná-las; algumas podem ser aprendidas tão bem por meros garotos, que eles são capazes de ensiná-las a outros. Entretanto, deve-se dedicar toda a vida para se aprender a viver e, o que talvez possa surpreendê-lo mais, deve-se dedicar toda a vida para se aprender a morrer. Muitos homens excelentes se libertaram de todos os obstáculos, desistiram de riquezas, negócios e prazeres e se dedicaram até o fim de suas vidas a aprender a viver; ainda assim, a maioria deles parte desta vida confessando que ainda não sabe viver e menos ainda sabe viver como homens sábios. Acredite-me, é necessário ser um grande homem e um que superou as fragilidades humanas para não permitir que nada de seu tempo lhe seja roubado e, logo, segue-se que a vida de tal homem é muito longa, porque ele dedicou todas as partes possíveis dela a si mesmo. Nenhuma parcela dela fica ociosa ou negligenciada ou sob poder de outra pessoa; pois ele não encontrou nada digno de ser trocado por seu tempo, que administra com muito zelo. Portanto, teve tempo suficiente, enquanto os que entregaram grande parte de suas vidas para outras pessoas não tinham o suficiente.

No entanto, não há razão para supor que esses últimos, às vezes, não estavam conscientes de sua perda. De fato, você vai ouvir a maioria daqueles que estão oprimidos por grande prosperidade de vez em quando clamar em meio a suas multidões de clientes, suas súplicas no tribunal ou suas outras gloriosas misérias: "Eu não consigo viver minha própria vida". Por que não consegue? Porque todos que o convocam para defendê-los o afastam de si mesmo. Quantos de seus dias foram gastos com aquele réu? Quantos com esse candidato a um cargo público? Com aquela velha cansada de sepultar seus herdeiros? Com o homem que finge estar doente, a fim de estimular a ganância dos que esperam herdar sua propriedade? Com aquele amigo poderoso, que o usa para aumentar sua comitiva, não para ser seu amigo? Faça as contas, repasse todos os dias de sua vida, verá que apenas alguns dias, e apenas aqueles que eram inúteis para qualquer outro propósito, lhe sobraram. Aquele que obteve o cargo público pelo qual ansiava está ansioso para se livrar dele e diz constantemente: "Quando este ano vai acabar?". Outro exibe jogos públicos e, antes, teria dado muito pela chance de fazê-lo agora, porém, pergunta: "Quando me livrarei disto?". Um terceiro é um advogado disputado em todos os tribunais e que atrai imensas audiências, que lotam todo o fórum a uma distância muito maior do que podem ouvi-lo. "Quando chegarão as férias?", questiona ele. Todos se apressam pela vida e sofrem ansiando pelo futuro e cansados do presente. Contudo, aquele que dispõe todo o seu tempo para seus propósitos, que estrutura todos os seus dias como se organizasse o plano de sua vida nem deseja nem teme o amanhã, pois que novo prazer pode agora lhe conceder? Ele tudo conhece e desfrutou de tudo ao máximo. A Fortuna pode lidar com o restante como desejar, sua vida já está a salvo dela; tal homem pode ganhar alguma coisa, mas não pode perder nada. E, de fato, apenas pode ganhar alguma coisa da forma que alguém que já está satisfeito e farto pode receber alguma comida extra que aceita, embora não queira. Não há motivos, portanto, para supor que qualquer um viveu por muito tempo, porque tem rugas ou cabelos grisalhos; tal homem não teve uma vida longa, apenas está vivo por longo tempo. Ora! Consideraria que um homem viajou muito se um vendaval violento o pegou assim que deixou o porto e ele tenha sido varrido de um lado para o outro, continuamente, no mesmo lugar, por uma sucessão de ventos soprando de lados opostos?

De fato, se cada homem pudesse ter diante de si o número de anos futuros, como é possível com os anos que se passaram, quão ansiosos aqueles que descobrissem que tinham poucos anos restantes ficariam para aproveitá-los ao máximo?

VIII. Fico surpreso ao ver alguns homens exigindo o tempo de outros, e aqueles de quem o exige mais do que desejosos de concedê-lo. Ambos consideram o objetivo para o qual o tempo é cedido, mas nenhum deles pensa no tempo em si, como se o que é pedido não fosse nada, e o que é dado nada fosse. Brincamos com o que há de mais precioso; porém, não percebemos, porque é algo incorpóreo e que não está diante dos olhos. Portanto, é considerado muito barato, ou melhor, quase nenhum valor lhe é atribuído. Os homens atribuem grande importância a presentes ou pensões, e vendem seu trabalho, seus serviços ou suas atenções em troca deles. Ninguém valoriza o tempo, o concedem muito mais livremente, como se não valesse nada. No entanto, verá essas mesmas pessoas apertando os joelhos de seu médico, suplicantes, quando estão doentes e em perigo de morte e, se são ameaçados com a pena de morte, estão dispostos a dar tudo o que possuem para que possam viver! São incoerentes a esse ponto. De fato, se cada homem pudesse ter diante de si o número de anos futuros, como é possível com os anos que se passaram, quão ansiosos aqueles que descobrissem que tinham poucos anos restantes ficariam para aproveitá-los ao máximo? No entanto, é fácil organizar a distribuição de uma quantidade, por menor que seja, se sabemos quanto há; o que deve ser administrado com maior zelo é o que pode acabar não se sabe quando.

Você está ocupado, mas a vida está passando. A morte chegará uma hora ou outra, e você deve atendê-la, querendo ou não

Contudo, não há razão para supor que as pessoas não sabem quão importante é o tempo; pois para aqueles a quem amam com mais devoção têm o hábito de dizer que estão dispostas a dar-lhes uma parte de seus próprios anos. Elas dão, sem perceber, mas o fazem de tal maneira que os perdem sem que os outros os adquiram. Todavia, não sabem de onde obtêm seu suprimento e, por isso, conseguem suportar o desperdício do que não é visto; ainda assim, ninguém lhe devolverá seus anos, ninguém os restaurará. Uma vez começada, sua vida seguirá seu curso e não recomeçará nem apagará o que fez; não fará barulho, não dará nenhum aviso de quão rápido passa. Silenciosamente, ela passará e não se prolongará ao comando de um rei nem pelos desejos de uma nação. Assim como começou em seu primeiro dia, assim correrá, jamais se desviará nem se atrasará. Então, qual é o resultado? Ora! Você está ocupado, mas a vida está passando. A morte chegará uma hora ou outra, e você deve atendê-la, querendo ou não.

IX. Há algo mais insano do que as ideias de lazer dessas pessoas que se vangloriam de sua sabedoria sofisticada? Trabalham muito, para que vivam melhor, preparam-se para a vida em detrimento da própria vida, e fazem planos para muito tempo no futuro. Entretanto, o adiamento é o maior desperdício de vida; nos rouba dia após dia e nos tira o presente, prometendo algo mais diante. Não há maior obstáculo à vida verdadeira do que a espera, que perde o hoje enquanto depende do amanhã. Você se desfaz do que está nas mãos da Fortuna e abre mão do que está nas suas. Para onde você olha? Em que direção você ruma? Tudo o que está por vir é incerto. Viva agora! Veja como o maior dos bardos clama a você e canta em versos edificantes como se inspirado com fogo celestial:

> *"O melhor dos dias dos miseráveis mortais é aquele que primeiro se vai."*
> (Virgílio, Geórgicas III, 66-7)

Por que hesita, pergunta ele, por que se mantém afastado? A menos que o agarre, o tempo fugirá e, mesmo que o agarre, o tempo ainda escapará. Por conseguinte, a rapidez com que o usamos deve competir com a rapidez do próprio tempo. Devemos beber dele como de uma torrente rápida que não fluirá para sempre. O poeta, de modo admirável, também satiriza nossos pensamentos sem limites, quando diz "o melhor dos dias" em vez de "a melhor das idades". Por que você é descuidado e lento enquanto o tempo voa tão rápido e por que você coloca diante de si uma visão de longos meses e anos, tantos quanto sua ganância requer? Ele lhe fala de um dia e um que é fugaz. Não há dúvida, então, de que os melhores dias são aqueles que primeiro se vão para os miseráveis, ou seja, para os ocupados mortais, cujas mentes ainda estão em sua infância quando a velhice se abate sobre eles, que chegam a ela despreparados e sem armas para combatê-la. Nunca olharam adiante, depararam-se de repente com a velhice. Nunca notaram que ela se acercava deles dia após dia. Tal como a conversa, a leitura ou a reflexão profunda enganam os viajantes, e eles se veem no fim de sua jornada antes que percebessem a proximidade, da mesma forma nesta jornada rápida e incessante da vida, que fazemos no mesmo ritmo, seja dormindo ou acordados, as pessoas que estão absortas nunca se dão conta de que estão se movendo até que estejam no fim.

O adiamento é o maior desperdício de vida; nos rouba dia após dia e nos tira o presente, prometendo algo mais diante. Não há maior obstáculo à vida verdadeira do que a espera, que perde o hoje enquanto depende do amanhã

X. Caso eu decidisse dividir esse assunto em partes sustentadas por evidências, ocorrem-me muitos exemplos com os quais poderia provar que a vida dos homens ocupados é mais curta. Fabiano, que não era um dos seus filósofos de sala de aula, mas um do estilo antigo genuíno, costumava dizer: "Devemos combater as paixões com a força principal, não em escaramuças, e romper sua linha de batalha com um ataque forte, não infligindo feridas insignificantes; não gosto de perder tempo com sofismas; elas devem ser esmagadas, não apenas arranhadas". Contudo, para que os pecadores sejam confrontados com seus erros, devem ser ensinados e não apenas lamentados.

A vida é dividida em três períodos: o que foi, o que é, o que será. Desses três, o presente é breve, o futuro é indeterminado, o passado é certo. Sobre o último, a Fortuna perdeu seus direitos, é este que não pode cair sob poder de nenhum outro homem. E é este que os homens ocupados perdem, pois não têm tempo livre para olhar para o passado e, mesmo que tivessem, não sentem prazer em lembrar do que se arrependem. Não estão, portanto, dispostos a voltar suas mentes para a contemplação do tempo mal gasto e se esquivam de repensar um curso de ação cujos erros se tornam flagrantemente aparentes quando considerado uma segunda vez, embora tenham sido agarrados quando sob o feitiço da gratificação imediata. Ninguém voluntariamente volta seus pensamentos para o passado, a menos que todos os seus atos tenham sido submetidos à censura infalível de sua consciência. Aquele que com ambição cobiçou, com arrogância desprezou, com furor subjugou, com deslealdade enganou, com ganância se apoderou, ou com desperdício esbanjou, é quem deve temer a própria memória. E, no entanto, esta é a parte sagrada e separada de nosso tempo, fora do alcance de todos os erros humanos, removida do controle da Fortuna, e que não pode ser perturbada por necessidades, medos ou ataques de doenças, não pode ser perturbada nem tirada de ninguém; nós a possuímos para sempre imperturbável. Nosso presente consiste apenas em dias únicos, e esses, também, vividos uma hora de cada vez, mas todos os dias do passado aparecem diante de nós quando chamados e permitem que os examinemos e permanecem, embora os homens atarefados não encontrem tempo para fazê-lo. É o privilégio de uma mente tranquila e em paz revisitar todas as partes de sua vida, mas as mentes daqueles que vivem atarefados são como animais sob o jugo, não podem se virar para o lado nem olhar para trás. Por essa razão, sua vida desaparece no vazio; e da mesma forma que não faz diferença quanta água se derrame em um vaso que não tem fundo para conter ou segurar o que se coloca nele, também não importa quanto tempo se conceda aos homens, se não encontra um lugar onde se estabelecer, vaza pelas fendas e buracos em suas mentes. O tempo presente é muito breve, tanto que para alguns parece não ser tempo algum; pois está sempre em movimento e flui rapidamente, cessa de existir antes de chegar e não tolera atrasos tal como o universo ou as hostes celestes, cujo movimento incessante jamais lhes permite parar em seu caminho. Homens ocupados, portanto, possuem apenas o tempo presente, que sendo tão curto que não conseguem agarrá-lo, quando estão ocupados com muitas coisas perdem até isso.

XI. EM SUMA, DESEJA SABER QUÃO curto é o tempo de vida deles? Observe como desejam viver muito. Velhos alquebrados imploram em suas orações por mais alguns anos, fingem ser mais jovens do que são, iludem-se com as próprias mentiras e estão muito dispostos a enganar a si mesmos, como se, ao mesmo tempo, pudessem enganar o Destino. Quando, finalmente, alguma fraqueza lhes recorda de sua mortalidade, morrem em terror. Pode-se dizer que foram mais arrancados desta existência do que partiram. Exclamam que foram tolos e não viveram suas vidas, declaram que, se sobreviverem a essa enfermidade, passarão o resto de seus dias em lazer. Nesses momentos, refletem quão inutilmente trabalharam para obter aquilo de que não desfrutaram e como toda a sua labuta foi inútil. Em contrapartida, aqueles cuja vida se passa livre de negócios que lhes ocupem a atenção, podem muito bem considerá-la vasta. Nenhuma parte dela é cedida para outros, ou espalhada aqui e ali; nenhuma parte é confiada à Fortuna, é perdida por negligência, é gasta em doações exibicionistas, ou é inutilizada.

Toda ela é, pode-se dizer, bem investida. Dessa forma, uma quantidade muito pequena é mais do que suficiente; e assim, quando seu último dia chegar, o sábio não hesitará, mas caminhará com passo firme ao encontro da morte.

XII. TALVEZ ME PERGUNTE A QUEM me refiro como "homens ocupados"? Não há razão para supor que faço alusão apenas àqueles que são expulsos com os cães para fora dos tribunais ao término dos procedimentos, àqueles que são vistos sendo ou honrosamente esmagados por uma multidão de seus próprios seguidores ou desdenhosamente empurrados em visitas de cerimônia a estranhos, que lhes chamam para fora de casa a fim de ficar às portas de seu patrono, ou que usam dos leilões do pretor em busca de ganhos infames que algum dia se provarão sua ruína. O descanso de alguns homens é movimentado; em sua casa de campo ou em seu sofá, em completa solidão, mesmo tendo se afastado de toda companhia, ainda continuam se preocupando. Não devemos afirmar que a vida desses homens é de descanso, mas sua própria ocupação é preguiça. Você chamaria de desocupado um homem que despende ansiosos cuidados na organização de seus bronzes coríntios, valiosos apenas pelo interesse de alguns entusiastas, e que passa a maior parte de seus dias entre placas de metal enferrujado? Aquele que se senta nos ginásios (é uma vergonha que nossos vícios sejam importados) assistindo a meninos lutando? Aquele que distribui seus grupos de escravos acorrentados em pares de acordo com sua idade e cor? Aquele que sustenta atletas da última moda? Diga-me, você chamaria de ociosos os homens que passam muitas horas no barbeiro enquanto o crescimento da noite anterior é arrancado pelas raízes, discutindo sobre cada um dos fios, enquanto as mechas desarrumadas são ordenadas e aqueles que nascem para trás são forçados para a frente sobre a testa? Como se enfurecem se o barbeiro é um pouco descuidado, como se estivesse tosquiando um *homem*! Como se inflamam se parte de sua juba é cortada, se alguma parte dela é mal arrumada, se todos os seus cachos não estão em perfeita ordem! Quem dentre eles não preferiria que o Estado fosse derrubado do que ter seu cabelo desordenado? Qual não se importa mais com a aparência de seus cabelos do que com sua saúde? Quem não prefere as aparências à honra? Classificaria como desocupados esses homens que tornam o pente e o espelho um trabalho? Enquanto aqueles que dedicam suas vidas a compor, ouvir e aprender canções, que distorcem suas vozes, projetadas pela Natureza para soarem melhor e com maior simplicidade quando usadas de forma direta, pelos meandros de melodias fúteis, cujos dedos estão sempre batucando o tempo de alguma música que têm em suas mentes; aqueles que, quando convidados para ocasiões sérias e até tristes, podem ser ouvidos cantarolando para si mesmos? Essas pessoas não estão ociosas, mas ocupadas com ninharias. Quanto aos seus banquetes, por Hércules, não posso contá-los como parte de seu tempo livre quando vejo com que preocupação ansiosa definiram seus pratos, como laboriosamente arrumam os cintos das túnicas de seus serviçais, como observam sem fôlego para ver como o cozinheiro prepara o javali selvagem, com que rapidez a um dado sinal os jovens escravos correm para cumprir suas obrigações, com que habilidade as aves são cortadas em porções do tamanho certo, com que cuidado jovens miseráveis enxugam a saliva dos bêbados. Dessa forma, os homens buscam a reputação de elegância e grandeza, e seus vícios os seguem tão longe em sua privacidade que não conseguem comer nem beber sem ostentação. Também não é possível considerar ociosos aqueles homens que se fazem carregar daqui para lá em liteiras e aguardam ansiosamente a hora que estão acostumados a fazer esse exercício como se não lhes fosse permitido omiti-los; homens que são lembrados por outra pessoa de quando se banhar, quando nadar, quando fazer suas refeições. Na verdade, chegam a tal nível de apática dependência a ponto de serem incapazes de decidir por si mesmos se estão com fome. Ouvi falar que um desses homens de vida luxuosa, se é que de fato pode-se chamar de luxo desaprender os hábitos da vida humana, quando foi carregado para fora da banheira e colocado em sua cadeira, indagou: "Estou sentado?". Você acha que um homem assim, que não sabe se está sentado, sabe se está vivo, se é capaz de ver, se está desocupado? Não sei nem dizer se teria mais pena dele se realmente não sabia ou se fingia não saber. Pessoas desse tipo realmente passam a não saber muita coisa, mas se comportam como não soubessem muitas mais. São pessoas que se deleitam com alguns defeitos por considerá-los provas de felicidade; parece que saber o que se faz é coisa de homens vis e desprezíveis. Sabendo disso, você acha que os dramaturgos se baseiam na maior parte em suas imaginações para criar suas paródias sobre o luxo? Por Hércules! Eles omitem mais do que inventam. Nos dias de hoje, tão inventivos nesse quesito, um número de vícios inacreditáveis foi criado, que já é possível acusar os dramaturgos de omitir vê-los. Pensar que existe alguém que se perdeu tanto no luxo a ponto de precisar da opinião de outra pessoa para saber se estava sentado ou não? Este homem certamente não está relaxado, deve aplicar a ele um termo diferente: está doente, ou melhor, morto; só está relaxado aquele que se sente relaxado. Mas esta criatura está apenas meio viva se quer que alguém lhe diga em que posição seu corpo se encontra. Como pode um homem desses ser capaz de dispor de qualquer tempo?

XIII. Demoraria muito descrever os vários indivíduos que desperdiçaram suas vidas com jogos de damas, de bola ou bronzeando seus corpos ao sol. Não estão relaxados aqueles cujos prazeres se tornam um trabalho, pois ninguém duvida que são desocupados laboriosos aqueles que se dedicam ao estudo de questões literárias fúteis, dos quais agora há um grande número também em Roma. Costumava ser uma tolice particular dos gregos questionar quantos remadores Ulisses tinha, se a Ilíada ou a Odisseia foi escrita primeiro, se são do mesmo autor, e outros assuntos do gênero, que se os guarda para si, não agradarão sua consciência pessoal, e se os torna públicos o farão parecer mais irritante do que estudioso. Repare que este vaidoso desejo de aprender o inútil já tomou conta dos romanos; outro dia ouvi alguém comentando quem foi o primeiro general romano que fez isso ou aquilo: Duílio foi o primeiro a ganhar uma batalha naval, Cúrio Dentato foi o primeiro a conduzir elefantes em seu desfile de triunfo. Além disso, embora essas histórias não acrescentem nada à glória real, de um jeito ou de outro lidam com os grandes feitos de nossos compatriotas, tal conhecimento não é proveitoso, mas captura nossa atenção como um tipo de tolice fascinante. Perdoarei até os que desejam saber quem primeiro convenceu os romanos a embarcar em um navio; foi Cláudio, que por essa razão recebeu o epíteto Cáudice, pois qualquer objeto de madeira formado por muitas tábuas era chamado cáudice pelos antigos romanos, por isso os registros públicos são chamados de *Códices*, e por costume antigo os navios que trafegam pelo Tibre com provisões são chamados de *codicariae*. Vamos também admitir que é importante contar como Valério Corvino foi o primeiro a conquistar Messana e o primeiro da família dos Valérios a adicionar o nome da cidade capturada ao seu, sendo nomeado Messana, e como o povo gradualmente corrompeu a pronúncia e o chamou de Messala. Ou você permitiria que alguém se interessasse em saber que Lúcio Sula foi o primeiro a soltar leões, que antes eram exibidos acorrentados, no circo e lançadores de dardos enviados pelo rei Boco para matá-los? Isso pode ser permitido à sua curiosidade. Contudo, serve a algum propósito útil saber que Pompeu foi o primeiro a exibir dezoito elefantes no circo em uma batalha fictícia contra alguns condenados? O líder do Estado que, de acordo com a tradição, destacava-se entre os antigos líderes por sua transcendente bondade de coração, considerou um espetáculo notável matar homens de um modo até então inédito. Eles lutam até a morte? Não é cruel o bastante! Eles são despedaçados? Não é cruel o bastante! Que sejam esmagados por animais de tamanho monstruoso. Melhor seria que tal coisa passasse ao esquecimento, por medo de que, agora, algum potentado ouça falar disso e inveje sua refinada barbárie. Ai, como o excesso de prosperidade cega nossos intelectos! Enquanto lançava tantas tropas de miseráveis para serem pisoteadas por feras de outras terras, enquanto declarava guerra entre criaturas tão diferentes, enquanto derramava tanto sangue diante dos olhos do povo romano, cujo sangue ele próprio estava prestes a derramar ainda mais abundantemente, considerou-se mestre de todo o mundo. No entanto, depois, enganado pela traição dos alexandrinos, teve de oferecer-se à adaga do mais vil dos escravos, quando, por fim, descobriu que orgulho vazio era seu epíteto "Magno".

Entretanto, retornando ao ponto do qual me desviei, provarei que até mesmo nesse assunto algumas pessoas despendem esforços inúteis. O mesmo autor nos diz que Metelo, no desfile de triunfo após sua vitória sobre os cartagineses na Sicília, foi o único romano que já teve 120 elefantes capturados conduzidos diante de sua biga; que Sula foi o último romano a ampliar o pomério, que os antigos costumavam estender apenas após conquista de território italiano, mas nunca provincial. É mais útil saber disso do que saber que o monte Aventino, segundo ele, está fora do pomério, por um de dois motivos: por ser o lugar para onde os plebeus se retiraram, ou porque os pássaros não foram propícios quando Remo tomou os auspícios ali, e mais numerosos relatos do tipo, que são de fato mentiras ou quase o mesmo que mentiras? Pois, mesmo que se concorde que esses autores escrevem de boa-fé, embora estejam comprometidos com a verdade do que relatam, ainda assim, quem terá seus erros diminuídos por tais histórias? Quem terá suas paixões contidas? A quem tornarão mais corajosos, mais justos ou mais nobres? Meu amigo Fabiano costumava dizer que não tinha certeza se não era melhor não se dedicar a nenhum estudo do que se interessar por esses assuntos.

XIV. As únicas pessoas que realmente estão livres são as que se dedicam à filosofia, apenas elas vivem de verdade, pois não apenas desfrutam de seu próprio tempo de vida, como anexam cada século aos seus próprios anos. Todos os anos que se sucederam antes deles lhes pertencem. A menos que sejamos as criaturas mais ingratas do mundo, consideraremos esses nobres homens, fundadores das divinas escolas de pensamento, como nascidos para nós e tendo preparado a vida para nós. Somos liderados pelo trabalho de outros a contemplar as coisas mais belas que foram trazidas da escuridão à luz. Não somos excluídos de nenhum período, podemos penetrar em todos os assuntos e, se conseguirmos pelo menos invocar força mental suficiente para ultrapassar os estreitos limites da fraqueza humana, temos uma vasta extensão de tempo na qual podemos nos entreter; podemos argumentar com Sócrates, duvidar com Carnéades, repousar com Epicuro, superar a natureza humana com os estoicos, violentá-la com os cínicos. Uma vez que a Natureza nos permite comungar com todas as eras, por que não nos abstraímos de nosso próprio fugaz tempo de vida e nos entregamos com toda a nossa mente ao que é vasto, ao que é eterno, ao que compartilhamos com homens superiores a nós?

Aqueles que pulam de visita em visita, que preocupam a si mesmos e aos outros e, depois de terem saciado sua loucura ao máximo, atravessado diariamente o limiar de cada patrono, sem passar por nenhuma porta aberta sem adentrá-la, depois de terem percorrido com suas saudações interesseiras as casas dos mais diversos personagens, afinal de contas, quantas pessoas são capazes de visitar em uma cidade tão vasta, dividida entre tão variados desejos a dominá-la? Quantas serão movidas pela preguiça, autoindulgência ou grosseria a se negar a recebê-los? Quantas, depois de há muito tempo as atormentarem, passarão por eles fingindo ter pressa? Quantas evitarão sair pela entrada principal, cheia de seus dependentes, e escaparão por alguma porta oculta? Como se não fosse mais grosseiro enganar um visitante do que se negar a recebê-lo! Quantos, meio adormecidos e incoerentes devido à devassidão do dia anterior, mal são capazes de responder à saudação do pobre coitado que interrompeu o próprio descanso para atender ao de outro, mesmo depois de seu nome ter-lhes sido sussurrado pela milésima vez, salvo por um bocejo muito ofensivo de seus lábios entreabertos.

Podemos, de fato, afirmar que os únicos que estão seguindo o verdadeiro caminho do dever são os que desejam todos os dias se associar nos termos mais íntimos com Zenão, Pitágoras, Demócrito, e o restante desses sumos sacerdotes da virtude, com Aristóteles e com Teofrasto.

Nenhum desses homens estará "ocupado", nenhum deixará que um visitante deixe sua casa sem que esteja em um estado de espírito mais alegre e melhor consigo mesmo, nenhum permitirá que parta de mãos vazias. Contudo, sua companhia pode ser desfrutada por todos, tanto à noite quanto durante o dia.

XV. Nenhum desses homens irá forçá-lo a morrer, mas todos lhe ensinarão a morrer; nenhum desperdiçará seu tempo, mas adicionarão o próprio ao seu. A conversa desses homens não é perigosa, sua amizade não levará ao cadafalso, sua companhia não irá arruiná-lo em despesas. Poderá tirar deles o que desejar, não impedirão que você beba o quanto quiser de sua sabedoria. Que felicidade, que bela velhice espera o homem que os tem como patronos! Terá amigos com quem poderá discutir todos os assuntos, grandes ou pequenos, cujo conselho poderá pedir todos os dias, de quem ouvirá a verdade sem insultos, elogios sem bajulação, e poderá modelar seu próprio caráter à sua semelhança.

Costumamos dizer que não podemos escolher nossos pais, mas que eles nos foram designados ao acaso; porém, podemos nascer exatamente como desejarmos, existem diversas famílias dos mais nobres intelectos, escolha aquela à qual gostaria de pertencer; ao ser adotado, você não receberá apenas seu nome, mas também suas riquezas, que não devem ser guardadas em um espírito de mesquinhez e avareza, quanto mais a divide maior se torna. Isto lhe abrirá o caminho que leva à eternidade e o elevará a uma altura da qual ninguém o derrubará. Apenas dessa maneira será possível prolongar sua vida mortal, ou melhor, até mesmo direcioná-la à imortalidade. Altos cargos, monumentos, tudo o que a ambição registra em decretos ou cria em pedra, logo se acaba; o tempo destrói e arruína tudo. Mas aquilo que a filosofia consagrou não pode ser danificado, nenhuma época descartará ou diminuirá sua força, cada século sucessivo acrescentará à reverência em que é mantido, pois observamos o que está próximo a nós com olhos invejosos, mas admiramos o que está mais distante com menos preconceito. A vida do sábio, portanto, abarca muita coisa; ele não está cercado pelos mesmos limites que confinam os outros; somente ele está isento das leis pelas quais a humanidade é governada; todas as eras o servem como a um deus. Se algum tempo passar, ele o traz de volta pela memória; se estiver presente, ele o utiliza; se for futuro, o antecipa; sua vida é longa porque ele concentra nela todos os tempos.

XVI. Os HOMENS QUE LEVAM AS vidas mais curtas e infelizes são aqueles que esquecem o passado, negligenciam o presente e temem o futuro; quando chegam ao fim da vida, os pobres miseráveis percebem tarde demais que estavam ocupados todo o tempo durante o qual não faziam nada. Não pense que suas vidas são longas, porque, às vezes, eles chamam pela morte. Sua loucura os atormenta com paixões vagas que os levam às mesmas coisas das quais têm medo; por isso, muitas vezes desejam a morte, porque vivem com medo. Também não é, como se pode pensar, uma prova de como suas vidas são longas o fato de muitas vezes os dias lhes parecerem longos, o fato de se queixarem muitas vezes de como as horas passam devagar até chegar o horário marcado para o jantar, pois, sempre que não têm suas ocupações habituais, agitam-se impotentes em sua ociosidade e não sabem como dispô-la ou aproveitá-la. Encontram, portanto, algo com que se ocupar e todo o tempo que se passa lhes é enfadonho; desejariam, por Hércules, pulá-lo, assim como desejam pular os dias que antecedem uma competição de gladiadores ou algum outro espetáculo público ou divertimento particular, qualquer adiamento do que desejam lhes é penoso. Todavia, o próprio tempo do qual desfrutam é breve e logo se acaba e é abreviado muito mais por sua própria culpa, pois correm de um prazer a outro e são incapazes de se dedicar com consistência a uma paixão. Seus dias não são longos, mas lhes parecem odiosos; por outro lado, como lhes parecem curtas as noites que passam com cortesãs ou em bebedeiras? Disso provém a loucura dos poetas que encorajam os erros da humanidade por meio de seus mitos e declaram que Júpiter, para satisfazer seus desejos voluptuosos, duplicou a duração da noite. Não seria jogar combustível nos nossos vícios apontar os deuses como seus criadores e oferecer aos nossos destemperos livre escopo ao apontar o exemplo da divindade? Como não poderiam as noites, pelas quais os homens pagam tão caro, parecer serem muito curtas? Perdem o dia à espera da noite e perdem a noite por medo do amanhecer.

Os homens que levam as vidas mais curtas e infelizes são aqueles que esquecem o passado, negligenciam o presente e temem o futuro

XVII. MESMO OS PRAZERES DE TAIS homens são inquietos e perturbados por várias preocupações, e no momento mais alegre surge o pensamento ansioso: "Quanto tempo isso vai durar?". Esse estado de espírito levou reis a chorarem por seu poder e a não ficarem tão satisfeitos com a grandeza de sua posição, por serem aterrorizados pela ideia de que algum dia ela chegaria ao fim. O arrogante rei persa, cujo exército se estendia sobre vastas planícies e não podia ser contado, apenas medido, explodiu em lágrimas com a ideia de que em menos de cem anos nenhum daqueles guerreiros estaria vivo. Entretanto, a morte se abateu sobre eles trazida pelo próprio homem que os pranteou, aquele que estava prestes a destruir alguns no mar, outros em terra, alguns em batalha e outros em fuga e que, em bem pouco tempo, daria um fim àqueles sobre cujo centésimo ano demonstrou tamanha preocupação. Por que nos admiramos que suas alegrias estejam misturadas com medo? Não repousam sobre quaisquer bases sólidas, mas são perturbados pelo mesmo vazio do qual nasceram. Qual devemos supor ser a miséria de tais tempos, que os próprios reconhecem ser miseráveis, quando são duvidosas até mesmo as alegrias pelas quais se elevam e se exaltam acima de seus companheiros? Todas as maiores bênçãos são desfrutadas com temor, nada é tão indigno de confiança quanto a prosperidade extrema; necessitamos de novos golpes de sorte para nos permitirmos manter aquele de que estamos desfrutando, e mesmo nossas orações que são respondidas requerem novas orações. Tudo aquilo em que dependemos do acaso é incerto; quanto mais elevado, maiores as chances de cair. Além disso, ninguém sente prazer algum no que está prestes a cair em ruínas. Muito miserável, portanto, bem como muito curta deve ser a vida dos que trabalham duro demais para obter o que devem se esforçar ainda mais para manter; obtêm o que desejam com trabalho incessante e o mantêm com medo e tremor. Enquanto isso, não levam em conta o tempo, do qual nunca terão um estoque novo e maior; novas ocupações tomam o lugar das antigas, uma esperança leva à outra, uma ambição à outra. Não buscam o fim de sua miséria, mas mudam sua causa. Ocupamo-nos com nossa própria promoção? Nada disso, a dos outros ocupa mais do nosso tempo. Terminamos nossos trabalhos de campanha? Então, começamos a trabalhar nas votações. Livramo-nos do trabalho de acusadores? Começamos o de juízes. Um homem deixa de ser juiz? Passa a ser um avaliador. Envelheceu trabalhando na administração dos bens de outras pessoas? Começa a se ocupar com os próprios. Mário é dispensado do serviço militar, torna-se cônsul diversas vezes. Quíncio espera ansioso o fim de sua ditadura, é chamado uma segunda vez pelo arado. Cipião marchou contra os cartagineses antes de ter idade suficiente para empreendimento tão grandioso; vitorioso sobre Aníbal, vitorioso sobre Antíoco, glória do próprio consulado e segurança do de seu irmão, se quisesse, poderia ter sido colocado no mesmo pedestal que Júpiter; mas as facções civis irritaram o salvador do Estado, e ele, que na juventude desdenhava do recebimento de honras dignas dos deuses, em sua velhice, se orgulhará em permanecer obstinadamente no exílio. Nunca nos faltarão causas para nossa ansiedade, tanto prazerosas como dolorosas; nossa vida irá de um negócio a outro, o descanso será sempre desejado e nunca aproveitado.

XVIII. Assim, meu caro Paulino, afaste-se do rebanho comum, e, como você já passou por mais tormentas do que se imagina para alguém de sua idade, recolha-se enfim para um porto mais seguro; reflita sobre as ondas pelas quais navegou, as tempestades que sofreu na vida privada e trouxe sobre si mesmo na pública. Sua coragem foi suficientemente demonstrada por muitas provas trabalhosas e cansativas. Experimente como ela se comportará no ócio; a maior, certamente a melhor parte de sua vida, foi entregue ao seu país; dedique agora parte do seu tempo para si mesmo também. Não lhe peço que pratique uma preguiça maçante ou indolente ou que afogue todo o seu espírito ardente nos prazeres que são caros à multidão. Isso não é descanso; é possível encontrar obras maiores do que aquelas que até agora executou com tanta energia, com as quais ocupar-se em sua aposentadoria e segurança. Você administra as receitas do mundo inteiro de modo tão altruísta como se pertencessem a outra pessoa, com tanto cuidado como se fossem suas, com tanto escrúpulo como se pertencessem ao povo; conquista o amor em um ofício no qual é difícil evitar o ódio; no entanto, acredite, é melhor entender sua própria mente do que entender o mercado de milho. Remova esse seu intelecto aguçado, tão competente para lidar com os maiores assuntos, de um posto que pode ser honroso, mas que dificilmente é capaz de trazer a felicidade, e reflita que você não estudou desde a infância todos os ramos de uma educação liberal apenas para que milhares de toneladas de milho pudessem ser confiadas com segurança ao seu encargo. Você nos prometeu algo maior e mais nobre. Nunca faltarão economistas rigorosos ou trabalhadores dedicados; animais lentos e pesados são mais adequados para transportar cargas do que cavalos de raça, cuja grande rapidez ninguém sobrecarregaria com uma carga pesada. Pense, além disso, o quanto é arriscada a grande tarefa que empreendeu, precisar lidar com o estômago humano; um povo faminto não é racional, não é apaziguado pela justiça e não dá ouvidos a qualquer súplica. Há apenas alguns dias, quando Caio César morreu, lamuriando-se (se é que aqueles no outro mundo podem se lamuriar) porque o povo romano não morria junto a ele, foi dito que havia apenas milho suficiente para o consumo de sete ou oito dias, enquanto ele construía pontes de navios e brincava com os recursos do Império. Falta de provisões, o pior mal que pode acometer até mesmo uma cidade sitiada, estava prestes a acontecer. Sua imitação de um rei insano, bizarro e arrogante quase terminou em ruína, em fome e na revolução generalizada que se segue à fome. Quais devem ter sido então os sentimentos daqueles que eram encarregados de abastecer a cidade com milho, enfrentaram o perigo das pedras, do fogo, da espada, e do próprio Caio? Com consumada habilidade esconderam o vasto mal interno que ameaçava o Estado, e estavam bem certos em fazê-lo, pois algumas doenças devem ser curadas sem o conhecimento do paciente; muitos morreram ao descobrir qual era o seu mal.

XIX. DEDIQUE-SE A ESSAS ATIVIDADES MAIS silenciosas, seguras e maiores. Considera ser possível haver qualquer comparação entre assegurar que o milho é depositado no celeiro público sem ser roubado por fraude ou estragado por descuido do importador, que não sofra com a umidade ou excesso de calor e que tenha o peso e a medida devidos, e começar o estudo do conhecimento sagrado e divino, que lhe ensinará de quais elementos os deuses são formados, quais são seus prazeres, suas posições, suas formas? Que mudanças sua alma irá sofrer? Qual destino nos reserva a Natureza quando somos libertados de nosso corpo? Qual é o princípio que mantém todas as partículas mais pesadas do nosso universo no meio, suspende as mais leves acima, coloca o fogo acima de todas e faz com que as estrelas ascendam em seus cursos, com muitas outras matérias, cheias de maravilhas? Você não vai deixar de rastejar pela terra e voltar os olhos de sua mente para esses temas? Por favor, enquanto seu sangue ainda flui veloz, antes que seus joelhos enfraqueçam, você precisa tomar o melhor caminho. Nesse caminho de vida, aguardam-lhe muitas coisas boas, como o amor e a prática das virtudes, o esquecimento das paixões, o conhecimento de como viver e morrer, o repouso profundo. A situação de todos os homens atarefados é infeliz, mas mais infeliz de todos é a daqueles que nem sequer trabalham em seus próprios assuntos, mas têm de regular seu descanso pelo sono de outro homem, sua caminhada pelo ritmo de outro, e mesmo seu amor e ódio, as coisas mais livres do mundo, estão a serviço de outro.

Se homens como esses desejam saber quão curtas são suas vidas, deixe-os considerar como é pequena a fração dela que lhes pertence.

XX. Então, quando vir um homem vestir muitas vezes o manto roxo do ofício, e ouvir seu nome repetido muitas vezes no Fórum, não o inveje; ele recebe essas coisas perdendo muito de sua vida. Os homens jogam fora todos os seus anos para terem um ano nomeado para seu consulado; alguns perdem a vida no início do esforço e nunca chegam ao nível a que aspiravam. Outros, depois de terem se submetido a mil indignidades para alcançar as maiores honras, têm o pensamento infeliz de que o único resultado de seus esforços será a inscrição em sua lápide. Há aqueles, ainda, que, embora desprezando a velhice extrema, como a juventude, por novas aspirações, descobrem que lhes frustra por mera fraqueza em meio a grandes e presunçosos empreendimentos. É um fim vergonhoso quando a respiração de um homem o abandona no meio de um tribunal, enquanto, apesar de seus muitos anos, ainda se esforça para ganhar a simpatia de uma audiência ignorante para algum litigante obscuro; é vil perecer no meio de seus negócios, cansado antes de viver do que de trabalhar; também é vergonhoso morrer enquanto se recebe pagamentos, em meio ao riso do próprio herdeiro que há muito espera. Não posso deixar de mencionar um exemplo que me ocorre: Turânio era um homem idoso da mais meticulosa exatidão, que, depois de completar seus 90 anos, quando por decisão do próprio Caio César foi dispensado de seus deveres como coletor da Receita, ordenou que fosse colocado em sua cama e pranteado como se estivesse morto. Toda a casa chorou a aposentadoria de seu velho mestre e não deixou o luto até que sua posição lhe fosse restaurada. Os homens encontram tanto prazer assim em morrer sob arreios? Contudo, muitos pensam da mesma forma, seu desejo pelo trabalho dura mais do que sua capacidade; lutam contra a fraqueza do corpo, consideram a velhice um mal apenas porque os aposenta. A lei não convoca um soldado depois dos cinquenta anos nem exige a presença de um senador depois dos sessenta; os homens, porém, têm mais dificuldade em obter o próprio consentimento do que o da lei para desfrutarem de uma vida de lazer. Entrementes, enquanto roubam e são roubados, enquanto perturbam o repouso uns dos outros, e enquanto todos estão são igualmente miseráveis, a vida permanece sem proveito, sem prazer, sem qualquer progresso intelectual. Ninguém mantém a morte em vista, ninguém se abstém de ter expectativas a longo prazo. Alguns até planejam coisas que estão além de suas próprias vidas, tal como enormes mausoléus, a dedicação de obras públicas, exibições a serem feitas em suas piras funerárias e procissões ostensivas; mas, por Hércules, os funerais desses homens devem ser conduzidos à luz de tochas e velas de cera, como se tivessem vivido mais do que apenas alguns dias.

LIVRO DOS DIÁLOGOS DE LÚCIO ANEU SÊNECA, ENDEREÇADO A SERENO

"O SÁBIO NÃO É ATINGIDO POR INJÚRIA NEM INSULTO", OU UM ENSAIO SOBRE

A FIRMEZA DO SÁBIO

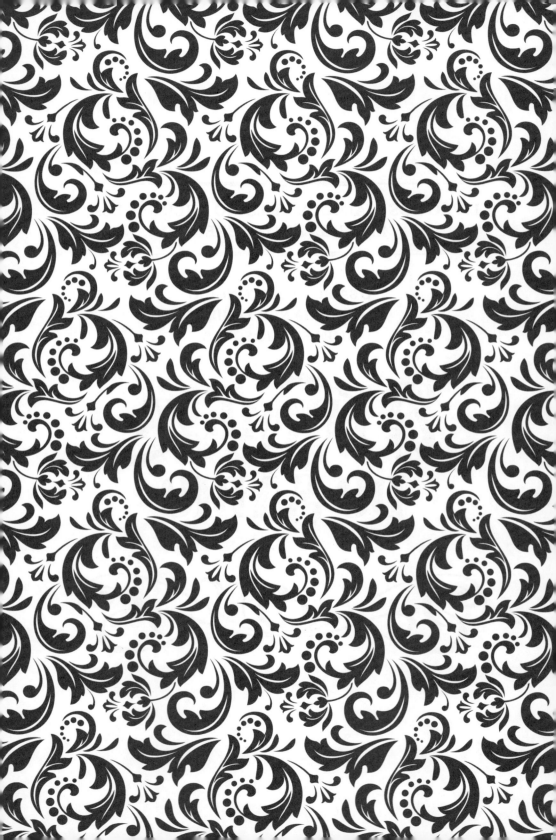

I. Posso afirmar com certeza, Sereno, que há uma diferença tão grande entre os estoicos e outras escolas de filosofia, quanto há entre homens e mulheres; uma vez que cada classe contribui igualmente para a sociedade, mas uma nasce para comandar, a outra, para obedecer. Outros filósofos lidam conosco com gentileza e medidas persuasivas, assim como nossos conhecidos médicos de família costumam fazer com nossos corpos, tratando-os não com o método mais eficaz e rápido, mas com aquele cujo emprego permitimos. Em contrapartida, os estoicos adotam um curso vigoroso e não se importam se parece atraente para aqueles que o adentram, mas que nos tire do mundo o mais rápido possível e nos conduzam à elevada eminência que está tão além do alcance de qualquer dardo e que está acima do alcance da própria Fortuna. "Mas o caminho que nos pedem para escalar é íngreme e desigual". Ora! Pode-se alcançar as alturas por uma via plana? Contudo, não são tão escarpados e vertiginosos quanto pensam alguns. Somente a primeira parte é pedregosa e de despenhadeiros e parece não ter saída, da mesma forma que muitas colinas quando observadas ao longe parecem muito íngremes e conectadas, pois a distância engana nossa visão; então, à medida que nos aproximamos, as mesmas colinas que nossos olhos equivocados pensaram ser apenas uma gradualmente se desdobram, as partes que pareciam escarpadas ao longe se revelam suaves inclinações. Quando há pouco mencionou-se Marco Catão, você cuja mente se revolta diante da injustiça se indignou por Catão ter sido tão pouco compreendido em sua época, por ter lhe sido atribuído um lugar abaixo de Vatínio a alguém que era superior a César e Pompeu; pareceu-lhe vergonhoso que, quando ele se mostrou contrário a alguma lei no Fórum, a toga lhe tivesse sido arrancada, e que tivesse sido empurrado por uma multidão amotinada da Rostra até o arco de Fábio, suportando todo tipo de ofensas, cusparadas e outros insultos da multidão ensandecida.

II. RESPONDI, ENTÃO, QUE VOCÊ TINHA razão em se preocupar com a República, que Públio Clódio por um lado, Vatínio e todos os maiores salafrários do outro colocavam à venda e, movidos por sua ganância cega, não compreendiam que, ao vendê-lo, com ele eram vendidos. Quanto ao próprio Cato, recomendei-lhe que não se preocupasse, porque o sábio não pode sofrer injúria nem insulto; e os deuses imortais nos concederam Cato como exemplo mais correto de homem sábio, do que concederam Ulisses ou Hércules às eras anteriores. Nossos estoicos declararam que esses últimos eram sábios, pois não foram dominados pelos trabalhos, desprezaram os prazeres e superaram todos os terrores. Cato não matou feras selvagens, cuja caça compete a caçadores e camponeses, nem exterminou criaturas fabulosas com fogo e espada, também não viveu em tempos em que era possível crer que os céus podiam ser apoiados nos ombros de um homem. Em uma época que abandonara a crença em superstições antiquadas e elevara o conhecimento material ao máximo, ele teve de lutar contra aquele monstro de muitas cabeças, a ambição, contra a sede ilimitada de poder que a partilha do mundo entre três homens não pôde saciar. Sozinho, enfrentou os vícios de um Estado desgastado, que se afundava em ruína sob o próprio peso; defendeu a República em queda tanto quanto poderia ser defendida por um só homem, até que por fim seu apoio foi retirado, e compartilhou da queda que por tanto tempo havia evitado, perecendo junto àquilo do qual seria ímpio separá-lo, pois Cato não sobreviveu à liberdade, nem a liberdade a Cato. Pensa que as pessoas poderiam causar injúria a tal homem quando lhe arrancassem a pretoria ou a toga? Quando salpicassem sua sagrada cabeça com os fluidos de suas bocas? O sábio está seguro, e nenhuma injúria ou insulto pode atingi-lo.

III. IMAGINO VÊ-LO COM SEU TEMPERAMENTO exaltado e tempestuoso, preparando-se para exclamar: "Esses são os pontos que tiram todo o peso de seus ensinamentos; promete assuntos grandiosos, que eu nem deveria desejar, muito menos acreditar ser possível; então, depois de todas as suas palavras corajosas, embora declare que o sábio não é pobre, admite que por diversas vezes lhe faltam servos, abrigo e comida. Nega que o sábio é louco, mas admite que por vezes ele perde a razão, fala tolices e é levado às ações mais selvagens pelas pressões de sua condição. Quando afirma que o sábio não pode ser um escravo, você não nega que ele será vendido, cumprirá ordens e executará trabalhos servis a mando de seu mestre. Assim, mesmo com todos os seus olhares altivos, você se rebaixa ao nível dos demais e apenas dá nomes diferentes às coisas. Consequentemente, suspeito que algo desse tipo se esconda por trás dessa máxima, que à primeira vista parece tão bela e nobre: 'O sábio não pode ser atingido por injúria nem insulto'. Faz muita diferença se você declara que o sábio é incapaz de sentir ressentimento ou de receber injúrias; pois se você afirma que ele suportará com calma, ele não tem nenhum privilégio especial nisso, pois desenvolveu uma qualidade muito comum, que se aprende ao suportar por longo tempo as injúrias, isto é, paciência. Se você declara que ele jamais receberá uma injúria, ou seja, que ninguém tentará fazer-lhe mal, então, abandonarei todas as minhas ocupações na vida e me tornarei um estoico".

Não foi minha intenção dotar o sábio com meras honras verbais imaginárias, mas elevá-lo a uma posição na qual injúria alguma será capaz de alcançá-lo. "Como assim? Não haverá ninguém para provocá-lo, para tentar atacá-lo?" Não há na Terra nada tão sagrado que não possa ser profanado; porém, coisas sagradas ainda existem nas alturas, mesmo havendo homens que tentam alçar-se a uma grandeza muito superior a eles, embora não haja esperança de alcançá-la. O invulnerável não é o que nunca é atacado, mas o que nunca é ferido. Nesta aula lhe mostrarei o homem sábio. Podemos duvidar que a força que nunca é superada na luta é mais confiável do que aquela que nunca é desafiada, sabendo que o poder não testado não é confiável, enquanto a força que repele todos os ataques é merecidamente considerada a mais confiável? Do mesmo modo, você pode saber que o homem sábio, quando nenhuma injúria o atinge, é de um tipo superior do que se nenhuma lhe for feita. E eu considero corajoso aquele a quem a guerra não subjuga e a violência do inimigo não alarma, e não aquele que desfruta de luxuoso sossego em meio a um povo indolente. Logo, declaro que um sábio assim não é vulnerável a injúria alguma. Não importa, portanto, quantos dardos sejam arremessados contra ele, já que não pode ser perfurado por nenhum. Assim como a rigidez de algumas pedras é imune ao aço, e o diamante não pode ser cortado, quebrado ou moído, mas cega todos os instrumentos usados contra ele. Da mesma forma que algumas coisas não podem ser destruídas pelo fogo, mas quando cercadas por chamas ainda mantêm sua firmeza e forma; assim como altos rochedos quebram as ondas do mar e, embora açoitados durante muitos séculos, não mostram vestígios da fúria marinha; igualmente firme é a mente do sábio, e tornou-se tão forte que está tão protegida contra injúrias como qualquer um desses elementos que mencionei.

IV. "E ENTÃO? NÃO HAVERÁ NINGUÉM que tentará causar injúria ao sábio?" Sim, haverá, mas esta não o atingirá; pois ele está tão distante do contato com seus inferiores que nenhuma força maligna consegue reter seu poder nocivo até alcançá-lo. Mesmo quando homens poderosos, elevados a posições de grande autoridade, fortalecidos pela obediência de seus dependentes, se esforçam para feri-lo, todos os seus dardos caem tão aquém de sua sabedoria quanto os que são atirados ao alto por arcos ou catapultas, que, embora se elevem tanto a ponto de ficarem fora de vista, mas voltam a cair sem chegar aos céus. Ora, acha que, quando aquele tolo rei nublou a luz do dia com a multidão de suas flechas, alguma delas chegou ao sol? Ou que, quando arremessou suas correntes nas profundezas, conseguiu alcançar Netuno? Assim como coisas sagradas escapam às mãos humanas e nenhum dano causam aos deuses aqueles que destroem templos e derretem imagens, da mesma forma quem tenta tratar o sábio com impertinência, insolência ou desprezo, o faz em vão. Você diz: "Seria melhor se ninguém quisesse fazê-lo". Você deseja algo difícil de se concretizar: que toda a raça humana seja inofensiva. Além disso, aqueles que se beneficiariam se tais erros não fossem cometidos são aqueles que os cometeriam, e não quem não sofreria mesmo que fossem cometidos. Na verdade, não sei se a sabedoria não é melhor demonstrada pela calma em meio aos aborrecimentos, assim como a maior prova da força de um general em armas e em homens consiste em sua tranquilidade e confiança no meio de um território inimigo.

V. MEU CARO SERENO, CASO CONSIDERE adequado, vamos distinguir entre injúria e insulto. A primeira é naturalmente a mais grave, o último, menos importante e doloroso apenas para os sensíveis, uma vez que enraivece os homens, mas não os fere. Contudo, esta é a fraqueza da mente humana: muitos pensam que não há nada pior do que o insulto. Desse modo, encontrará escravos que preferem ser chicoteados a serem esbofeteados e que consideram os açoites e a morte mais suportáveis do que palavras ofensivas. Alcançamos tal nível de absurdo que sofremos não apenas pela dor, mas pela ideia da dor, tal qual crianças aterrorizadas pela escuridão, por máscaras disformes e por rostos distorcidos, cujas lágrimas escorrem ao escutar palavras desagradáveis aos seus ouvidos, com movimentos de dedos e diante de outras coisas das quais, por ignorância, fogem com uma espécie de espanto confuso. O objetivo da injúria é causar o mal a alguém. Todavia, a sabedoria não deixa espaço para o mal; para ela, o único mal é a torpitude, que não pode adentrar um local já ocupado pela virtude e pela honra. Consequentemente, se não há injúria sem mal e nenhum mal sem torpitude, e se esta não encontra espaço junto a um homem já tomado pela honra, nenhuma injúria é capaz de atingir o sábio. Pois se a injúria consiste em sofrer algum mal, e o sábio não sofre mal algum, nenhuma o afeta. Toda injúria implica em uma diminuição daquilo que afeta, e ninguém sofre uma sem perder um pouco da própria dignidade, de alguma parte de seu corpo ou de alguma das coisas externas a si. O sábio, no entanto, nada pode perder. Investiu tudo em si mesmo, não confiou nada à sorte, suas propriedades estão seguras e se contenta com a virtude, que não necessita de acréscimos fortuitos e, portanto, não pode ser aumentada ou diminuída; pois a virtude, tendo se elevado ao máximo, não deixa espaço para aumento, e a sorte não pode tirar nada, salvo aquilo que concedeu. A sorte não concede virtude; portanto, não a subtrai. A virtude é livre, inviolável, imperturbável, inabalável e tão resistente contra infortúnios que eles não podem dominá-la, muito menos superá-la. Mantém o olhar firme mesmo em face de torturas que lhes estão sendo preparadas; seu semblante não se altera diante da oferta, seja de sofrimento ou de prazer. O sábio, portanto, não pode perder nada cuja privação sentirá, pois pertence apenas à virtude, de quem jamais pode ser subtraído. Ele aproveita todas as outras ao bel--prazer da sorte, pois quem se entristece com a perda de algo que não lhe pertence? Se a injúria não pode prejudicar nenhum dos bens que são próprios do sábio, porque enquanto sua virtude está segura, seus bens estão seguros, então, é impossível causar uma injúria ao sábio. Demétrio, que foi denominado Poliórcetes, conquistou Mégara, e o filósofo Estilpo, quando perguntado se havia perdido alguma coisa, respondeu: "Não, levo todas as minhas posses comigo". Entretanto, sua herança tinha sido saqueada, suas filhas haviam sido desonradas pelo inimigo, sua pátria havia sido dominada por estrangeiros, e foi o rei, cercado pelas lanças de suas tropas vitoriosas, do alto de seu trono, quem lhe fez a pergunta. Estilpo, contudo, tomou a vitória das mãos do rei, e provou que, embora a cidade tivesse sido tomada, ele próprio estava não só invicto, mas também ileso, pois carregava consigo os verdadeiros bens nos quais ninguém pode pôr as mãos. O que estava sendo saqueado e levado, não considerava ser seu, mas apenas coisas que vêm e vão segundo os caprichos da sorte; por isso, não os amou como seus, pois a posse de tudo que é externo é incerta e insegura.

 O homem perfeito, repleto de virtudes humanas e divinas, não pode perder nada; seus bens estão cercados por paredes fortes e intransponíveis

VI. Agora pense: algum ladrão, falso acusador, vizinho teimoso, ou ricaço que desfruta do poder de uma velhice sem filhos seria capaz de causar qualquer injúria a esse homem, de quem nem a guerra nem um inimigo cuja profissão era a nobre arte de atacar muralhas puderam tomar qualquer coisa? Em meio ao lampejo de espadas por todos os lados, o tumulto do saque dos soldados, em meio às chamas, ao sangue e à ruína da cidade caída, em meio à queda de templos desabando sobre seus deuses, um homem estava em paz. Assim, não há razão para considerar uma vanglória imprudente, para a qual lhe darei garantias, se minha palavra não for suficiente. De fato, é difícil acreditar que qualquer homem possua tamanha constância ou tanta grandeza de espírito; mas eis um homem que se apresenta para provar que não há razão para duvidar que alguém, nascido humano, consegue elevar-se acima das necessidades humanas, contemplar com tranquilidade dores, perdas, enfermidades, feridas e grandes tumultos naturais rugindo ao seu redor, consegue suportar as adversidades com calma e a prosperidade com moderação, sem ceder à primeira nem confiar na segunda, que é capaz de permanecer o mesmo em meio a todas as mudanças da sorte, sem considerar nada como seu exceto por si mesmo, e de si mesmo apenas sua melhor parte. "Veja, estou aqui para lhe provar que, embora sob a orientação daquele destruidor de tantas cidades, muralhas sejam abaladas por golpes de aríete, altas torres sejam derrubadas de repente por galerias e fossos escondidos, e montes se elevem a ponto de rivalizar com a mais alta cidadela, nenhuma arma de cerco pode ser criada que consiga abalar uma mente estabelecida com firmeza. Rastejei há pouco para fora das ruínas de minha casa, com incêndios ardendo ao meu redor, escapei das chamas através do sangue. Que destino se abateu sobre minhas filhas, se um pior do que o do país, desconheço. Sozinho e idoso, vendo tudo ao meu redor nas mãos do inimigo, ainda declaro que minhas posses estão íntegras e intocadas. Possuo, mantenho tudo o que alguma vez possuí. Não há razão para que veja como conquistado e a si mesmo como meu conquistador. A sua sorte superou a minha. Quanto às posses fugazes que mudam de proprietários, não sei onde se encontram; o que me pertence está comigo, e sempre estará. Vejo homens ricos que perderam suas propriedades; homens libidinosos que perderam seus amores, as cortesãs a quem estimavam, a custo de muita vergonha; homens ambiciosos que perderam o Senado, os tribunais de justiça, os lugares destinados para a exibição pública dos vícios; agiotas que perderam seus livros de registro, nos quais a ganância em vão desfrutava de uma riqueza irreal; eu, porém, possuo tudo intacto e ileso. Deixe-me, vá e questione aqueles que choram e lamentam a perda de seu dinheiro, que em sua defesa oferecem seus peitos desnudos a espadas desembainhadas ou que fogem do inimigo com bolsos pesados". Perceba então, Sereno, que o homem perfeito, repleto de virtudes humanas e divinas, não pode perder nada; seus bens estão cercados por paredes fortes e intransponíveis. Não se pode compará-las às muralhas da Babilônia, que Alexandre adentrou, nem às fortificações de Cartago e Numância, conquistadas pela mesma mão, nem ao Capitólio ou à cidadela de Roma, que têm as marcas dos insultos dos vitoriosos; as muralhas que protegem o sábio estão a salvo do fogo e da invasão hostil; não oferecem passagem; são elevadas, inexpugnáveis, divinas.

 Aquilo que é magnífico e transcende o comum não é produzido diversas vezes

VII. Não há motivo para que diga, como costuma fazer, que não é possível encontrar um sábio assim; não o inventamos como uma glória irreal da humanidade, nem o concebemos como uma grandiosa sombra de uma inverdade, mas já o exibimos e o exibiremos tal como o esboçamos, embora talvez seja um ser raro e apareça apenas em longos intervalos. Aquilo que é magnífico e transcende o comum não é produzido diversas vezes. O próprio Marco Catão, cuja menção iniciou esta discussão, foi um homem que imagino ter até mesmo superado nosso modelo. Além disso, aquilo que fere deve ser mais forte do que aquilo que é ferido. Ademais, a perversidade não é mais forte do que a virtude; por isso, o sábio não pode ser ferido. Apenas os maus tentam ferir os bons. Homens bons vivem em paz entre si; os maus são igualmente nocivos para os bons como entre si. Se um homem não pode ser ferido por um mais fraco do que ele, e o homem mau é mais fraco do que o bom, e o bom não deve temer a injúria, exceto daqueles que são diferentes dele, então, nenhuma injúria atinge o sábio. Creio que a esta altura não preciso lembrá-lo de que ninguém além do sábio é bom.

Nosso adversário diz: "Se Sócrates foi injustamente condenado, ele sofreu uma injúria". Nesse ponto, é necessário ter em mente que é possível que alguém me faça uma injúria, mas que eu não a sofra; como se alguém furtasse algo da minha casa de campo e deixasse na minha casa da cidade, esse homem cometeria um furto, mas eu não perderia nada. Um homem pode se tornar maldoso e, ainda assim, não causar nenhum mal de fato. Caso um homem se deite com a própria esposa pensando que é uma estranha, ele comete adultério, mas sua esposa, não. Caso um homem me envenene, mas o veneno perca sua força ao ser misturado com comida, ele se tornou um criminoso ao administrar o veneno, mesmo que não tenha causado mal algum. Um homem não é menos bandido porque sua espada se embolou nas roupas da vítima e errou o alvo. Todos os crimes, no que diz respeito

A perversidade não é mais forte do que a virtude; por isso, o sábio não pode ser ferido. Apenas os maus tentam ferir os bons

à sua criminalidade, são consumados antes que o ato em si seja realizado. Alguns crimes são de tal natureza e estão vinculados a tais condições que a primeira parte pode ocorrer sem a segunda, mesmo que a segunda não possa ocorrer sem a primeira. Tentarei esclarecer o significado dessas palavras: posso mover os pés sem correr, mas não posso correr sem mover os pés; posso estar na água sem nadar, mas se estou nadando, é impossível não estar na água. A questão que discutimos é desta natureza: se recebi uma injúria, é necessário que alguém a tenha causado, porém, se uma injúria me foi feita, não é necessário que eu a tenha sofrido. Pois diversas circunstâncias podem intervir para evitar a injúria como, por exemplo, algo pode atingir a mão que está mirando em nós, e depois de arremessado, o dardo pode se desviar. Assim, injúrias de todo tipo podem, por certas circunstâncias, ser afastadas e interceptadas a meio caminho, de maneira que possam ser feitas e, mesmo assim, não recebidas.

Todos os crimes, no que diz respeito à sua criminalidade, são consumados antes que o ato em si seja realizado

VIII. Além disso, a justiça não pode sofrer injustiça, porque os opostos não podem coexistir. Uma injúria só pode ser feita injustamente, portanto, não pode ser feita ao sábio. Não se admire por ninguém ser capaz de causar-lhe uma injúria, pois ninguém pode fazer-lhe qualquer bem também. Ao sábio não falta nada que possa aceitar como presente, e o perverso não pode conceder nada que seja digno de ser aceito pelo sábio; pois ele deve possuí-lo antes que possa concedê-lo e não possui nada que o sábio se alegraria por receber. Por consequência, ninguém pode fazer mal ou bem ao sábio, porque as coisas divinas não necessitam de ajuda nem podem ser feridas, e o sábio está próximo, realmente muito próximo, dos deuses, sendo como um deus em todos os aspectos, salvo que é mortal. Enquanto ele avança e ruma em direção à vida sublime, bem ordenada, livre de medo, seguindo um curso regular e harmonioso, tranquilo, benéfico, feito para o bem da humanidade, útil tanto para si quanto para os demais, não desejará nem chorará por nada vil. Aquele que, confiando na razão, passa pelos negócios humanos com mentalidade divina, não tem de onde possa sofrer injúria; pensa que me refiro somente às de outro homem? Nem mesmo a sorte pode lhe causar injúria, que sempre que enfrenta a virtudes e retira derrotada. Se aceitarmos com mente imperturbável e tranquila o maior terror de todos, além do qual as leis furiosas e os mestres mais cruéis não podem nos ameaçar, no qual o domínio da fortuna é contido, se entendemos que a morte não é um mal, portanto, também não é uma injúria, vamos aguentar muito mais facilmente as outras coisas, como perdas, dores, desgraças, mudanças de residência, lutos e despedidas, que não subjugam o sábio, mesmo que recaiam todas sobre ele ao mesmo tempo, muito menos ele as lamenta quando o atacam separadamente. E se ele suporta as injúrias da sorte com serenidade, quanto mais as de homens poderosos, que sabe serem as mãos da sorte.

IX. O SÁBIO, PORTANTO, SUPORTA TUDO do mesmo modo que suporta o frio do inverno e os rigores do clima, as febres, as doenças e outros acasos, assim como também não tem nenhum homem em tão alta conta a ponto de supor que suas ações tenham um propósito definido, o que é próprio apenas do sábio. Todos os outros homens não têm planos, mas apenas tramas, enganações e impulsos inconstantes da mente, que o sábio entende como puro acaso. Agora, o que depende somente do acaso não pode nos rondar de propósito. Ele também pondera que as maiores fontes de injúria se encontram nos meios pelos quais o perigo é fomentado contra nós, por exemplo, com um acusador subornado, uma falsa acusação, ou pela incitação da ira dos poderosos contra nós, e outras formas de criminalidade da vida civilizada. Outro tipo comum de injúria ocorre quando uma pessoa perde algum benefício ou prêmio pelo qual há muito esperava; quando uma herança que despendeu

Pense que o sábio pertence a esta classe, a dos homens que, por meio de prática longa e contínua, desenvolveram a força para suportar e exaurir toda a violência de seus inimigos

grandes esforços para tornar sua é deixada para outro, ou quando o favor de alguma casa nobre, através da qual obtém grande lucro, lhe é tirado. O sábio escapa de tudo isso, já que desconhece o que é viver pela esperança ou pelo medo. Acrescente-se a isso que ninguém recebe uma injúria impassível, mas é perturbado ao senti-la. Ora, aquele que não erra não é perturbado, é mestre de si mesmo, desfruta de um estado de espírito profundo e tranquilo. Aquele a quem uma injúria atinge, é movido e perturbado. O sábio, porém, não se enraivece, pois a raiva é causada pela ideia da injúria, e ele não pode ser isento de ira a menos que seja também inabalável pela injúria, que sabe que não pode lhe ser feita; por isso, ele é tão confiante e alegre, por isso exulta com júbilo constante. Em contrapartida, ele está tão distante de se esquivar do encontro seja das circunstâncias, seja dos homens, que faz uso da própria injúria para provar a si mesmo e testar a própria virtude. Suplico-vos, demonstremos favor a essa proposição e recebamos com ouvidos e mentes imparciais enquanto o sábio é isentado da injúria; pois nada é subtraído da sua insolência, dos seus desejos mais gananciosos, da sua temeridade e orgulho irrefletidos; é sem preconceito contra os seus vícios que se busca tal liberdade para o sábio. Não nos esforçamos a fim de evitar que você cometa injúrias, mas visando permitir que ele deixe todas as injúrias abaixo de si e se proteja delas com sua própria grandeza de espírito. Assim, nos jogos sagrados muitos conquistaram a vitória por aguentar pacientemente os golpes de seus adversários e, assim, cansá-los. Pense que o sábio pertence a esta classe, a dos homens que, por meio de prática longa e contínua, desenvolveram a força para suportar e exaurir toda a violência de seus inimigos.

X. Como já discutimos a primeira parte do nosso assunto, passemos à segunda, na qual provaremos com argumentos, alguns dos quais são nossos, mas que em sua maioria são comuns entre os estoicos, que o sábio não pode ser insultado. Há uma forma menor de injúria, da qual devemos reclamar em vez de vingar, que as leis também não a consideraram digna de nenhuma punição especial. Esse sentimento é provocado por uma mesquinhez de espírito que se encolhe diante de qualquer ação ou atitude desrespeitosa. "Ele não me recebeu em sua casa hoje, embora tenha recebido outros"; "Ele me voltou as costas com arrogância ou riu abertamente quando falei"; ou "No jantar, ele não me colocou no sofá do meio (o lugar de honra), mas no mais baixo" e outras reclamações do mesmo tipo, que eu não posso chamar de nada mais do que as lamentações de um espírito indisposto. Essas questões afetam principalmente aqueles que cresceram no luxo e os prósperos, pois aqueles que são oprimidos por males piores não têm tempo para notar tais coisas. Devido à ociosidade excessiva, disposições naturalmente fracas, indolentes e propensas a se entregar a fantasias por conta da falta de injúrias reais são perturbadas por esses assuntos, a maior parte dos quais surge de mal-entendidos. Portanto, aquele que é afetado por insultos mostra que não possui nem senso nem confiança nos outros, pois tem certeza de que é desprezado, e esse desgosto o afeta com um sentimento de humilhação, conforme ele se diminui e toma uma posição inferior. Em contrapartida, o sábio não é desprezado por ninguém, pois conhece a própria grandeza, declara para si que não permite que ninguém tenha tal poder sobre ele, e quanto a tudo aquilo que eu não nomearia angústia, mas inquietação mental, ele não o supera, mas nunca nem ao menos o sente. Algumas outras coisas atingem o homem sábio, embora não abalem seus princípios, tal como a dor física e a fraqueza, a perda de amigos e filhos, e a ruína de seu país em tempos de guerra. Não quero dizer que o sábio não sente essas coisas, pois não lhe atribuímos a rigidez da pedra ou do ferro; não há virtude que não esteja consciente da própria resistência. Então, o que ele faz? Ele recebe alguns golpes, mas se mostra mais forte, trata-os e os fecha; essas coisas mais triviais ele sequer sente, nem faz uso de sua costumeira fortaleza para resistir ao mal contra eles, mas ou não os nota ou os considera dignos de riso.

 O sábio não é desprezado por ninguém, pois conhece a própria grandeza, declara para si que não permite que ninguém tenha tal poder sobre ele

XI. A<small>LÉM DISSO, COMO A MAIORIA</small> dos insultos procede dos arrogantes e prepotentes que conduzem mal sua prosperidade, o sábio tem meios para repelir essas paixões desdenhosas, ou seja, a mais nobre das virtudes: a magnanimidade, que despreza todos os sentimentos desse tipo como se fossem aparições irreais de sonhos e visões noturnas, que não têm nada de substancial ou verdadeiro. Ao mesmo tempo, reflete que todos os homens são muito baixos para se aventurar a desprezar o que está tão acima deles. A palavra latina para "contumélia" tem origem na palavra "contempto", pois ninguém causa injúria a outro a menos que o despreze; e ninguém pode tratar seus anciãos e superiores com desdém, mesmo que faça o que as pessoas desdenhosas costumam fazer. As crianças dão tapas na cara de seus pais, bebês bagunçam e puxam os cabelos da mãe, cospem nela, expõem o que deve ficar coberto para ela e não temem usar um linguajar sujo; contudo, não consideramos isso desprezo. E por quê? Porque quem o faz não é capaz de desprezar. Pela mesma razão, a zombaria obscena de nossos escravos contra seus mestres nos diverte, pois sua ousadia só tem licença para se exercitar à custa dos convidados caso comece pelo mestre; e quanto mais desprezível e maior objeto de escárnio cada um deles é, mais liberdade dá à sua língua. Alguns adquirem meninos insolentes para esse fim, cultivam sua grosseria e os enviam para a escola com o objetivo de que aprendam a soltar calúnias premeditadas, que não chamamos de insultos, mas pilhérias; mas que loucura é em um momento considerar algo divertido e em outro se ofender com a mesma coisa, e considerar uma frase um ultraje quando proferida por um amigo, e uma divertida piada quando dita por um menino escravo!

XII. Da mesma maneira que lidamos com os meninos, o sábio lida com todos aqueles cuja infância ainda perdura mesmo depois que sua juventude já passou e seus cabelos são grisalhos. O que os homens lucram com a idade quando sua mente ainda retém todos os defeitos da infância e estes são intensificados pelo tempo? Quando diferem das crianças apenas no tamanho e na aparência de seus corpos e são tão instáveis e caprichosos, desejosos do prazer sem limites, medrosos e quietos por medo e não por inclinação natural? Não se pode afirmar que tais homens diferem de crianças, porque estas são cobiçosas por dados, nozes e moedas, enquanto os primeiros são gananciosos por ouro, prata e cidades; porque as últimas brincam entre si de ser magistrados, imitam o manto de borda arroxeada do ofício, as fasces dos lictores e o tribunal, enquanto os primeiros brincam com as mesmas coisas a sério no Campo de Marte e nos tribunais de justiça; porque as últimas empilham areia no litoral à semelhança das casas, e os primeiros, como se estivessem envolvidos em negócios importantes, empregam-se em empilhar pedras e erguer paredes e telhados até que transformam o que deveria servir para a proteção do corpo em um perigo para si? As crianças e aqueles mais avançados em idade cometem os mesmos erros, mas os últimos lidam com coisas diferentes e mais importantes. Por isso, o sábio tem muita razão em tratar como piadas as afrontas que recebe de tais homens; e, às vezes, ele as corrige, como faria com crianças, pela dor e pela punição, não porque sofreu uma injúria, mas porque eles fizeram uma e para que não o façam mais. Dessa forma, domamos os animais com chicotadas, mas não nos zangamos quando se recusam

> O que os homens lucram com a idade quando sua mente ainda retém todos os defeitos da infância e estes são intensificados pelo tempo?

a carregar seu cavaleiro, mas os punimos para que a dor supere sua obstinação. Agora, portanto, você sabe a resposta para a pergunta que nos foi feita: "Por que, já que o sábio não recebe nem injúria nem insulto, ele pune aqueles que fazem essas coisas?" Ele não se vinga, mas os corrige.

XIII. O QUE, ENTÃO, EXISTE QUE o impeça de acreditar que essa força da mente pertence ao sábio, quando você pode ver a mesma coisa nos outros, embora não tenham a mesma origem? Pois qual médico se enfurece com um paciente que está fora de si? Quem leva a sério os xingamentos de uma pessoa com febre a quem se nega água fria? O sábio retém em suas relações com todos o mesmo estado de espírito que o médico adota ao lidar com seus pacientes, cujas partes íntimas não recusa tocar caso precisem de tratamento, nem ainda olhar suas evacuações sólidas e líquidas, nem aguentar suas imprecações quando no frenesi da doença. O sábio entende que todos os que desfilam de togas de borda roxa, saudáveis e corados, são uns desvairados, que considera doentes e cheios de tolices. Por isso, não se zanga se em sua enfermidade eles se atrevem a ser impertinentes com seu médico, e do mesmo modo que não dá valor aos títulos de honra, dá pouca importância se o desrespeitam. Ele não se elevará em sua própria estima caso um mendigo lhe preste respeito, e não considerará uma afronta se alguém da ralé não retribuir sua saudação. Tampouco ficará cheio de si, mesmo que muitos ricaços o admirem; pois sabe que estes não diferem em nada dos mendigos, ou melhor, são ainda mais miseráveis do que eles; pois aos mendigos falta apenas um pouco, enquanto aos ricos falta muito. Ademais, não irá se agitar caso o rei dos medos, ou Átalo, rei da Ásia, passe por ele em silêncio com ar de desdém quando ele oferece sua saudação; pois entende que a posição de tal homem não tem nada que o torne mais invejável do que a do homem cujo dever é manter os servos doentes e loucos em ordem em alguma casa nobre. Devo me perturbar se um daqueles homens que negociam no templo de Castor, comprando e vendendo escravos que não valem nada, não devolva minha saudação, um homem cujas lojas estão abarrotadas com multidões dos piores cativos? Penso que não. O que pode haver de bom em um homem que possui apenas homens maus? Como o sábio é indiferente à cortesia ou à grosseria de tal homem, também o é à de um rei. Diz ele: "Você domina os partas e os bactrianos, mas só os conserva por meio do medo, dominá-los o impede de relaxar, são inimigos ferozes, estão à venda, e buscam ansiosos um novo mestre". Não será, portanto, abalado pelo insulto de qualquer um, pois embora os homens sejam diferentes uns dos outros, o sábio considera todos iguais por sua igual tolice. Pois se alguma vez se rebaixasse ao ponto de ser afetado por injúria ou insulto, jamais poderia se sentir seguro depois; e a segurança é vantagem especial do sábio. Ele nunca se permitirá demonstrar respeito a alguém que lhe fez uma injúria, por admitir que recebeu uma; porque, necessariamente, quem se preocupa com o desprezo de qualquer pessoa, valorizaria a admiração dela.

XIV. TAL LOUCURA POSSUI ALGUNS HOMENS que acreditam ser possível que uma injúria possa lhes ser causada por uma mulher. Que importância tem quem ela é, quantos escravos carregam sua liteira, quantos brincos tem nas orelhas, quão macio é seu assento? Sempre será a mesma criatura inconsequente e, a menos que possua conhecimento e muito estudo, é selvagem e descontrolada em seus desejos. Algumas se irritam se levam um esbarrão de um aquecedor de pinças de cachear, consideram insultos a lentidão do porteiro de um nobre ao abrir a porta, ou a arrogância de seu nomenclador, ou o desdém de seu camareiro. Ah, quantas risadas tais coisas deveriam provocar! Com que divertimento a mente pode se encher quando contrasta as tolices frenéticas de outros com a própria tranquilidade! "Como assim? O sábio não vai se aproximar de portas guardadas por um porteiro mal-humorado?" De modo algum, se uma necessidade levá-lo até lá, o enfrentará, por mais feroz que seja, e o domará como a um cão para o qual se oferece comida, e não se enfurecerá por ter de gastar dinheiro para entrar, considerando que em algumas pontes também é preciso pagar pedágio; da mesma forma, pagará a taxa para aquele que colher essa receita de autorizar a entrada de visitantes, pois reconhece que os homens compram o que é posto à venda. Um homem demonstra ter um espírito pequeno se fica satisfeito consigo mesmo por ter respondido ao porteiro com altivez, quebrado seu bastão, forçado caminho até a presença de seu mestre e exigido que fosse açoitado. Aquele que antagoniza outro homem faz-se rival desse homem, e deve se igualar a ele antes que possa derrotá-lo. Mas o que fará o sábio quando receber uma bofetada? Fará o mesmo que Catão fez quando foi esbofeteado; ele não se exaltou nem vingou o ultraje, nem sequer o perdoou, mas ignorou-o, mostrando maior condescendência ao não lhe dar atenção do que se tivesse perdoado. Não vamos nos demorar muito sobre esse ponto; pois quem não está ciente de que nenhuma das coisas que são consideradas boas ou más são vistas pelo sábio e pela humanidade em geral da mesma maneira? Ele não dá atenção ao que todos os homens consideram vil ou miserável, não segue o rastro da maioria, mas, tal como as estrelas seguem um curso oposto ao da terra, assim ele avança em oposição aos preconceitos de todos.

XV. Pare, então, de perguntar: "Então, o sábio não sofrerá uma injúria se for espancado, se seu olho for arrancado? Não receberá um insulto, se for vaiado no Fórum pelas vozes detestáveis dos rufiões? Se em um banquete da corte for ordenado a deixar a mesa e a comer com os escravos escalados para tarefas degradantes? Caso seja forçado a suportar qualquer outra coisa que seria de se esperar que exasperasse um espírito elevado?" Não importa quantas ou quão severas essas situações sejam, todas se mostrarão do mesmo tipo; se as pequenas não o afetam, muito menos o farão as maiores; se poucas não o afetam, muitas também não afetarão. É a partir de sua própria fraqueza que imaginam a mente colossal do sábio, e quando refletem sobre o quanto suportariam sofrer, colocam o limite da resistência do sábio um pouco além do seu próprio. A virtude dele, porém, colocou-o em outra região do universo que não tem nada em comum com vocês.

Procure os sofrimentos e todas as coisas difíceis de suportar, repulsivas aos ouvidos ou aos olhos; o sábio não será subjugado por sua combinação, e suportará tudo tal como suporta um por vez. Aquele que diz que o sábio pode aguentar isso e não aquilo, e restringe sua longanimidade a certos limites, comete um erro, pois a Fortuna nos domina a menos que seja totalmente dominada. Não pense que isso é mera austeridade estoica. Epicuro, a quem você adota como patrono de sua preguiça e que pensa ter sempre ensinado o que era mole, indolente e prazeroso, afirmou: "A Fortuna raramente se coloca no caminho de um sábio" O quanto ele se aproximou de um sentimento valoroso! Você vai falar com mais ousadia e a retirará do caminho por completo? Assim é a casa do sábio: estreita, sem adornos, sem agitação nem esplendor, seu limiar não é guardado por porteiros que controlam a multidão de visitantes com soberba proporcional aos subornos, mas a Fortuna não é capaz de cruzar esse limiar aberto e desprotegido. Ela sabe que não há espaço para ela onde não há nada de seu.

Eu mereço ou não que essas coisas me aconteçam? Se mereço, não são insultos, mas sentenças judiciais; se não mereço, então aquele que me faz uma injustiça deve se envergonhar, não eu

XVI. Agora, se até Epicuro, que fez mais concessões ao corpo do que qualquer outro, adota um tom espirituoso em relação às injúrias, o que pode parecer inacreditável ou além do alcance da natureza humana entre nós, estoicos? Ele afirma que o sábio consegue suportar as injúrias, nós afirmamos que elas não existem para ele. Também não há razão para que você diga que isso é repugnante à natureza. Não negamos que seja desagradável ser espancado ou esbofeteado, ou perder um de nossos membros, mas dizemos que nada disso são injúrias. Não tiramos delas a dor, apenas o nome "injúria", que não pode ser sofrida enquanto nossa virtude está íntegra. Veremos qual está mais próximo da verdade; ambos concordam quanto a desprezar a injúria. Você pergunta qual é a diferença entre eles? É a diferença que existe entre dois gladiadores muito corajosos, um dos quais esconde sua ferida e se mantém firme, enquanto o outro se vira para a plateia exaltada, lhes dá a entender que sua ferida não é nada e não permite que interfiram em seu favor. Não deve pensar que há grande diferença entre nós. O ponto central, que é o único que o preocupa, é o que ambas as escolas filosóficas exigem que você faça, isto é, desprezar as injúrias e, o que posso chamar de sombras e contornos de injúrias, os insultos; que não é necessário ser uma pessoa sábia para desprezar, apenas uma sensata, que se questiona: "Eu mereço ou não que essas coisas me aconteçam? Se mereço, não são insultos, mas sentenças judiciais; se não mereço, então aquele que me faz uma injustiça deve se envergonhar, não eu. E o que é isso que se chama insulto? Alguém fez uma piada sobre a minha calvície, a minha dificuldade de visão, a magreza das minhas pernas e a minha estatura; que insulto há em me dizer o que todos veem? Rimos em particular da mesma coisa com a qual nos indignamos quando dita diante de uma multidão, e não damos aos outros o privilégio de dizer o que nós falamos sobre nós mesmos; divertimo-nos com brincadeiras decorosas, mas nos irritamos se são levadas longe demais".

XVII. Crísipo conta que um homem se enfureceu porque alguém o chamou de lesma-do-mar; vimos Fído Cornélio, genro de Ovídio Naso, chorar no Senado porque Córbulo o chamou de avestruz depenado. O comando de seu semblante não falhou com outras acusações abusivas, que atacavam seu caráter e seu modo de vida, porém, diante desse xingamento ridículo, ele se debulhou em lágrimas. A fraqueza da mente dos homens é tão deplorável quando a razão não mais os guia. E quando nos ofendemos se alguém imita nosso modo de falar, de andar, ou qualquer defeito de nosso corpo ou da nossa linguagem? Como se fossem se tornar mais conhecidos pela imitação de outra pessoa do que por nós mesmos os fazermos. Alguns não estão dispostos a ouvir comentários sobre sua idade e cabelos grisalhos, e todo o restante que os homens rezam para alcançar. O opróbrio da pobreza angustia alguns homens, e quem a esconde faz um opróbrio contra si mesmo; e, portanto, se você de própria vontade é o primeiro a reconhecê-lo, você desestabiliza os que zombam e educadamente o insultam; ninguém é ridicularizado se começa rindo de si mesmo. A tradição nos diz que Vatínio, um homem nascido para ser ridicularizado e odiado, era um gracejador espirituoso e inteligente. Ele fez muitas piadas sobre seus pés e seu pescoço curto e, assim, escapou da zombaria de seus inimigos, sobretudo da de Cícero, que eram mais numerosos do que suas enfermidades. Se ele, que diante de abusos constantes havia esquecido como corar, foi capaz disso por pura ousadia, por que não conseguiria alguém que fez algum progresso na educação de um nobre e no estudo da filosofia? Além disso, é uma espécie de vingança estragar o prazer de alguém pelo insulto que nos fez; esses homens dizem: "Ora, acho que ele não entendeu". Assim, o sucesso de um insulto reside na sensibilidade e na raiva da vítima. Fora isso, aquele que insulta, vez ou outra, encontrará um adversário à sua altura; há de se encontrar alguém que vingue você também.

XVIII. CAIO CÉSAR, DENTRE SEUS NUMEROSOS outros vícios, possuía uma estranha paixão insolente por ridicularizar a todos, sendo ele próprio o objeto mais digno de escárnio; tão feia era a palidez de seu rosto que comprovou sua loucura, tão selvagem o brilho dos olhos que se escondiam sob a sua testa enrugada, tão horrível a cabeça disforme, careca e manchada com alguns fios estimados, fora o pescoço coberto de pelos grossos, as pernas finas, os pés monstruosos. Seria interminável se eu listasse todos os insultos que atirou sobre seus pais, antepassados e pessoas de todas as classes. Mencionarei aqueles que o levaram à ruína. Valério Asiático era um de seus maiores amigos, um homem orgulhoso e que dificilmente aguentaria calado os insultos de outrem. Durante uma bebedeira, ou seja, numa assembleia pública, Caio, no tom de voz mais alto, repreendeu esse homem pelo modo como sua esposa se comportava na cama. Bons deuses! Um homem ouvir que o imperador sabia disso, e o imperador descrever seu adultério e sua decepção para o marido da senhora, para não dizer a um homem que ocupara o posto de cônsul e seu próprio amigo. Por outro lado, Quereia, o tribuno militar, tinha uma voz que não condizia com seu valor, fraca e um tanto suspeita, a menos que se conhecesse suas realizações. Quando pediu a palavra de ordem, Caio uma vez lhe disse "Vênus" e em outra "Príapo", de várias maneiras acusando o homem de armas de devassidão, enquanto ele próprio trajava vestes transparentes, sandálias e joias. Assim, forçou-o a usar sua espada, para que não tivesse de pedir a palavra de ordem com maior frequência. Foi Quereia quem primeiro dentre todos os conspiradores ergueu a mão, que cortou o pescoço de Calígula com um golpe. Depois disso, diversas espadas de homens que tinham injúrias públicas ou privadas para vingar foram enfiadas em seu corpo, mas o primeiro a se mostrar um homem foi aquele que menos parecia um. O mesmo Caio interpretava tudo como um insulto, já que aqueles mais dispostos a afrontar os outros são os menos capazes de suportar afrontas. Ele estava zangado com Herênio Macrão por tê-lo cumprimentado como Caio, nem o centurião-chefe dos triários saiu impune por tê-lo saudado como Calígula; nascido no acampamento e criado como filho das legiões, era costume chamá-lo por esse nome, nem havia qualquer outro pelo qual ele era mais conhecido pelas tropas, mas a essa altura ele considerava "Calígula" como uma censura e uma desonra. Que os espíritos feridos, então, se consolem com essa reflexão, que, mesmo que nosso temperamento fácil negligencie a vingança, de qualquer forma, haverá alguém que punirá o homem impertinente, orgulhoso e insolente, pois estes são vícios que ele nunca confina a uma vítima ou um único ato ofensivo. Observemos os exemplos daqueles cuja paciência admiramos, como, por exemplo, a de Sócrates, que aceitou bem a maioria das zombarias públicas e encenadas dos comediantes contra si, e não riu menos do que o fez quando sua esposa Xântipe o encharcou com água suja. Antístenes, ao ser censurado pelo fato de sua mãe ser uma bárbara trácia, respondeu que a mãe dos deuses também veio do monte Ida.

XIX. NÃO DEVEMOS NOS ENVOLVER EM brigas e disputas; devemos nos afastar e desconsiderar todo esse tipo de coisa que os insensatos fazem (de fato, apenas os insensatos as fariam), e dar o mesmo valor às honras e às reprovações da massa. Não devemos nos magoar por estas nem nos alegrarmos por aquelas. Caso contrário, negligenciaremos muitas coisas essenciais, abandonaremos nossos deveres tanto para com o Estado quanto na vida privada por medo excessivo de insultos ou preocupação com eles e, por vezes, até perderemos o que nos faria bem, enquanto somos torturados por essa preocupação sensível ao ouvir algo que vai contra nossa mente. Por vezes, também, enfurecidos com homens poderosos, vamos expor esta falha por meio de nossa impensada liberdade de expressão; entretanto, a liberdade não é sofrer nada, estamos enganados, a liberdade consiste em elevar a nossa mente acima das injúrias e nos tornarmos indivíduos cujos prazeres vêm apenas de nós mesmos, em nos separarmos de circunstâncias externas de modo que não precisemos levar uma vida perturbada com medo da zombaria e das línguas de todos os homens. Pois se qualquer homem pode nos fazer um insulto, quem não pode? O sábio, e aquele que deseja ser sábio, aplicará um remédio diferente para isso; pois somente aqueles cuja educação filosófica está incompleta e que ainda se guiam pela opinião pública pensam que devem passar suas vidas em meio a insultos e injúrias; porém, todas as coisas acontecem de forma mais duradoura para os que estão preparados. Quanto mais nobre é um homem por nascimento, por reputação ou por herança, mais valorosa deveria ser sua conduta, lembrando que os soldados mais altos ficam na linha de frente. Quanto a insultos, ofensas, desgraças e desfeitas do tipo, deve suportá-los como suportaria os gritos do inimigo, os dardos ou as pedras arremessadas de longe, que se chocam contra seu capacete sem causar ferimento; enquanto deve encarar as injúrias como ferimentos, alguns recebidos em sua armadura e outros em seu corpo, que suporta sem cair nem deixar seu lugar nas fileiras. Mesmo que seja duramente pressionado e atacado com violência pelo inimigo, ainda é desonroso ceder; mantenha o posto que lhe foi atribuído por natureza. Quer saber que posto é esse? O de homem. O sábio dispõe de outra ajuda, oposta a essa; você está trabalhando duro, enquanto ele já obteve a vitória. Não lute contra seu próprio bem e, até que você tenha feito o seu caminho rumo à verdade, mantenha viva esta esperança em sua mente, esteja disposto a receber as novas de uma vida melhor, e a encoraje com sua admiração e suas orações. Que haja alguém invencível, contra quem a Fortuna não tem poder, é benéfico para a comunidade humana.

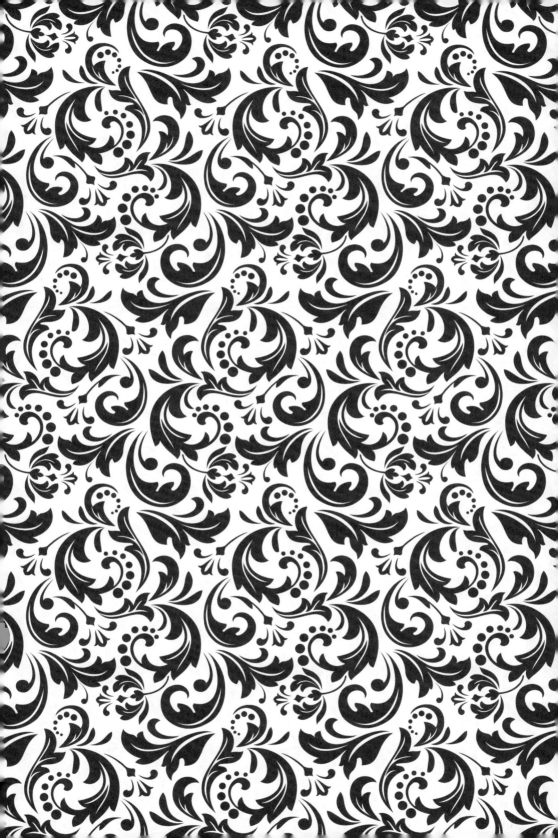

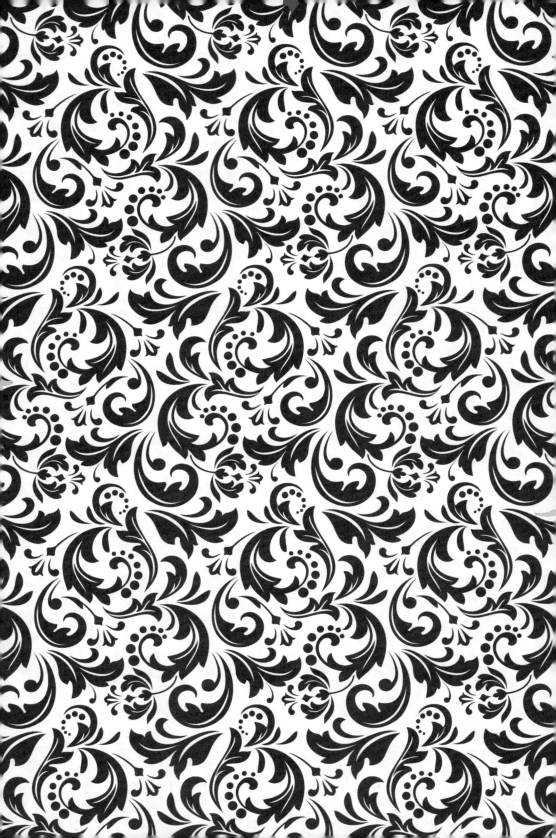

LIVRO DOS DIÁLOGOS DE LÚCIO ANEU SÊNECA,
ENDEREÇADO A NOVATO

Sobre a Ira

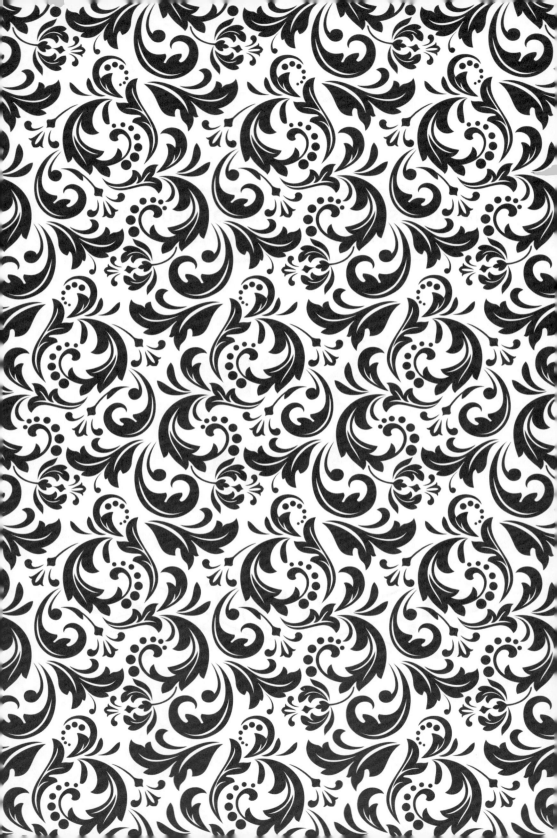

LIVRO 1

I. Exigiu de mim, Novato, que eu escrevesse como a ira pode ser aplacada, e parece-me que tem razão em sentir especial temor dessa paixão, que é acima de todas as outras hedionda e selvagem, pois as demais têm certo grau de paz e tranquilidade, mas essa consiste somente em ação e impulso de sofrimento, furiosa com um desejo totalmente desumano por armas, sangue e torturas. Indiferente a si, desde que agrida outro, avançando sobre a ponta da própria espada, e ávida por vingança mesmo quando arrasta o vingador consigo para a ruína. Em consequência disso, alguns dos maiores sábios denominaram a ira uma breve loucura, pois é igualmente desvairada, indiferente ao decoro, esquecida do parentesco, obstinada em sua concentração em tudo aquilo que começa a fazer, com os ouvidos fechados à razão e aos conselhos, agitada por frivolidades, inábil em perceber o que é verdadeiro e justo, e muito parecida com uma rocha que ao cair se parte em pedaços sobre aquilo que esmaga. Para que saiba que aqueles a quem a ira possui não estão sãos, observe sua aparência; pois da mesma forma que há sintomas distintos que marcam os loucos, como um ar ousado e ameaçador, um olhar sombrio, uma expressão severa, uma passada apressada, mãos inquietas, cor alterada, respiração acelerada e pesada, os sinais de homens irados também são os mesmos: seus olhos brilham e faíscam, todo o seu rosto de um vermelho profundo com o sangue que ferve do fundo de seu coração, seus lábios tremem, seus dentes estão cerrados, seus cabelos eriçados, sua respiração é difícil e sibilante; suas articulações estalam quando as retorcem, eles gemem, gritam e explodem em conversas mal inteligíveis, muitas vezes batem palmas e com os pés no chão, seu corpo todo está muito tenso e fazem os truques que marcam uma mente perturbada, de modo a fornecer uma imagem feia e chocante de autoperversão e excitação. Não é possível dizer se este vício é mais execrável ou mais nojento. Os outros vícios podem ser escondidos e acalentados em segredo; a ira se mostra abertamente e aparece no semblante, e quanto maior for, com maior clareza emerge. Não vê como em todos os animais alguns sinais aparecem antes que causem dano, e como seus corpos deixam por completo sua aparência habitual e atiçam sua ferocidade? Javalis espumam pela boca e afiam suas presas esfregando-as contra as árvores, touros açoitam o ar com seus chifres e espalham a areia com golpes de seus cascos, leões rosnam, os pescoços de cobras enfurecidas incham, cães loucos têm uma aparência sombria; não há animal que seja tão odioso e venenoso por natureza que não demonstre mais ferocidade quando tomado pela ira. Sei muito bem que é difícil ocultar as outras paixões, e que luxúria, medo e ousadia dão sinais de sua presença e podem ser descobertas de antemão, pois nenhuma das paixões mais fortes deixa de afetar o semblante. Qual é, então, a diferença entre elas e a ira? Ora, as outras paixões são visíveis, mas essa salta à vista.

 Os outros vícios podem ser escondidos e acalentados em segredo; a ira se mostra abertamente e aparece no semblante, e quanto maior for, com maior clareza emerge

II. Em seguida, se você optar por ver seus resultados e os danos que causa, nenhuma praga custou mais à humanidade; verá massacres e envenenamentos, acusações e contra-acusações, saques de cidades, ruínas de povos inteiros, príncipes vendidos como escravos em leilão, tochas lançadas em telhados e incêndios, não apenas confinados dentro de muros de cidades, mas fazendo com que áreas inteiras brilhem com chamas hostis. Observe as fundações das cidades mais célebres, que agora mal podem ser discernidas, foram arruinadas pela ira. Veja os desertos que se estendem por muitos quilômetros sem um habitante, foram desolados pela ira. Considere todos os líderes que a tradição menciona como exemplos de má sorte. A ira esfaqueou um deles em sua cama; abateu outro, embora estivesse protegido pelos direitos sagrados da hospitalidade; despedaçou mais um na própria casa das leis e à vista do fórum lotado; ordenou que um derramasse seu próprio sangue pela mão parricida de seu filho, que outro tivesse sua nobre garganta cortada pela mão de um escravo, que mais outro estendesse seus membros na cruz e, até agora, mencionei apenas casos individuais. E se você fosse além da consideração desses homens isolados contra quem eclodiu a ira, para a de assembleias inteiras mortas pela espada, povos massacrados por exércitos que lhe foram lançados, nações inteiras condenadas à morte na mesma ruína... Como se por homens que ou se libertaram de nossa responsabilidade ou desprezaram nossa autoridade? Por que o povo se zanga com os gladiadores, e de forma tão injusta a ponto de se considerar lesado se não morrem com alegria? Sente-se desprezado, e com olhares, gestos e agitação se converte de mero espectador em adversário. Todo esse tipo de coisa não é ira, mas a aparência de ira, como a de meninos que querem bater no chão quando caem sobre ele e que, muitas vezes, sequer sabem por que estão irados, mas estão apenas zangados sem qualquer razão ou sem sofrer qualquer injúria, mas não sem aparentar ter sofrido, nem sem desejar a exigência de uma punição para isso. Dessa maneira, são enganados por imitações de golpes, e apaziguados pelas lágrimas fingidas dos que desaprovam sua ira e, assim, uma dor irreal é curada por uma vingança irreal.

Ninguém está em posição tão baixa que não possa ter esperanças de poder infligir punição até mesmo ao maior dos homens; todos nós somos poderosos para o mal

III. "Muitas vezes estamos irados", diz nosso adversário, "não com homens que nos feriram, mas com aqueles que irão nos ferir; então, pode estar certo que a ira não nasce da injúria". É verdade que ficamos irados com aqueles que vão nos causar dano, mas eles já o fizeram pela intenção, e alguém que irá fazer o mal já o faz. Argumenta: "Com frequência, os homens mais fracos sentem raiva dos mais poderosos; desse modo, é possível ter certeza de que a ira não é um desejo de punir um adversário, pois os homens não desejam punir alguém quando não têm esperança de fazê-lo". Em primeiro lugar, falei do desejo de infligir punição, não do poder para fazê-lo, pois os homens desejam até mesmo o que não podem obter. Em segundo lugar, ninguém está em posição tão baixa que não possa ter esperanças de poder infligir punição até mesmo ao maior dos homens; todos nós somos poderosos para o mal. A definição de Aristóteles difere pouco da minha, pois ele define a ira como um desejo de retribuir o sofrimento. Seria uma longa tarefa examinar as diferenças entre a definição dele e a minha; pode-se argumentar contra ambas que as feras selvagens se enfurecem sem serem excitadas por ferimentos, sem qualquer ideia de punir outros ou de retribuir-lhes a dor; pois, mesmo que façam tais coisas, não são o que têm a intenção de fazer. Devemos admitir, porém, que nem os animais selvagens nem qualquer outra criatura, exceto o homem, estão sujeitos à ira; pois, embora a ira seja inimiga da razão, não surge em nenhum lugar onde a razão não possa habitar. Feras selvagens têm impulsos, fúria, crueldade, combatividade; não têm mais ira do que têm luxúria. No entanto, entregam-se a alguns prazeres com menos autocontrole do que os seres humanos. Não acredite no poeta que diz:

> *"Não se lembra de sua ira o javali,*
> *nem a corça na corrida se fiar*
> *Nem o urso dos fortes rebanhos atacar."*

Quando fala de bestas iradas, ele quer dizer que estão animadas, agitadas; porque, de fato, elas sabem como ficar com ira tanto quanto sabem perdoar. Criaturas estúpidas não têm sentimentos humanos, mas têm certos impulsos que se assemelham a eles, pois se assim não fosse, se pudessem sentir amor e ódio, também seriam capazes de amizade e inimizade, de discordância e concordância. Determinados traços dessas qualidades existem até mesmo nelas, embora decerto todas elas, sejam boas ou más, pertencem apenas ao coração humano. A nenhuma criatura além da humana foram concedidas sabedoria, prudência, diligência e reflexão. Aos animais não só as virtudes humanas, mas até mesmo os vícios humanos estão vedados; toda a sua constituição, mental e corporal, é diferente da dos humanos; neles, o princípio essencial e principal provém de outra fonte, pois, por exemplo, possuem voz, mas não uma que seja clara, mas indistinta e incapaz de formar palavras; uma língua, mas que é acorrentada e não é ágil o suficiente para realizar movimentos complexos. Assim, também, possuem intelecto, o maior atributo de todos, mas em um estado rústico e impreciso. Por conseguinte, são capazes de compreender as visões e aparências que os despertam à ação, mas apenas de forma nebulosa e indistinta. Segue-se daí que seus impulsos e surtos são violentos, e que não sentem medo, ansiedade, tristeza ou ira, mas imitações desses sentimentos e, por isso, logo os abandonam e adotam o inverso deles; pastam depois de demonstrar os mais ardentes terror e ira, e depois de uma gritaria frenética e profunda, caem em um sono tranquilo.

Nem os animais selvagens nem qualquer outra criatura, exceto o homem, estão sujeitos à ira; pois, embora a ira seja inimiga da razão, não surge em nenhum lugar onde a razão não possa habitar

IV. Explicou-se o bastante o que é a ira. A diferença entre ela e a irritabilidade está clara, é a mesma que há entre um homem bêbado e um beberrão, entre um homem assustado e um covarde. É possível que um homem irritado não seja irascível; um homem irascível pode, às vezes, não estar irritado. Omitirei os outros tipos de ira, que os gregos distinguem por vários nomes, pois não temos palavras distintas para elas em nossa língua, embora chamemos os homens de amargos e rudes, e também rabugentos, frenéticos, clamorosos, mal-humorados e ferozes, que são todas diferentes formas de irritabilidade. Entre esses, pode-se classificar o mau humor, uma forma refinada de irascibilidade; pois há alguns tipos de ira que não vão além do barulho, enquanto outros são tão duradouros quanto comuns; alguns são ferozes em atos, mas inclinados a poupar palavras; outros se consomem em palavras amargas e maldições; há ainda os que não vão além de reclamar e virar as costas; e alguns são enormes, profundamente arraigados e se aninham dentro do homem; há milhares de outras formas de um mal múltiplo.

V. Terminamos aqui nossa investigação sobre o que é a ira, se existe em qualquer outra criatura além do homem, qual a diferença entre ela e a irritabilidade, e quantas formas possui. Agora, perguntemo-nos se a ira está de acordo com a natureza, se é útil e se vale a pena nutri-la em certa medida.

Se está de acordo com a natureza tornar-se-á evidente caso consideremos a natureza do homem. O que há de mais gentil do que ela, quando ele está em condições apropriadas? No entanto, o que há de mais cruel do que a ira? O que é mais afetuoso com os outros do que o homem? Em contrapartida, o que há de mais selvagem contra eles do que a ira? A humanidade nasce para a ajuda mútua, a ira para a ruína mútua; a primeira ama a sociedade, a segunda, o distanciamento. Uma ama fazer o bem, a outra, o mal; uma, ajudar até mesmo estranhos, a outra, atacar até mesmo seus amigos mais queridos. A primeira está disposta até mesmo a se sacrificar pelo bem dos outros; a segunda, a mergulhar no perigo, desde que arraste outros consigo. Quem, então, pode ser mais ignorante sobre a natureza do que aquele que classifica esse vício cruel e nocivo como parte de seu melhor e mais refinado trabalho? A ira, como já foi dito, anseia punir; e que tal desejo exista no seio sereno do homem é o que há de mais contrário à natureza dele. A vida humana está fundamentada no bem e na harmonia, e está unida em uma aliança em prol da ajuda mútua, não pelo terror, mas pelo amor mútuo.

 É mais fácil banir paixões perigosas do que governá-las; é mais fácil não as aceitar do que mantê-las em ordem depois de aceitas

VI. "Como assim? A correção não é por vezes necessária?" Claro que é, mas com discrição, não com ira; pois não fere, mas cura sob a aparência de ferir. Nós carbonizamos hastes de lanças tortas para endireitá-las, as ajustamos com cunhas, não a fim de quebrá-las, mas para aprumá-las; de forma parecida, aplicando dor ao corpo ou à mente, corrigimos disposições que foram distorcidas pelo vício. Assim também, o médico no início, ao lidar com pequenos transtornos, tenta não fazer muitas mudanças nos hábitos diários de seu paciente, regular sua alimentação e exercícios, e melhorar sua saúde apenas alterando a ordem em que o faz. O próximo passo é ver se uma alteração em suas quantidades será benéfica. Se nem a alteração da ordem ou da quantidade fizer diferença, corta alguns e reduz outros. Se mesmo isso não surtir efeito, proíbe a comida e alivia o corpo com o jejum. Se remédios mais leves se provaram inúteis, ele abre uma veia; se as extremidades estão ferindo o corpo e o infectando com doenças, ele impõe as mãos sobre os membros; no entanto, nenhum de seus tratamentos é considerado severo se seu resultado for produzir saúde. Igualmente, é dever do administrador-chefe das leis, ou do governante de um Estado, corrigir homens mal-intencionados, o quanto for possível, com palavras, e até com palavras gentis, para persuadi-los a fazer o que devem, para inspirá-los com o amor à honra e à justiça, e levá-los a odiar os vícios e valorizar a virtude. Depois, deve passar a uma linguagem mais severa, ainda limitando-se a aconselhar e repreender; por último, deve fazer uso de punições, mas ainda leves e temporárias. Deve atribuir punições extremas apenas a crimes extremos, de forma que ninguém morra, a menos que beneficie até mesmo o próprio criminoso que ele deva morrer. Diferirá do médico em apenas um ponto: enquanto os médicos tornam a morte fácil para aqueles a quem não podem conceder a graça da vida, ele expulsará da vida os condenados com ignomínia e desgraça, não porque sinta prazer em ver um homem ser punido, pois o sábio está longe de tão desumana ferocidade, mas para que sirvam de advertência a todos e, como não quiseram ser úteis em vida, o Estado possa, de qualquer forma, se beneficiar com sua morte. Assim sendo, a natureza humana não é desejosa de infligir punição; nem, portanto, a ira está de acordo com a natureza humana, pois deseja infligir punição. Acrescento também o argumento de Platão, pois que mal há em usar os argumentos de outros homens, até onde estão do nosso lado? Diz ele: "Um homem bom não faz mal algum, é apenas a punição que fere. A punição, portanto, não está de acordo com um homem bom, por isso a ira também não o está, porque a punição e a ira estão de acordo uma com a outra. Se um homem bom não sente prazer na punição, também não terá prazer naquele estado de espírito ao qual a punição agrada; por consequência, a ira não é natural ao homem".

VII. NÃO HÁ COMO NÃO SER possível que, embora a ira não seja natural, seria certo adotá-la, pois muitas vezes se mostra útil? Desperta o espírito e anima-o; e a coragem nada faz de grandioso na guerra sem ela, a menos que sua chama seja alimentada a partir dessa fonte; é o aguilhão que incita homens ousados e os envia ao encontro dos perigos. Por isso, alguns consideram que é melhor controlar a ira, não bani-la por completo, mas podar suas extravagâncias, e forçá-la a se manter dentro de limites úteis, de modo a conservar a parte dela sem a qual a ação se tornará lânguida e toda força e agilidade mental cessará.

Em primeiro lugar, é mais fácil banir paixões perigosas do que governá-las; é mais fácil não as aceitar do que mantê-las em ordem depois de aceitas; pois quando se estabelecem na posse da mente, são mais poderosas do que o governante legítimo, e de forma alguma permitirão que sejam enfraquecidas ou abreviadas. Em segundo lugar, a própria Razão, que controla as rédeas, é forte apenas enquanto permanece distante das paixões; caso se misture e se contamine com elas, não será mais capaz de conter aquelas a quem poderia ter tirado de seu caminho; pois a mente, uma vez agitada e abalada, segue na direção que as paixões a levam. Há certas coisas cuja origem está em nosso poder, mas que, quando desenvolvidas, nos arrastam por sua própria força e não nos permitem recuar. Aqueles que se lançaram em um precipício não têm controle sobre seus movimentos, nem podem parar ou diminuir seu ritmo uma vez iniciado, pois sua própria precipitação impetuosa e irremediável não deixou espaço para qualquer reflexão ou remorso, e eles não podem deixar de agir de formas que poderiam ter evitado. Assim, também, a mente, quando se abandonou à ira, ao amor ou a qualquer outra paixão, é incapaz de se controlar; seu próprio peso e a tendência negativa dos vícios necessariamente arrastarão o homem e o lançarão nas mais baixas profundidades.

A própria Razão, que controla as rédeas, é forte apenas enquanto permanece distante das paixões

VIII. O MELHOR PLANO É REJEITAR imediatamente os primeiros incentivos à ira, resistir às suas primeiras manifestações e cuidar para não ser levado a ela; pois, uma vez que começa a nos arrastar, é difícil retornar a uma condição saudável, porque a razão não serve para nada uma vez que a paixão foi admitida na mente, e, tendo recebido certa autoridade de nossa própria vontade, fará no futuro tanto quanto ela escolher, não apenas o tanto que você permitirá. O inimigo, repito, deve ser enfrentado e rechaçado na fronteira mais externa, pois, depois de entrar na cidade e passar pelos portões, não permitirá que seus prisioneiros estabeleçam limites para sua vitória. A mente não fica separada e observa suas paixões de longe, de modo a não permitir que elas avancem mais do que deveriam, mas ela mesma se transforma em paixão, e fica, portanto, incapaz de conter o que antes era força útil e sadia, agora que se tornou degenerada e mal aplicada; pois paixão e razão, como falei antes, não habitam províncias distintas e separadas, mas consistem nas mudanças da própria mente para melhor ou para pior. Como pode então a razão se recuperar quando é conquistada e reprimida pelos vícios, quando cedeu lugar à ira? Ou como poderá se livrar de uma mistura confusa, que na maior parte consiste nas qualidades mais baixas? "Mas", argumenta nosso adversário, "alguns homens quando irados se controlam". Eles se controlam a ponto de não fazerem nada que a raiva dite, ou algo assim? Se não fazem nada assim, torna-se evidente que a ira não é essencial para a condução dos negócios, embora sua seita a defenda como possuindo mais força do que a razão... Finalmente, pergunto, a ira é mais forte ou mais fraca do que a razão? Se for mais forte, como pode a razão lhe impor qualquer limite, uma vez que apenas os menos poderosos obedecem; se for mais fraca, então a razão é capaz de alcançar seus fins sem a ira, e não precisa da ajuda de uma qualidade menos poderosa. "Mas alguns homens irados se mantêm coerentes e se controlam". Quando fazem isso? Quando sua ira está desaparecendo e deixando-os por conta própria, não quando estavam em brasa, pois então era mais poderosa do que eles. "E então? Não é verdade que os homens, mesmo no auge de sua ira, às vezes deixam seus inimigos saírem inteiros e ilesos, e abstêm-se de feri-los?" Sim, eles o fazem, mas quando isso acontece? Quando uma paixão domina outra, e o medo ou a ganância levam vantagem por um tempo. Em tais ocasiões, não é graças à razão que a ira se acalma, mas por causa de uma trégua não confiável e fugaz entre as paixões.

O melhor plano é rejeitar imediatamente os primeiros incentivos à ira, resistir às suas primeiras manifestações e cuidar para não ser levado a ela; pois, uma vez que começa a nos arrastar, é difícil retornar a uma condição saudável

IX. Em seguida, a ira não tem nada de útil em si, e não estimula a mente para atos bélicos, pois a virtude, sendo autossuficiente, nunca precisa da ajuda de um vício. Sempre que necessita de um esforço impetuoso, não fica irada, mas está à altura da ocasião, e se agita ou se acalma tanto quanto considera devido, da mesma forma que as máquinas que lançam dardos podem ser torcidas com um grau maior ou menor de tensão, conforme o desejo do gestor. Aristóteles diz: "A ira é necessária, nenhuma luta pode ser vencida sem ela, a menos que preencha a mente e inflame o espírito. Deve, porém, ser usada não como um general, mas como um soldado". Ora, isso não é verdade; pois, se ouve a razão e a segue, não é mais ira, cuja característica é a obstinação; mas se for desobediente e não ficar quieta quando ordenada, mas se deixa levar por seu próprio espírito obstinado e teimoso, então, é uma ajuda tão inútil para a mente de um soldado que desconsidera o som da retirada quanto o seria para um general. Se, portanto, a ira permite que lhe sejam impostos limites, deve ser chamada por algum outro nome, e deixa de ser ira, que entendo ser desenfreada e incontrolável; se não permite que limites lhe sejam impostos, é prejudicial e não deve ser contada entre os auxílios. Assim sendo, ou a ira não é ira, ou é inútil; pois, se alguém exige a aplicação de uma punição, não está ansioso pela punição em si, mas porque é correto infligi-la; ele não deve ser considerado um homem irado: será o soldado útil, que sabe obedecer às ordens; as paixões não podem obedecer tanto quanto não podem comandar.

X. Por esse motivo, a razão nunca chamará em seu auxílio impulsos cegos e ferozes, sobre os quais ela mesma não possui autoridade, e que nunca será capaz de refrear, a não ser que use contra eles paixões semelhantes e igualmente poderosas, como: medo contra ira; ira contra preguiça; ganância contra timidez. Que a virtude nunca chegue a tal ponto, de a razão recorrer aos vícios em busca de ajuda! A mente não pode repousar em segurança lá, será sempre sacudida e atormentada se estiver protegida apenas por seus próprios defeitos, se não puder ser corajosa sem ira, diligente sem ganância, serena sem medo. Tal é o despotismo sob o qual um homem deve viver caso seja escravizado por uma paixão. Não tem vergonha de colocar virtudes sob a proteção de vícios? Assim, também, a razão deixa de ter qualquer poder se não pode fazer nada sem paixão, e começa a se igualar à paixão; pois que diferença há entre elas se a paixão sem razão é tão precipitada quanto a razão sem paixão é impotente? Ambas estão no mesmo nível, se uma não pode existir sem a outra. Contudo, quem poderia suportar que a paixão se tornasse igual à razão? "Então", diz nosso adversário, "a paixão é útil, desde que seja moderada". Não, apenas se for útil por natureza, mas se for desobediente à autoridade e à razão, tudo que ganhamos com sua moderação é que, quanto menos houver dela, menos dano causa; por isso, uma paixão moderada não passa de um mal moderado.

XI. "Mas a ira é necessária contra nossos inimigos", ele argumenta. Em nenhum caso é menos necessário; uma vez que nossos ataques não devem ser desordenados, mas regulados e controlados. De fato, o que senão a ira, tão prejudicial para si mesma, derrota os bárbaros, que têm muito mais força física do que nós e conseguem suportar muito mais a fadiga? Os gladiadores também se defendem com a habilidade, mas se expõem a ferimentos quando estão irados. Além disso, para que serve a ira, quando o mesmo fim pode ser alcançado por meio da razão? Pensa que um caçador está irado com as feras que mata? Todavia, ele as enfrenta quando o atacam e as segue quando fogem dele, tudo isso gerenciado pela razão sem a ira. Quando tantos milhares de cimbros e teutões se espalharam sobre os Alpes, o que os fez perecer tão completamente, que nenhum mensageiro, apenas rumores, carregaram a notícia daquela grande derrota para a terra natal, exceto que neles a ira ocupava o lugar da coragem? E a ira, embora às vezes derrote e despedace o que quer que encontre, ainda assim é com maior frequência sua própria destruição. Quem é mais corajoso do que os germânicos? Quem ataca com mais ousadia? Quem tem mais amor pelas armas, entre as quais nascem e crescem, as únicas coisas com as quais se importam, à negligência de todo o restante? Quem é mais resistente contra todas as dificuldades, uma vez que grande parte deles não tem sequer muda de roupas para o corpo nem abrigo dos rigores contínuos do clima; ainda assim, hispanos, gauleses e até mesmo os homens pacíficos da Ásia e da Síria os derrotam antes que a legião principal seja vista, nada além de sua própria irascibilidade expondo-os à morte. Conceda apenas inteligência para suas mentes e disciplina para seus corpos, que agora ignoram os refinamentos viciosos, o luxo e a riqueza; para não dizer mais nada, com certeza, devíamos ser obrigados a retornar aos antigos hábitos de vida romanos. Com o que Fábio restaurou as forças despedaçadas do Estado, exceto por saber prolongar e passar o tempo, o que homens iracundos não sabem fazer? O Império, que então dava seu último suspiro, teria perecido se Fábio tivesse sido tão ousado quanto a ira o instigava a ser, mas ele refletiu sobre a situação, e, depois de contar suas tropas, das quais nenhuma parte poderia ser perdida sem que tudo se perdesse com elas, deixou de lado pensamentos de tristeza e vingança, voltando sua atenção para o que era lucrativo e para aproveitar ao máximo suas oportunidades, e conquistou sua ira antes de conquistar Aníbal. O que fez? Não deixou para trás Aníbal e o exército cartaginês, e todos com quem tinha o direito de estar zangado, e levou a guerra para a África com tal deliberação que ele fez seus inimigos pensarem que ele era luxurioso e preguiçoso? O que fez o segundo Cipião? Não permaneceu por muito, muito tempo diante de Numânia, e suportou com calma a vergonha para si e para o seu país, que Numânia tenha demorado mais para se conquistar do que Cartago? Bloqueando e sitiando seus inimigos, levou-os a tal situação que pereceram pelas próprias espadas. A ira, portanto, não é útil mesmo em guerras ou batalhas, pois tem propensão à imprudência, e, ao tentar colocar outros em perigo, não se protege contra o perigo. A virtude mais confiável é aquela que há muito e com cuidado se considera, se controla e avança lenta e deliberadamente.

XII. "POR ACASO, ENTÃO", PERGUNTA NOSSO adversário, "um homem bom não deve ficar com raiva caso veja seu pai ser assassinado ou sua mãe desonrada?" Não, ele não ficará zangado, mas irá vingá-los, ou protegê-los. Por que você teme que a piedade filial não se prove um estímulo suficiente para ele, mesmo sem a ira? Pode também dizer: "E então? Quando um bom homem vê seu pai ou seu filho sendo abatido, suponho que não irá chorar nem desfalecer", como vemos mulheres fazerem sempre que qualquer rumor insignificante de perigo chega até elas. O bom homem cumprirá seu dever sem perturbação ou medo, e cumprirá o dever de um bom homem, de modo a não fazer algo indigno de um homem. Meu pai foi assassinado, então vou defendê-lo; ele foi morto, eu vou vingá-lo, não porque estou de luto, mas porque é meu dever. "Homens bons ficam furiosos com injúrias causadas aos seus amigos". Quando você diz isso, Teofrasto, busca desacreditar preceitos mais valorosos; abandona o juiz e apela para a multidão, pois todos ficam irados quando isso acontece com os próprios amigos; supõe que os homens decidirão que é seu dever fazer o que fazem, pois, via de regra, todo homem considera justa uma paixão que ele reconhece. Mas ele faz a mesma coisa se a água quente não estiver pronta para sua bebida, se um copo se quebrar ou se seu sapato ficar sujo de lama. Não é piedade filial, mas fraqueza mental, que produz essa ira, da mesma forma que as crianças choram quando perdem seus pais e assim também o fazem quando perdem seus brinquedos. Sentir raiva por seus amigos não demonstra uma mente amorosa, mas uma fraca. É conduta admirável e digna se apresentar como defensor de seus pais, filhos, amigos e compatriotas, ao próprio chamado do dever, agindo por livre e espontânea vontade, formando um julgamento deliberado, e visando o futuro, não de forma impulsiva e frenética. Nenhuma paixão tem mais sede de vingança do que a ira e, por essa mesma razão, não é capaz de obtê-la; por ser mais precipitada e desenfreada, como quase todos os desejos, ela se impede de alcançar o próprio objetivo e, por isso, nunca foi útil na paz nem na guerra; pois torna a paz parecida com a guerra e, quando em armas, esquece que Marte não pertence a nenhum dos lados, e cai nas mãos do inimigo, porque não está em suas próprias. Em seguida, os vícios não devem ser aceitos no uso comum porque em algumas ocasiões eles afetaram algo; assim, também, febres são boas para certos tipos de enfermidades, mas é melhor estar totalmente livre delas; é um modo de cura odioso dever a saúde à doença. Da mesma forma, embora a ira, tal como ser envenenado, cair de cabeça ou sofrer um naufrágio possam inesperadamente trazer o bem, todavia, não devem, por isso, ser classificadas como coisas saudáveis, apenas porque venenos muitas vezes se mostraram bons para a saúde.

XIII. ALÉM DISSO, QUALIDADES QUE DEVEMOS possuir tornam-se melhores e mais desejáveis quanto maiores são; se a justiça é boa, ninguém dirá que seria melhor se qualquer parte fosse subtraída dela; se a bravura é boa, ninguém desejaria que fosse de algum modo reduzida. Por conseguinte, quanto maior a ira, melhor é, pois quem alguma vez se opôs a algo bom ser aumentado? Mas não é conveniente que a ira seja aumentada, portanto, não é conveniente que ela exista, pois aquilo que piora por aumentar não pode ser bom. "A ira é útil, porque deixa os homens mais dispostos para lutar", diz nosso adversário. De acordo com esse modo de raciocínio, então, a embriaguez também é boa, pois torna os homens insolentes e ousados, e muitos usam suas armas melhor quanto mais bêbados estão. De fato, também de acordo com esse raciocínio, pode-se considerar o frenesi e a loucura essenciais à força, porque a loucura muitas vezes torna os homens mais fortes. Ora, por acaso o medo, muitas vezes, pela regra dos contrários, não torna os homens mais ousados, e o terror da morte não estimula até mesmo notórios covardes a se juntar à batalha? No entanto, a ira, a embriaguez, o medo e afins são incitações baixas e temporárias à ação, e não podem fornecer armas à virtude, que não precisa de vícios, embora, às vezes, possam ser de alguma pequena ajuda para mentes lentas e covardes. Nenhum homem se torna mais corajoso pela ira, exceto aquele que sem a ira não teria sido corajoso de maneira alguma. Desse modo, a ira não vem para ajudar a coragem, mas para tomar seu lugar. O que dizer do argumento de que, se a ira fosse uma coisa boa, se fixaria a todos os melhores homens? Contudo, as criaturas mais irascíveis são bebês, velhos e doentes. Todo fraco é naturalmente propenso a reclamar.

XIV. É IMPOSSÍVEL, DIZ TEOFRASTO, QUE um homem bom não fique zangado com homens maus. Por esse raciocínio, quanto melhor for um homem, mais irascível será; mas, não preferirá ele ser mais tranquilo, mais livre de paixões, e não odiar ninguém; de fato, quais motivos ele tem para odiar os pecadores, já que é o erro que os leva a tais crimes? Decerto, não é apropriado a um homem sensato odiar aqueles que erram, já que assim odiará a si mesmo. Permita-lhe pensar em quantas coisas faz contrárias à boa moral, quanto do que fez precisa de perdão e, logo, ele também ficará com raiva de si mesmo; pois nenhum juiz justo pronuncia um julgamento diferente em seu próprio caso e no dos outros. Não se encontrará, afirmo, alguém que possa absolver a si mesmo. Todos, quando se dizem inocentes, se voltam para testemunhas externas em vez de para a própria consciência. Quão mais caridoso é lidar com os que erram em um espírito gentil e paternal, e chamá-los para o caminho certo em vez de persegui-los? Quando um homem está vagando por nossos campos porque se perdeu, é melhor colocá-lo no caminho certo do que afastá-lo.

XV. O PECADOR DEVE, ENTÃO, SER corrigido com advertência e com a força, tanto por meios gentis quanto severos, e poderá ser feito um homem melhor tanto para si mesmo quanto para os outros pelo castigo, mas não pela ira, pois quem está irado com o paciente de cujas feridas está cuidando? "Mas eles não podem ser corrigidos, e não há nada neles que seja gentil ou que permita boa esperança". Então, que eles sejam removidos da sociedade mortal, se são propensos a depravar todos com quem entrarem em contato, e que deixem de ser maus da única maneira que são capazes. Ainda assim, que isso seja feito sem ódio, pois que razão eu tenho para odiar o homem a quem estou fazendo o maior bem, já que o estou resgatando de si mesmo? Acaso um homem odeia os próprios membros quando os amputa? Isso não é um ato de cólera, mas um método lamentável de cura. Abatemos cães loucos com um golpe na cabeça, matamos touros ferozes e selvagens, e condenamos ovelhas sarnentas à faca para que não infectem nossos rebanhos; eliminamos nascimentos monstruosos e também afogamos crianças, se nascem fracas ou deformadas. Separar o inútil do que é são é um ato não da ira, mas da razão. Nada se torna outra coisa senão ira àquele que inflige punição, porque a punição tem ainda mais poder para operar a reforma se a sentença for proferida com julgamento deliberado. Por isso, Sócrates disse ao escravo: "Eu golpearia você, se não estivesse zangado". Ele adiou o corretivo no escravo para uma ocasião mais calma; no momento, corrigiu a si mesmo. Quem pode se vangloriar de ter suas paixões sob controle, quando o próprio Sócrates não se atreveu a confiar em sua ira?

XVI. PORTANTO, NÃO PRECISAMOS DE UM castigador raivoso para punir os errantes e ímpios, pois uma vez que a ira é um crime da mente, não é certo que pecados sejam punidos com o pecado. "O quê! Não devo ficar zangado com um ladrão ou um envenenador?" Não, porque não estou zangado comigo mesmo quando me sangro. Eu aplico todos os tipos de punição como remédios. Você ainda está apenas na primeira fase do erro, não comete erros graves, embora o faça com frequência; então, vou tentar emendá-lo com uma reprimenda, primeiro em particular, depois em público. Agora, você foi longe demais para ser restaurado à virtude apenas com palavras, deve ser controlado com a desonra. No próximo, alguma medida mais forte é necessária, deve receber alguma marca que possa sentir, será enviado para o exílio, a um lugar deserto. A vilania completa precisa de remédios mais severos, devemos aplicar-lhe correntes e prisão pública. Por fim, você tem uma mente de crueldade incurável e acrescenta crime ao crime, chegou a tal ponto que não é movido por argumentos, que nunca faltam, para justificar o mal, mas o próprio pecado é razão suficiente para pecar; você mergulhou tanto seu coração na maldade que a maldade não pode lhe ser tirada sem trazer seu coração junto. Homem miserável! Há muito procura morrer; faremos um bom serviço, vamos extirpar essa loucura da qual você sofre, e para você que há tanto tempo é uma desgraça para si e para os outros, lhe daremos a única coisa boa que resta, ou seja, a morte. Por que eu deveria sentir raiva de um homem no exato momento que faço o bem para ele? Às vezes, a forma mais verdadeira de compaixão é matar um homem. Se eu fosse um médico habilidoso e estudado e entrasse em um hospital ou na casa de um rico, não iria prescrever o mesmo tratamento para todos os pacientes que sofrem de várias doenças. Vejo diversos tipos de vícios no vasto número de mentes diferentes, e sou chamado a curar todo o corpo de cidadãos; procuremos os remédios adequados para cada doença. Esse homem pode ser curado pelo seu próprio senso de honra, aquele por uma viagem, aquele pela dor, aquele pela necessidade, aquele outro pela espada. Se, portanto, tornar-se meu dever como magistrado colocar vestes pretas e convocar uma assembleia ao som de uma trombeta, caminharei para o tribunal não com ira ou com espírito hostil, mas com o semblante de um juiz. Pronunciarei a sentença formal com voz séria e gentil, em vez de furiosa, e ordenarei que procedam com firmeza, mas não com raiva. Mesmo quando eu determinar que um criminoso seja decapitado, que um parricida seja costurado em um saco, quando eu enviar um homem para ser punido pela lei militar, quando eu arremessar um traidor ou inimigo público da Rocha Tarpeia, estarei livre de ira e olharei e sentirei como se estivesse esmagando cobras e outras criaturas venenosas. "A ira é necessária para que possamos punir". Como assim? Você acha que a lei tem raiva de homens que não conhece, a quem nunca viu, e que espera que nunca existam? Devemos, portanto, adotar o estado de espírito da lei, que não se enraivece, mas apenas define as transgressões; pois, se é certo um homem bom se zangar com crimes perversos, também será certo que ele seja movido pela inveja da prosperidade dos homens maus. De fato, o que é mais escandaloso do que em alguns casos os mesmos homens, para cujos méritos nenhuma sorte poderia ser considerada ruim o bastante, devam florescer e de fato ser filhos mimados do sucesso? Ainda assim, verá sua afluência sem inveja, tal como vê seus crimes sem ira; um bom juiz condena atos ilícitos, mas não os odeia. "E então? Quando o sábio lida com algo desse tipo, sua mente não será afetada por ela e se agitará além de seu costume?" Admito que sim. Ele experimentará uma emoção leve e insignificante; pois, como Zenão diz: "Mesmo na mente do sábio, uma cicatriz permanece depois que a ferida se fecha". Assim, ele sentirá certos laivos e traços de paixões, mas estará livre das paixões em si.

XVII. ARISTÓTELES DIZ QUE "CERTAS PAIXÕES, se alguém faz uso adequado delas, agem como armas". Isso seria verdade se, como armas de guerra, elas pudessem ser empunhadas ou postas de lado conforme a vontade de seu portador. Essas armas, que Aristóteles atribui à virtude, lutam pela própria vontade, não esperam ser tomadas pela mão e possuem o homem em vez de serem por ele possuídas. Não precisamos de armas externas; a natureza nos equipou o suficiente nos munindo da razão. Concedeu-nos essa arma, que é forte, imperecível e obediente à nossa vontade, que não é incerta nem capaz de se voltar contra seu mestre. A razão é suficiente por si só não apenas para pensar no futuro, mas para gerenciar nossos assuntos. Então, há algo mais tolo do que a razão implorar à ira por proteção, isto é, que o certo implore ao que é incerto? O que é confiável ao que é desleal? O que é são ao que é doente? Ora, de fato! Uma vez que a razão é muito mais poderosa por si só, mesmo ao realizar aquelas operações em que a ajuda da raiva parece especialmente necessária, pois quando a razão decide que algo em particular deve ser feito, persevera, sendo incapaz de encontrar algo melhor do que ela própria com o que trabalhar. Portanto, ela cumpre seu propósito uma vez que tenha sido formado; ao passo que a ira muitas vezes é superada pela piedade, pois não possui firmeza, apenas se infla como uma bexiga vazia, e tem um início violento: tal como os ventos que sobem da terra, causados por rios e pântanos, e sopram com fúria sem qualquer permanência, a ira começa com um ímpeto poderoso e depois se dissipa, cansando-se muito cedo. Aquela que, há pouco, pensava apenas em crueldades e novas formas de tortura, torna-se bastante branda e suave quando chega a hora de aplicar a punição. A paixão logo esfria, enquanto a razão é sempre consistente. No entanto, mesmo nos casos em que a ira continua a arder, muitas vezes acontece que, embora possa haver muitos que mereçam morrer, após a morte de dois ou três, ela para de matar. Seu primeiro ataque é feroz, assim como as presas das cobras quando saem de seu covil são venenosas, mas tornam-se inofensivas depois que repetidas mordidas esgotam seu veneno. Como consequência, aqueles que têm a mesma culpa não são igualmente punidos e, muitas vezes, aquele que fez menos é punido mais, porque estava no caminho da ira quando mais fresca. É completamente irregular: em alguns momentos, esbarra em excessos indevidos; em outros, fica aquém do seu dever; por se entregar aos próprios sentimentos e pronunciar sentença de acordo com seus caprichos, não ouve as evidências, não permite à defesa oportunidade alguma de ser ouvida, apega-se ao que deduziu por erro, e não aceitará que sua opinião lhe seja arrancada, mesmo quando está equivocada.

 A razão deseja tomar uma decisão justa; a ira deseja que sua decisão seja considerada justa

XVIII. A RAZÃO DÁ A CADA lado tempo para pleitear; além disso, ela própria exige recesso, que possa ter espaço suficiente para descobrir a verdade; já a ira tem pressa. A razão deseja tomar uma decisão justa; a ira deseja que sua decisão seja considerada justa. A razão não olha além do assunto em questão; a ira se agita com questões vazias que pairam ao redor do caso, irrita-se com qualquer coisa que se aproxime de um comportamento confiante, uma voz alta, um discurso incontido, vestuário delicado, súplicas exageradas ou popularidade com o público. Muitas vezes condena um homem porque não gosta de seu patrono. Aprecia e mantém o erro mesmo quando a verdade está encarando-a na cara. Odeia que se prove que está errada e pensa que é mais honroso perseverar em uma linha de conduta equivocada do que voltar atrás. Lembro-me de Cneu Pisão, um homem livre de muitos vícios, mas com uma disposição perversa, e que confundia aspereza com consistência. Em sua ira, ordenou que um soldado fosse executado porque havia voltado da licença sem seu companheiro, como se com certeza o tivesse assassinado se não pudesse apresentá-lo. Quando o soldado pediu tempo para a busca, não o concedeu: o condenado foi levado para fora da muralha, e no momento em que oferecia seu pescoço ao machado, de repente apareceu seu companheiro que se pensava ter sido morto. Depois disso, o centurião encarregado da execução ordenou que o guarda embainhasse sua espada, e conduziu o condenado de volta a Pisão, para devolver a inocência que a Fortuna havia restaurado ao soldado. Foram levados à sua presença por seus companheiros soldados em meio à grande alegria de todo o acampamento, abraçando uns aos outros e acompanhados de grande multidão. Pisão subiu ao tribunal em fúria e ordenou que ambos fossem executados, tanto o que não havia assassinado quanto aquele que não havia sido morto. O que poderia ser mais indigno do que isso? Como foi provado que um era inocente, dois morreram. Pisão acrescentou ainda um terceiro, pois, de fato, ordenou que fosse executado o centurião que havia trazido de volta o condenado. Três homens morreram no mesmo lugar porque um era inocente. Ó, quão inteligente é a ira ao inventar razões para seu frenesi! "Você", diz, "ordeno que seja executado, porque foi condenado à morte; você, porque foi a causa da condenação de seu

SOBRE A IRA 89

companheiro, e você, porque quando ordenado a matá-lo, desobedeceu ao seu general". Ele descobriu meios de acusá-los de três crimes, porque não conseguiu encontrar nenhum crime neles.

XIX. AFIRMO QUE A IRASCIBILIDADE TEM essa falha; odeia ser governada, tem raiva da própria verdade, se vier à luz contra sua vontade, ataca aqueles a quem marcou como suas vítimas com gritos, barulhos desenfreados e gesticulação de todo o corpo, junto a acusações e maldições. A razão não age assim, mas assim deve ser; silenciosa e discreta, extermina famílias inteiras, destrói grupos inteiros de inimigos do Estado, com suas esposas e filhos, derruba até mesmo suas moradias, nivela-as com o solo, e arranca os nomes daqueles que são os inimigos da liberdade. Faz isso sem ranger os dentes nem balançar a cabeça, ou sem fazer qualquer coisa imprópria a um juiz, cujo semblante deve ser especialmente calmo e sereno ao pronunciar uma sentença importante. Hierônimo pergunta: "Qual é a necessidade de morder os próprios lábios quando se quer atacar alguém?" O que ele diria, se tivesse visto um procônsul saltar do tribunal, arrancar as fasces do lictor, rasgar as próprias roupas porque as dos outros não foram rasgadas com tanta rapidez quanto desejava. Por que você precisa virar a mesa, derrubar as taças, atirar-se contra as colunas, arrancar seus cabelos, estapear sua coxa e seu peito? Quão veemente pensa que a ira deve ser, se ela então se volta contra si mesma, porque não consegue encontrar vazão sobre outro tão rápido quanto deseja? Tais homens, então, são contidos pelos espectadores e imploram para que se reconciliem consigo mesmos. Mas aquele que, livre da ira, atribui a cada homem a pena que ele merece, não faz nenhuma dessas coisas. Muitas vezes, ele deixa um homem ir depois de detectar o crime, caso o arrependimento dele pelo que fez dê boa esperança para o futuro, se percebe que a maldade do homem não está enraizada fundo em sua mente, mas é apenas, como se diz, superficial. Concederá impunidade nos casos em que não prejudique nem quem recebe nem quem dá. Em determinadas ocasiões, punirá grandes crimes com mais brandura do que os menores, se os primeiros resultarem de impulso momentâneo, não de crueldade, enquanto os últimos eram imbuídos de astúcia secreta, dissimulada e há muito praticada. Não será atribuído por ele ao mesmo erro, cometido por dois homens diferentes, uma mesma pena, se um foi culpado por descuido, o outro com a intenção premeditada de fazer mal. Em tudo relacionado ao crime, lembrará que uma punição é feita para tornar melhores os homens maus, e a outra para tirá-los de circulação. Em ambos os casos, ele olhará para o futuro, não para o passado; pois, como diz Platão: "Nenhum homem sábio pune alguém porque pecou, mas para que não peque mais, pois o que é passado não pode ser desfeito, mas o que está por vir pode ser controlado". E também, aqueles a quem deseja fazer de exemplos do fracasso da maldade, ele executa publicamente, não apenas para que morram, mas para que, ao morrerem, eles possam impedir que outros façam o mesmo. Vê como deve estar livre de qualquer perturbação mental aquele que tem de pesar e considerar tudo isso, quando ele lida com um assunto que deve ser tratado com o maior cuidado, ou seja, o poder sobre a vida e a morte. A espada da justiça está mal posicionada nas mãos de um homem irascível.

XX. TAMBÉM NÃO SE DEVE ACREDITAR que a ira contribua para a magnanimidade; o que ela oferece não é bondade, mas glória vã. O aumento que a doença produz em corpos inchados com humores mórbidos não é crescimento saudável, mas corpulência intumescida. Todos aqueles cuja loucura os eleva acima das considerações humanas acreditam serem inspirados com ideias elevadas e sublimes; mas não há um terreno sólido por baixo, e o que é construído sem fundamento está sujeito a desabar em ruínas. A ira não tem base para se apoiar, não se ergue de uma fundação firme e duradoura, mas é uma qualidade revolta, vazia, tão distante da verdadeira magnanimidade quanto a obstinação da coragem, a ostentação da confiança, a melancolia da austeridade, a crueldade da rigidez. Há, eu afirmo, grande diferença entre uma mente elevada e uma mente orgulhosa; a ira não traz nada de grandioso nem belo. Por outro lado, estar sempre irritado me parece ser o estado de uma mente lânguida e infeliz, consciente da própria fraqueza, como pessoas com corpos enfermos cobertos de feridas, que gritam ao mais leve toque. A ira, portanto, é um vício que, em geral, afeta mulheres e crianças. "No entanto, afeta os homens também". Porque muitos homens também têm intelectos femininos ou infantis. "Mas o que vamos dizer? Algumas palavras não advêm de homens irados que parecem fluir de uma grande mente?" Sim, para aqueles que não sabem o que é a verdadeira grandeza; como, por exemplo, aquele ditado nojento e odioso, "Deixe que me odeiem, desde que me temam", que você pode estar certo ter sido escrito no tempo de Sula. Não sei qual era a pior das duas coisas que ele desejava, que fosse odiado ou que fosse temido. Ocorre-lhe que algum dia as pessoas vão amaldiçoá-lo, conspirar contra ele, esmagá-lo, que oração ele acrescenta a isso? Que todos os deuses o amaldiçoem; por descobrir uma cura para o ódio tão digna dele. "Deixe-os odiar". Como? "Desde que me obedeçam?" Não! "Desde que me aprovem?" Não! Como, então? "Desde que me temam!" Eu nem mesmo seria amado em tais termos. Você pensa que este foi um dizer muito espirituoso? Está errado. Isso não é grandeza, mas monstruosidade. Não deve acreditar nas palavras dos homens raivosos, cuja fala é muito alta e ameaçadora, enquanto a mente dentro deles é tão tímida quanto possível; nem precisa supor que o mais eloquente dos homens, Tito Lívio, estava certo ao descrever alguém como sendo "de uma nobre e não de uma boa disposição". As coisas não podem ser separadas, ele deve ser bom ou então não pode ser nobre; porque eu entendo que a nobreza de espírito significa que ela é inabalável, sólida, firme e uniforme até suas fundações; tais como não podem existir em más disposições. Tais disposições podem ser terríveis, frenéticas e destrutivas, mas não podem possuir a grandeza; porque ela repousa na bondade e a ela deve sua força. "Ainda assim, por palavras, ações e toda demonstração externa, eles farão com que os outros pensem que são grandes". Verdade, dirão algo que pode fazer você pensar que demonstram um grande espírito; como Caio

César, que quando irritado com o céu por atrapalhar seus bailarinos, a quem ele imitava com mais cuidado do que lhes assistia enquanto atuavam, e por perturbar seus festejos com seus trovões, decerto mal direcionados, desafiou Júpiter a uma batalha, e até a morte, gritando o verso homérico: "Arrebata-me, ou eu o arrebatarei!". Quão grande era sua loucura! Devia acreditar que não poderia ser ferido mesmo pelo próprio Júpiter, ou que poderia ferir até mesmo o próprio Júpiter. Imagino que essa afirmação sua teve um peso muito importante para animar as mentes dos conspiradores para sua tarefa: pois parecia ser o auge da resistência suportar alguém que não podia suportar Júpiter.

XXI. Portanto, não há nada de grande ou nobre na ira, mesmo quando parece ser poderosa e desprezar tanto deuses como homens. Qualquer um que pense que a ira produz grandeza de espírito, pensaria que o luxo a produz; tal homem deseja descansar sobre marfim, vestir-se com púrpura e ter um telhado de ouro; mover terras, aterrar mares, acelerar o curso de rios, suspender florestas no ar. Ele pensaria que a avareza mostra grandeza de espírito; pois o homem avarento medita sobre montes de ouro e prata, trata províncias inteiras como meros campos em sua propriedade, tem maiores extensões de terra sob o comando de um mesmo meirinho do que aquelas que cônsules uma vez tiravam sorteios para administrar. Pensaria que a luxúria mostra grandeza de espírito, pois o homem luxurioso atravessa estreitos a nado, castra tropas de meninos e se põe ao alcance de espadas de maridos ofendidos com total desprezo da morte. A ambição ele, também, consideraria que mostra grandeza de espírito, pois o ambicioso não se contenta com um cargo uma vez por ano, mas, se possível, preencheria o calendário de honrarias somente com seu nome e cobriria o mundo inteiro com seus títulos. Não importa nada a que alturas ou extensões essas paixões possam se estender; são estreitas, lamentáveis, rastejantes. A virtude por si só é elevada e sublime, nem nada nobre que não seja ao mesmo tempo tranquilo.

LIVRO 2

MEU PRIMEIRO LIVRO, NOVATO, tinha um assunto mais abundante, pois carruagens correm com mais facilidade morro abaixo; devemos tratar agora de assuntos mais áridos. A questão diante de nós é se a ira surge por escolha deliberada ou por impulso, ou seja, se age por conta própria ou, como a maior parte das paixões que surgem dentro de nós, sem nosso conhecimento. É necessário que nosso debate se debruce sobre essas questões, a fim de que depois possa se voltar a temas mais elevados; pois, da mesma forma que em nossos corpos as partes que são ordenadas primeiro são os ossos, os tendões e as articulações, de forma alguma belos de se ver, apesar de serem a base de nossa estrutura e essenciais à sua vida, junto a eles vêm as partes que constituem toda a beleza de rosto e aparência; e depois destes, por último é aplicada a cor, a qual, acima de qualquer outra coisa, encanta a vista, quando o restante do corpo está completo. Não há dúvida de que a ira é despertada pela ideia de que se está sofrendo uma injúria, mas a questão diante de nós é se a ira segue essa ideia e surge sem a ajuda da mente, ou se desperta com o apoio da mente. Nossa opinião (a dos estoicos) é que a ira não pode se aventurar sobre nada por si só, sem a aprovação da mente, pois conceber a ideia de que um mal tenha sido cometido, ansiar por vingá-lo, e para juntar as duas proposições, que não deveríamos ter sido lesados e que é nosso dever vingar nossas injúrias, não pode pertencer a um mero impulso que se agita sem o nosso consentimento. Aquele impulso é um ato simples; este é complexo, e composto de várias partes. O homem entende que algo aconteceu, fica indignado com isso, condena o ato e ele o vinga. Todas essas coisas não podem ser feitas sem que a mente consinta com as questões que o tocaram.

II. PARA QUE, VOCÊ PERGUNTA, ESSA investigação serve? Para que possamos saber o que é a ira, pois, se ela surge contra a nossa vontade, nunca cederá à razão, porque todos os movimentos que acontecem sem nossa vontade estão além do nosso controle e são inevitáveis, como tremer quando jogam água fria sobre nós ou se encolher quando tocados em certos lugares. Os cabelos se arrepiam com más notícias, os rostos coram com palavras indecentes e a tontura toma conta dos homens quando eles olham para um precipício; e tal como não está em nosso poder impedir qualquer uma dessas coisas, nenhum raciocínio pode impedir que ocorram. Mas a ira pode ser exterminada por palavras sábias; pois é um defeito voluntário da mente, e não uma das coisas desenvolvidas pelas condições da vida humana, e que, por isso, podem acontecer até mesmo com o mais sábio de nós. Entre essas, em primeiro lugar, deve ser classificada aquela vibração da mente que se apodera de nós diante da ideia de cometer uma transgressão. Sentimos isso mesmo quando testemunhamos as cenas de imitação do palco, ou quando lemos sobre coisas que aconteceram há muito tempo. Muitas vezes nos irritamos com Clódio por banir Cícero, e com Antônio por assassiná-lo. Quem não fica indignado com as guerras de Mário, as proscrições de Sula? Quem não fica enfurecido contra Teódoto e Áquila e o rei menino que ousou cometer um crime mais do que infantil? Às vezes, as canções, o ritmo acelerado e o barulho marcial das trombetas nos excitam; assim, também, imagens chocantes e a visão terrível de torturas, por mais merecidas que sejam, afetam nossas mentes. Por isso que sorrimos quando os outros estão sorrindo, que uma multidão de enlutados nos entristece, e que nos interessamos pelas batalhas alheias; todos esses sentimentos não são raiva, da mesma forma que o que nubla nosso semblante ao ver a encenação de um naufrágio não é tristeza, ou o que sentimos, quando lemos como Aníbal depois de

Canas sitiou as muralhas de Roma, pode ser chamado de medo. Todas essas são emoções de mentes que não suportam ser movidas, e não são paixões, mas rudimentos capazes de se transformar em paixões. Assim, também, um soldado fica alerta ao som de uma trombeta, embora esteja vestido como um civil e em plena e profunda paz, e cavalos de guerra aguçam os ouvidos ao choque de armas. Diz-se que Alexandre, enquanto Xenofanto cantava, colocou a mão sobre suas armas.

III. Nenhuma dessas coisas que por acaso influenciam a mente merece ser chamada de paixão; a mente, se assim posso expressá-lo, antes permite que as paixões atuem sobre si mesma do que as produz. Uma paixão, portanto, não consiste em ser afetado pelas visões que nos são apresentadas, mas em ceder aos nossos sentimentos e seguir estes impulsos fortuitos. Porque está enganado quem imagina que palidez, explosões de choro, sentimentos ardorosos, suspiros profundos, lampejos repentinos dos olhos, e assim por diante, são sinais de paixão e traem o estado da mente, e não entende que estes são meros impulsos do corpo. Logo, o mais corajoso dos homens muitas vezes fica pálido enquanto veste sua armadura; quando o sinal para a batalha é dado, o mais valente soldado sente os joelhos tremer por um momento; mesmo um grande general sente o coração na garganta pouco antes de as linhas se chocarem, e até o orador mais eloquente sente as mãos e pés se endurecerem e gelarem enquanto se prepara para começar o discurso. A ira não deve apenas se mover, mas extrapolar os limites, já que é um impulso; agora, nenhum impulso pode ocorrer sem o consentimento da mente, pois não podemos executar a vingança e a punição sem que a mente esteja consciente disso. Um homem se considerar lesado pode querer se vingar, e então pode ser persuadido por uma razão ou outra a desistir de sua intenção e a se acalmar. Eu não chamo isso de ira, é uma emoção da mente que está sob o controle da razão. A ira é aquilo que vai além da razão e a leva embora consigo. Por isso, a primeira confusão da mente de um homem quando atingida pelo que parece uma injúria não é tanto a ira, mas a aparente injúria em si; é a subsequente emoção desvairada, que não só recebe a impressão da aparente injúria, mas age como se ela fosse verdadeira, isso é ira, sendo uma excitação da mente para a vingança, que procede da escolha e da resolução deliberada. Nunca houve qualquer dúvida de que o medo produz a fuga, e a ira um ímpeto adiante; considere, então, se você supõe que qualquer coisa pode ser buscada ou evitada sem a participação da mente.

IV. ALÉM DISSO, PARA QUE VOCÊ saiba de que maneira as paixões começam, aumentam e ganham espírito, aprenda que a primeira emoção é involuntária, e é, por assim dizer, preparação para uma paixão e a ameaça de uma. A segunda está unida a um desejo, embora não obstinado, como: "É meu dever vingar-me, porque fui lesado", ou "É certo que esse homem seja punido, porque cometeu um crime". A terceira emoção já está fora do nosso controle, porque se sobrepõe à razão, e deseja vingar-se, não se for seu dever, mas à revelia disso. Somos tão incapazes, por meio da razão, de escapar dessa primeira impressão sobre a mente quanto somos incapazes de escapar daquelas coisas que mencionamos que ocorrem ao corpo; não podemos impedir que os bocejos de outras pessoas nos façam bocejar, não podemos deixar de piscar quando de repente dedos são apontados aos nossos olhos. A razão é incapaz de superar esses hábitos, que talvez possam ser enfraquecidos pela prática e pela vigilância constante; eles são diferentes de uma emoção que é trazida à existência e encerrada por um ato mental deliberado.

A virtude jamais será culpada de imitar um vício enquanto o reprime. Ela considera a ira merecedora de punição por si só, já que muitas vezes é ainda mais criminosa do que os erros com os quais se encoleriza

V. DEVEMOS TAMBÉM INDAGAR SE AQUELES cuja crueldade não conhece limites, e que se deleitam em derramar sangue humano, sentem raiva quando matam pessoas por quem não foram lesados, e que eles próprios não acham que lhes causaram qualquer mal; tal como foram Apolodoro ou Fálaris. Isso não é ira, é ferocidade, pois não fere porque sofreu lesão, mas está até mesmo disposta a sofrer lesão, desde que possa causar. Não anseia infligir chicotadas nem mutilar corpos para se vingar, mas para seu próprio prazer. O que então devemos dizer? Esse mal se origina da ira; pois a ira, depois que, por longo uso e indulgência, fez um homem esquecer a misericórdia e expulsou todos os sentimentos de companheirismo humano de sua mente, enfim, torna-se crueldade. Tais homens, portanto, riem, alegram-se, divertem-se muito, e no semblante são tão diferentes quanto possível de homens coléricos, já que a crueldade é seu relaxamento. Diz-se que quando Aníbal viu uma trincheira cheia de sangue humano, exclamou: "Ó, que visão linda!" Quão mais bela ele a teria considerado, se enchesse um rio ou um lago? Por que nos admiraríamos por você se encantar com essa visão acima de todas as outras, você que nasceu no derramamento de sangue e cresceu em meio ao massacre desde criança? A Fortuna o seguirá e favorecerá sua crueldade por vinte anos, e lhe mostrará em todos os lugares a visão que você ama. Você a verá tanto em Trasimeno como em Canas e, finalmente, em sua própria cidade, Cartago. Voleso, que há pouco tempo, sob o Imperador Augusto, era procônsul da Ásia Menor, um dia depois de ter decapitado trezentas pessoas, desfilou entre os cadáveres com ar altivo, como se tivesse realizado alguma grande e notável façanha, e exclamou em grego: "Que ação digna de um rei!" O que teria feito esse homem caso fosse de fato um rei? Isso não era ira, mas uma doença maior e incurável.

VI. "A VIRTUDE", ARGUMENTA NOSSO ADVERSÁRIO, "deveria ter raiva do que é vil, tal como ela aprova o que é nobre". O que deveríamos pensar se ele dissesse que a virtude deve ser mesquinha e sublime; no entanto, isso é que ele quer dizer, quando quer que ela seja elevada e rebaixada; porque a alegria por uma boa ação é grandiosa e gloriosa, enquanto a raiva pelo pecado de outro é vil e condiz com uma mente estreita. E a virtude jamais será culpada de imitar um vício enquanto o reprime. Ela considera a ira merecedora de punição por si só, já que muitas vezes é ainda mais criminosa do que os erros com os quais se encoleriza. Alegrar-se e estar contente constituem o funcionamento adequado e natural da virtude; está tão abaixo de sua dignidade ficar com raiva quanto lamentar; agora, a tristeza é companheira da ira, e toda ira termina em tristeza, seja por remorso ou por fracasso. Em segundo lugar, se é dever do sábio zangar-se com os pecados, se zangará mais quanto maiores eles forem, e se zangará muitas vezes. Daí segue que o sábio não só ficará zangado, mas irascível. No entanto, se não acreditamos que a ira grande e frequente pode encontrar qualquer lugar na mente do sábio, por que não deveríamos libertá-lo por completo dessa paixão? Pois não pode haver limite, se ele deve ficar com raiva na proporção do que cada homem faz. Porque ele será injusto se ficar igualmente zangado com crimes desiguais, ou ele será o mais irascível dos homens se arder em ira com a mesma frequência que os crimes merecem sua ira.

VII. E, TAMBÉM, O QUE PODE ser mais indigno do sábio do que suas paixões dependerem da perversidade alheia? Se assim for, o grande Sócrates não poderá mais retornar para casa com a mesma expressão no semblante com que partiu. Além disso, se é dever do sábio se zangar com atos vis e ficar agitado e triste com crimes, então não há nada mais infeliz do que o sábio, pois toda a sua vida será passada em raiva e tristeza. Em que momento ele não verá algo digno de culpa? Sempre que sair de casa será obrigado a andar entre criminosos, avarentos, perdulários, devassos, e que são felizes em ser assim. Ele não pode voltar os olhos em nenhuma direção sem que eles encontrem algo para chocá-los. Ele desfalecerá, se exigir ira de si mesmo quantas vezes a razão pedir. Todos esses milhares que correm para os tribunais no início do dia, quão mesquinhas são suas causas, e quão mais mesquinhos seus defensores? Um impugna o testamento de seu pai, quando poderia ter feito melhor para merecê-lo; outro aparece como acusador da própria mãe; um terceiro vem falar contra um homem por cometer um crime do qual ele próprio é ainda mais notoriamente culpado. O juiz, também, é escolhido para condenar os homens por fazerem o que ele próprio já fez, e a audiência toma o lado errado, desencaminhada pela bela voz do suplicante.

VIII. POR QUE PRECISO ME DEBRUÇAR sobre casos individuais? Tenha certeza, quando vir o Fórum lotado com uma multidão, o Septa Júlia repleto de pessoas, ou o grande Circo, onde a maior parte das pessoas encontra espaço para se mostrar de uma vez, que entre eles há tantos vícios quanto há homens. Entre aqueles que você vê em trajes de paz, não há paz; por um pequeno lucro, qualquer um deles tentará causar a ruína de outro. Ninguém pode ganhar nada, salvo pela perda de outro. Eles odeiam os afortunados e desprezam os desafortunados; suportam a contragosto os grandes e oprimem os pequenos; são incitados por diversos desejos; eles destruiriam tudo por um pouco de prazer ou um pequeno espólio; vivem como se estivessem em uma escola de gladiadores, lutando contra as mesmas pessoas com quem convivem. É como uma sociedade de animais selvagens, exceto que as feras são mansas umas com as outras e se abstêm de morder sua própria espécie, enquanto os homens se despedaçam e se empanturram uns com os outros, e se destroem uns dos outros. Eles diferem dos animais parvos apenas nisso, que estes últimos são mansos com aqueles que os alimentam, enquanto a ira dos primeiros ataca as mesmas pessoas por quem foram criados.

IX. O SÁBIO NUNCA DEIXARÁ DE ficar encolerizado, caso comece, tão cheio está todo lugar de vícios e crimes. Mais mal é feito do que pode ser curado pela punição; os homens parecem engajados em uma vasta disputa de perversidade. A cada dia há maior ânsia de pecar, menos modéstia. Deixando de lado toda a reverência pelo que é melhor e mais justo, a luxúria corre para onde quer que considere conveniente, e os crimes não são mais cometidos de modo furtivo, ocorrem diante de nossos olhos, e a maldade se generalizou tanto e se fixou de tal forma no peito de todos que a inocência não é mais rara, mas sequer existe mais. Os homens infringem a lei de modo individual, ou alguns de cada vez? Não, eles surgem em todos os quadrantes de uma vez, como se obedecessem a um sinal universal, para eliminar as fronteiras do certo e do errado.

> *"O anfitrião não está a salvo dos hóspedes,*
> *nem o sogro de seu genro;*
> *mas raramente existe amor entre irmãos;*
> *esposas desejam destruir seus maridos*
> *maridos anseiam por matar suas esposas,*
> *Madrastas preparam o acônito mortal;*
> *E herdeiros indagam quando seus pais morrerão."*

E quão pequena é essa parcela dos crimes dos homens! O poeta não descreveu um povo dividido em dois campos hostis, pais e filhos alistados em lados opostos, Roma incendiada por mãos romanas, tropas de cavaleiros ferozes percorrendo o país a fim de rastrear os esconderijos dos proscritos, poços contaminados com veneno, pragas criadas por mãos humanas, trincheiras cavadas por crianças ao redor de seus pais sitiados, prisões lotadas, incêndios que consomem cidades inteiras, tiranias tenebrosas, tramas secretas para estabelecer despotismos e arruinar povos, e homens que se vangloriam de ações que, enquanto foi possível reprimi-las, eram consideradas crimes, isto é, estupro, deboche e luxúria... Acrescente a isso atos públicos de má-fé nacional, tratados violados, tudo o que não se pode defender levado como espólio pelos mais fortes, vigarices, roubos, fraudes e renúncias de dívidas, com os quais nem mesmo três de nossos atuais tribunais seriam capazes de lidar. Se você quer que o sábio se encolerize tanto quanto a atrocidade dos crimes dos homens exige, ele não deve apenas se zangar, mas enlouquecer de ira.

A natureza ordenou que tudo o que se torna grande causando medo não está livre do próprio medo. Como os leões ficam perturbados ao mais leve ruído!

X. Você preferirá pensar que não devemos ter raiva dos defeitos das pessoas; pois o que diremos de quem se encoleriza com aqueles que tropeçam no escuro, ou com os surdos que não podem ouvir suas ordens, ou com crianças, porque esquecem seus deveres e se interessam pelos jogos e piadas bobas de seus companheiros? O que diremos se você decidir ficar com raiva de fracos por estarem doentes, por envelhecerem ou por ficarem fatigados? Entre os outros infortúnios da humanidade está o fato de que os intelectos dos homens estão confusos, e eles não só não podem evitar o erro, mas adoram errar. Para evitar que fique com raiva de indivíduos, você deve perdoar toda a massa, deve conceder o perdão a toda a humanidade. Se você está com raiva de jovens e velhos porque agem mal, ficará também com raiva de bebês, pois logo farão o que é errado. Alguém fica bravo com crianças que são muito jovens para compreender distinções? No entanto, ser um humano é uma desculpa maior e melhor do que ser uma criança. Assim nascemos, como criaturas sujeitas a tantas desordens da mente quanto do corpo. Não tolas e lentas, mas fazendo mau uso de nossa sagacidade de espírito, e guiamos uns aos outros no vício com nosso exemplo. Aquele que segue outros que começaram antes dele no caminho errado decerto não tem culpa por ter vagado na estrada. A severidade de um general pode ser demonstrada no caso de desertores individuais, mas quando um exército inteiro deserta deve ser perdoado. O que põe fim à ira do sábio? O número de pecadores. Ele percebe quão injusto e perigoso é se enraivecer com vícios comuns a todos os homens. Heráclito costumava chorar sempre que saía de casa e via ao seu redor tantos homens que viviam de modo miserável, ou melhor, que pereciam miseravelmente. Ele tinha pena de todos que o encontravam alegres e felizes. Ele era de temperamento gentil, mas muito fraco, e ele próprio era um daqueles por quem deveria ter chorado. Demócrito, por outro lado, nunca apareceu em público sem rir; as ocupações sérias dos homens lhe pareciam bem pouco sérias. Que espaço há para a ira? Tudo deveria nos levar às lágrimas ou ao riso. O sábio não se zangará com pecadores. Por que não? Porque sabe que ninguém nasce sábio, mas se torna. Ele sabe que pouquíssimos sábios são produzidos em qualquer época, porque entende com perfeição as circunstâncias da vida humana. Agora, nenhum homem são sente raiva da natureza, pois o que diríamos se um homem escolhesse se surpreender com o fato de não haver frutas nos bosques cerrados, ou se maravilhar com o fato de os arbustos e espinhos não estarem cobertos por alguma fruta útil? Ninguém fica bravo quando a natureza desculpa um defeito. O sábio, portanto, estando tranquilo e lidando com erros de modo franco, não como inimigo, mas como melhorador de pecadores, sairá de casa todos os dias no seguinte estado de espírito: "Muitos homens que cruzarão meu caminho são beberrões, lascivos, ingratos, gananciosos e excitados pelo frenesi da ambição". Ele verá a todos de maneira tão benigna quanto um médico vê seus pacientes. Quando o navio de um homem deixa entrar água livremente por fendas abertas, acaso esse homem fica irado com os marinheiros ou com o navio em si? Não. Em vez disso, ele tenta resolver o problema; barra parte da água, joga fora outro tanto, fecha todos os buracos que consegue identificar e, com trabalho incessante, neutraliza aqueles que estão fora de vista e que deixam entrar água para o porão; nem relaxa seus esforços porque tanta água quanto bombeia para fora corre para dentro de novo. Precisamos de uma luta prolongada contra males permanentes e prolíficos; de fato, não para reprimi-los, mas apenas para impedir que nos subjuguem.

 Tudo que seja um terror para os outros teme por si mesmo. Não pode haver razão, portanto, para qualquer sábio desejar ser temido, e ninguém precisa pensar que a raiva é algo de valor porque causa terror

XI. "A raiva é útil, porque evita o desprezo e porque assusta os homens maus", diz nosso oponente. Agora, em primeiro lugar, se a raiva é forte em proporção às suas ameaças, é odiosa pela mesma razão que é terrível; e é mais perigoso ser odiado do que ser desprezado. Se, mais uma vez, não tem força, está muito mais exposta ao desprezo, e não pode evitar o ridículo; pois o que é mais tolo do que a ira quando ela eclode em delírios sem sentido? Além disso, como algumas coisas são terríveis em certa proporção, por conta disso não são desejáveis; nem a sabedoria deseja que seja dita do sábio, como se diz de uma fera selvagem, que o medo inspirador é como uma arma para ele. Ora, acaso não tememos febre, gota, úlceras intensas? Há, por isso, algum bem nelas? Não, pelo contrário, todas são desprezadas e consideradas sujas e vis e, por essa mesma razão, temidas. Assim, também, a ira é em si hedionda e de modo algum deve ser temida. No entanto, é temida por muitos, assim como uma máscara horrenda o é por crianças. Como podemos explicar o fato de que o terror sempre retorna para aquele que o inspirou, e que ninguém é temido que esteja ele próprio em paz? A esta altura convém lembrar aquele verso de Labério, que, quando pronunciado no teatro durante o auge da guerra civil, cativou a imaginação de todo o povo como se expressasse o sentimento nacional:

"Muitos há de temer aquele a quem muitos temem."

Assim, a natureza ordenou que tudo o que se torna grande causando medo não está livre do próprio medo. Como os leões ficam perturbados ao mais leve ruído! Quão agitados os mais ferozes dos animais se tornam com sombras, vozes ou odores estranhos! Tudo que seja um terror para os outros teme por si mesmo. Não pode haver razão, portanto, para qualquer sábio desejar ser temido, e ninguém precisa pensar que a raiva é algo de valor porque causa terror, uma vez que mesmo as coisas mais desprezíveis são temidas, como vermes nocivos cuja mordida é venenosa. E uma vez que uma corda adornada com penas detém os maiores rebanhos de feras selvagens e os guia para armadilhas, não é de admirar que, a partir de seu efeito, seja chamado de "espantalho". Criaturas tolas se assustam com coisas tolas: o movimento das carruagens e a visão de suas rodas girando leva os leões de volta às suas jaulas, elefantes se assustam com os gritos dos porcos; da mesma maneira, tememos a ira, tal como as crianças temem o escuro, ou feras selvagens temem penas vermelhas: ela não tem nada de sólido ou valente em si própria, mas afeta mentes débeis.

XII. "A perversidade", diz nosso adversário, "deve ser removida da natureza, se deseja remover a raiva; nenhuma das duas coisas pode ser feita". Em primeiro lugar, é possível que um homem não sinta frio, embora de acordo com a natureza seja inverno, nem sofrer de calor, embora seja verão de acordo com o calendário. Ele pode estar protegido contra a época inclemente do ano por morar em um local favorável, ou pode ter treinado seu corpo para resistir a ponto de não sentir nem calor nem frio. Em seguida, inverta este ditado: Deve-se remover a raiva da mente antes que seja possível incorporar a virtude a ela, porque vícios e virtudes não combinam, e ninguém pode ser ao mesmo tempo um colérico e um homem bom, tal como não se pode estar ao mesmo tempo doente e são. "Não é possível", retruca ele, "remover a ira da mente por completo, nem a natureza humana permite isso". Ainda assim, não há nada tão árduo e difícil que a mente do homem não possa superar, e que o estudo incessante não torne familiar, nem existem paixões tão ferozes e independentes que não possam ser domadas pela disciplina. A mente pode cumprir quaisquer ordens que dê a si mesma. Alguns conseguiram nunca sorrir, alguns proibiram a si próprios de beber vinho, ter relações sexuais ou até mesmo todo tipo de bebida. Outros, que se contentam com curtas horas de descanso, aprenderam a manter vigília por longos períodos sem cansaço. Há homens que aprenderam a correr sobre as cordas mais finas mesmo quando inclinados, a carregar fardos enormes mal dentro dos limites da força humana, ou a mergulhar a enormes profundidades e aguentar permanecer sob as águas sem qualquer chance de respirar. Há milhares

Deve-se remover a raiva da mente antes que seja possível incorporar a virtude a ela, porque vícios e virtudes não combinam

de outros casos nos quais a aplicação conquistou todos os obstáculos e provou que nada que a mente se propôs a suportar é difícil. Os homens que acabei de mencionar ou não obtêm recompensa ou não obtêm uma que seja digna de sua aplicação incansável; pois que grande coisa um homem ganha por aplicar seu intelecto ao andar sobre uma corda bamba? Ou por colocar grandes fardos sobre seus ombros? Ou por manter o sono longe de seus olhos? Ou por chegar ao fundo do mar? E, ainda assim, seu paciente trabalho faz com que todas essas coisas ocorram por uma recompensa insignificante. Não deveríamos, então, pedir o auxílio da paciência, nós que aguardamos tal prêmio, a calma ininterrupta de uma vida feliz? Que grande bênção é escapar da ira, maior de todos os males, e com isso do frenesi, da ferocidade, da crueldade e da loucura, seus assistentes?

XIII. Não há razão para que procuremos defender uma paixão como essa ou desculpar seus excessos, declarando-a útil ou inevitável. Que vício, de fato, não tem seus defensores? Entretanto, não é por isso que você deve declarar que a raiva não pode ser erradicada. Os males dos quais sofremos têm cura, e como nascemos com uma inclinação natural para o bem, a própria natureza nos ajudará se tentarmos consertar nossas vidas. Assim também o caminho para a virtude não é íngreme e acidentado, como alguns pensam que é; pode ser alcançado em solo nivelado. Não é uma história falsa que venho lhe contar: o caminho para a felicidade é fácil, só se entra nele com boa sorte e a boa ajuda dos próprios deuses. É muito mais difícil fazer o que você está fazendo. O que é mais tranquilo do que uma mente em paz, e o que é mais trabalhoso do que a ira? O que há de mais descansado do que a clemência, o que há de mais ocupado do que a crueldade? A modéstia vive de férias enquanto o vício fica sobrecarregado de trabalho. Em suma, o cultivo de qualquer uma das virtudes é fácil, enquanto vícios exigem grande dispêndio. A ira deve ser removida de nossas mentes; até mesmo aqueles que dizem que deve ser mantida em pouca quantidade admitem isso até certo ponto; que seja eliminada por completo. Não há nada a se ganhar com ela. Sem ela, podemos acabar com o crime de maneira mais fácil e justa, punir homens maus e corrigir suas vidas. O sábio cumprirá seu dever em tudo sem o auxílio de qualquer paixão maligna e não usará auxiliares que requeiram vigilância atenta para que não fujam de seu controle.

> O que é mais tranquilo do que uma mente em paz, e o que é mais trabalhoso do que a ira? O que há de mais descansado do que a clemência, o que há de mais ocupado do que a crueldade? A modéstia vive de férias enquanto o vício fica sobrecarregado de trabalho

XIV. Logo, a ira nunca deve se tornar um hábito para nós; porém, às vezes, podemos fingir estar com raiva quando desejamos despertar as mentes embotadas daqueles a quem nos dirigimos, assim como despertamos cavalos lentos na partida com aguilhões e tições. Às vezes, devemos usar o medo contra pessoas sobre as quais a razão não causa impacto. Ainda assim, ter raiva não é mais útil do que sofrer ou ter medo. "Ora? Não surgem circunstâncias que nos provocam à ira?" Sim, mas, nessas horas, acima de todas, devemos sufocar nossa ira. Também não é difícil conquistar nosso espírito, vendo que os atletas, que dedicam toda a sua atenção às partes mais básicas de si mesmos, entretanto, são capazes de suportar golpes e dores, a fim de esgotar as forças do atacante, e não atacam quando a raiva o ordena, mas quando a oportunidade os convida. Diz-se que Pirro, o treinador mais célebre de competições de ginástica, costumava incutir em seus alunos que não perdessem a paciência, pois a raiva destrói sua ciência, e pensa apenas em como pode machucar. De modo que, muitas vezes, a razão aconselha paciência, enquanto a ira aconselha vingança, e nós, que poderíamos ter sobrevivido aos nossos primeiros infortúnios, estamos expostos a coisas piores. Alguns foram levados ao exílio por sua impaciência com uma única palavra desdenhosa, foram mergulhados nas mais profundas desgraças porque não suportaram o mais insignificante erro em silêncio, e trouxeram sobre si o jugo da escravidão porque eram orgulhosos demais para desistir da menor parte de toda a sua liberdade.

 Ninguém é capaz de governar, a menos que também seja capaz de ser governado

XV. Nosso oponente responde: "Para que você tenha certeza de que na raiva há algo de nobre, por favor, observe as nações livres, como os germânicos e os citas, que são especialmente propensos à ira". A razão disso é que os intelectos robustos e ousados estão sujeitos à ira antes de serem domados pela disciplina; pois algumas paixões se inserem apenas na melhor classe de disposições, assim como a terra boa, mesmo quando devastada, produz matagal fechado, e são altas as árvores que se erguem em solo fértil. Da mesma forma, disposições naturalmente ousadas produzem irascibilidade, e, sendo quentes e ígneas, não têm qualidades mesquinhas ou banais, mas sua energia é mal direcionada, como ocorre com todos que sem treinamento se destacam apenas por suas vantagens naturais, cujas mentes, a menos que controladas, se degeneram de um temperamento corajoso em hábitos de imprudência e ousadia temerária. "Como assim? Não são os espíritos mais brandos ligados a vícios mais gentis, como ternura de coração, amor e timidez?" Sim, por isso, muitas vezes posso apontar uma boa disposição por seus próprios defeitos; entretanto, serem as provas de uma natureza superior não impede que sejam vícios. Além disso, todas as nações que são livres porque são selvagens, como leões ou lobos, são tão incapazes de comandar quanto de obedecer, pois a força de seu intelecto não é civilizada, mas feroz e incontrolável. Ora, ninguém é capaz de governar, a menos que também seja capaz de ser governado. Consequentemente, o Império do mundo quase sempre permaneceu nas mãos das nações que desfrutam de um clima mais ameno. Os habitantes do norte congelado têm temperamentos selvagens "muito parecidos com os céus de sua terra natal", como diz o poeta.

XVI. "Os animais considerados os mais generosos são os que têm grande capacidade para raiva", insta nosso oponente. Ele erra quando apresenta criaturas que agem movidas pelo impulso em vez de pela razão como modelos a serem seguidos pelos homens, porque no homem a razão ocupa o lugar do impulso. Entretanto, mesmo entre os animais, nem todos se beneficiam da mesma forma. A ira é útil para os leões, o acanhamento para os veados, a ousadia para os falcões, o voo para as pombas. E se eu disser que nem mesmo é verdade que os melhores animais são os mais propensos à raiva? Posso supor que as feras selvagens, que obtêm seu alimento da rapina, ficam melhores quanto mais enraivecidas estão; mas eu devo louvar bois e cavalos que obedecem a rédea por sua paciência. Que razão, no entanto, você tem para indicar ao homem modelos tão infelizes, quando você tem o universo e Deus, a quem só ele dentre os animais imita, porque só ele O compreende? "Os homens mais irascíveis", diz ele, "são considerados os mais diretos de todos". Sim, porque são comparados a vigaristas e trapaceiros, e parecem simples porque são francos. Eu não chamaria esses homens de simples, mas de descuidados. Damos este título de "simples" a todos os parvos, glutões, perdulários e homens cujos vícios são visíveis.

XVII. "Um orador", afirma nosso oponente, "às vezes, fala melhor quando está irado". Não exatamente, mas quando finge estar irado, porque os atores também impressionam o público com sua atuação, não quando estão realmente enraivecidos, mas quando interpretam bem como o homem enraivecido e, de maneira semelhante, ao dirigir-se a um júri ou a uma assembleia popular, ou em qualquer outra situação em que as mentes dos outros têm de ser influenciadas a nosso bel-prazer, devemos fingir que sentimos raiva, medo ou pena antes de fazermos com que os outros o sintam, e muitas vezes a imitação da paixão fará o que a paixão em si não poderia ter feito. "A mente que não sente raiva é débil", responde ele. É verdade, se não tem nada mais forte do que a ira para a sustentar. Um homem não deve ser nem ladrão nem vítima, nem terno nem cruel. O primeiro pertence a uma mente fraca demais, o último a uma dura demais. Que o sábio seja moderado, e, quando as coisas tiverem de ser feitas com certa vivacidade, que convoque a força, não a ira, em seu auxílio.

XVIII. AGORA QUE DISCUTIMOS AS QUESTÕES propostas a respeito da ira, passemos à consideração de seus remédios. Estes, imagino, têm duas vertentes: uma classe evita que fiquemos com raiva, a outra evita que façamos algo errado quando estamos com raiva. Assim como acontece com o corpo, adotamos certo regime para nos manter saudáveis e usamos regras diferentes para trazer de volta a saúde quando a perdemos, da mesma forma devemos repelir a raiva de uma maneira e extingui-la de outra. Para que possamos evitá-la, certas regras gerais de conduta que se aplicam à vida de todos os homens devem ser incutidas em nós. Podemos dividi-las entre as que são úteis durante a educação dos jovens e aquelas que são úteis no resto da vida. A educação deve ser realizada com a maior e mais salutar assiduidade, pois é fácil moldar as mentes enquanto ainda estão ternas, mas é difícil arrancar os vícios que cresceram conosco.

XIX. UMA MENTE ARDENTE É NATURALMENTE a mais propensa à ira. Pois, tal como existem quatro elementos — fogo, ar, terra e água —, também existem propriedades correspondentes e equivalentes a cada um deles: quente, frio, seco e úmido. Bem, a mistura dos elementos produz a diversidade de terras e animais, de corpos e caráter; nossas índoles se inclinam para um ou outro elemento conforme a força de cada um prevalece em nós. Por isso dizemos que algumas regiões são úmidas ou secas, quentes ou frias. As mesmas distinções se aplicam igualmente aos animais e à humanidade. Faz muita diferença quanta umidade ou calor um homem tem, seu caráter corresponderá ao elemento que predomina nele. Um temperamento quente torna os homens propensos à ira, pois o fogo é cheio de movimento e vigor. Uma mescla de frieza torna os homens covardes, pois o frio é lento e contraído. Por causa disso, alguns dos nossos estoicos pensam que a ira se agita em nossos seios pela ebulição do sangue ao redor do coração; de fato, esse lugar é atribuído à ira por nenhuma outra razão senão porque o peito é a parte mais quente do corpo. Aqueles que têm mais umidade em si ficam irritados aos poucos, porque não têm calor à mão, mas precisam obtê-lo pelo movimento; por isso, a raiva de mulheres e crianças é mais aguda do que forte, e surge com provocação mais leve. Nas épocas áridas da vida, a ira é violenta e poderosa, mas sem aumento, e adiciona pouco a si mesma, porque à medida que o calor se extingue, o frio toma seu lugar. Os idosos são irritadiços e rabugentos, assim como os doentes e convalescentes, e todos cuja reserva de calor foi consumida pelo cansaço ou perda de sangue. Indivíduos que são arrasados pela sede ou fome estão nas mesmas condições, assim como aqueles cujo corpo é debilitado por natureza e desmaiam por falta de dieta generosa. O vinho inflama a ira, porque aumenta o calor, de acordo com a disposição de cada homem; alguns têm arroubos de paixão quando estão muito bêbados, outros quando estão um pouco embriagados. Não há qualquer outra razão além dessa para que pessoas de cabelos louros e faces coradas sejam passionais demais, já que são naturalmente da cor que as outras ficam durante a raiva; pois seu sangue é quente e facilmente posto em movimento.

XX. MAS, ASSIM COMO A NATUREZA faz alguns homens propensos à ira, há muitas outras causas que têm o mesmo poder que a natureza. Alguns são trazidos a essa condição por doença ou lesão corporal, outros por trabalho duro, vigilância prolongada, noites de ansiedade, desejos ardentes e amor. Tudo o mais que é prejudicial ao corpo ou ao espírito inclina a mente perturbada a se queixar. Todos esses, porém, são apenas o começo e as causas da raiva. O hábito mental tem um poder muito grande e, se for severo, aumenta a desordem. Quanto à natureza, é difícil alterá-la, não podemos mudar a mistura dos elementos que se formou de uma vez por todas em nosso nascimento. Todavia, o conhecimento será útil, para mantermos o vinho fora do alcance dos homens de temperamento quente, e que Platão acha que também deve ser proibido aos meninos, para que o fogo não se torne mais feroz. Esses homens também não devem se alimentar em excesso, pois se assim for, seus corpos vão aumentar, e suas mentes vão engrossar junto. Tais homens devem fazer exercícios, evitando, no entanto, a fadiga, a fim de que seu calor natural seja reduzido, mas não exaurido, e que seu excesso de espírito ígneo possa ser dissipado. Os jogos também serão úteis, pois prazer moderado alivia a mente e a coloca em equilíbrio adequado. Quanto aos temperamentos inclinados à umidade, ou secura e rigidez, não há perigo de ira, mas há medo de vícios maiores, como covardia, morosidade, desespero e desconfiança; tais disposições devem, portanto, ser suavizadas, confortadas e restauradas à alegria. Como devemos usar diferentes remédios para a ira e para a melancolia, e esses dois vícios requerem modos de tratamento não apenas diferentes, mas absolutamente opostos, vamos sempre atacar o que está prevalecendo.

 Aquele a quem nada é negado não será capaz de suportar uma rejeição

XXI. Asseguro-lhe, é de grande utilidade para os rapazes que sejam educados de forma sã, embora seja difícil regular sua educação, porque é nosso dever ter o cuidado de não alimentar neles o hábito da raiva, nem de embotar seu espírito. Isso precisa ser observado com cuidado, pois as qualidades, tanto as que devem ser encorajadas quanto as que devem ser contidas, são alimentadas pelas mesmas coisas, e mesmo um observador cuidadoso pode ser enganado por sua semelhança. O espírito de um garoto cresce com a liberdade e se abate com a escravidão, anima-se quando elogiado e é levado a conceber grandes expectativas de si mesmo, porém, esse mesmo tratamento gera a arrogância e um temperamento impaciente; devemos, portanto, guiá-lo entre esses dois extremos, uma hora usando o freio e em outra as esporas. Ele não deve ser submetido a nenhum tratamento servil ou degradante, nunca deve implorar abjetamente por nada nem deve ganhar coisa alguma implorando; que o receba para seu próprio bem, por seu bom comportamento passado ou por suas promessas de boa conduta futura. Em disputas com seus companheiros, não devemos permitir que fique emburrado ou que se enfureça. Cuidemos para que tenha relações amistosas com aqueles com quem compete, de modo que na própria luta aprenda a não querer ferir seu adversário, mas conquistá-lo. Sempre que ganhou o dia ou fez algo louvável, devemos permitir que desfrute de sua vitória, mas não que se deixe levar pelo júbilo, pois a alegria leva à exultação, e a exultação leva à arrogância e à autoestima excessiva. Devemos dar-lhe algum relaxamento, mas não entregá-lo à preguiça e à indolência, e devemos mantê-lo muito além do alcance do luxo, pois nada torna as crianças mais irascíveis do que uma criação suave e afetuosa; de modo que, quanto mais filhos únicos são mimados, e quanto mais liberdade é dada aos órfãos, mais corrompidos eles são. Aquele a quem nada é negado não será capaz de suportar uma rejeição, aquele cuja mãe ansiosa sempre enxuga suas lágrimas, cujo pedagogo é obrigado a pagar por seus erros. Não observa como a ira de um homem se torna mais violenta à medida que ele sobe de posição? Isso ocorre em especial com os que são ricos e nobres, ou em posição privilegiada, quando os fortes ventos favoráveis despertaram todas as paixões mais vazias e triviais de suas mentes. A prosperidade promove a ira, quando os ouvidos orgulhosos de um homem são cercados por uma multidão de bajuladores, dizendo: "Aquele homem lhe respondeu! Você não age conforme a sua dignidade, se rebaixa". E assim por diante, com todo tipo de palavra difícil de resistir, mesmo para mentes saudáveis e de bons princípios em sua origem. Por isso, a lisonja deve ser mantida bem longe das crianças. Que a criança ouça a verdade e, às vezes, a tema, que sempre a reverencie. Que se levante em respeito na presença dos mais velhos. Que não obtenha nada por se exaltar, que lhe seja dado quando estiver quieto o que lhe foi recusado quando chorou. Que contemple, mas não faça uso da riqueza de seu pai; que seja repreendido por seus erros. Será vantajoso dar professores e pedagogos equilibrados aos meninos; o que é macio e informe se apega ao que está próximo e toma sua forma. Os hábitos dos jovens reproduzem os de suas amas e pedagogos. Certa vez, um garoto que foi criado na casa de Platão voltou para casa para seus pais e, ao ver seu pai gritando exaltado, disse: "Eu nunca vi ninguém na casa de Platão agir assim". Não duvido que ele tenha aprendido a imitar seu pai mais rápido do que aprendeu a imitar Platão. Antes de tudo, que sua comida seja pouca, que sua roupa não seja cara, e seja do mesmo modelo da dos seus companheiros; se começar colocando-o no mesmo nível que muitos outros, ele não ficará com raiva quando alguém for comparado a ele.

XXII. Entretanto, esses preceitos se aplicam aos nossos filhos; em nós mesmos, o acidente do nascimento e nossa educação não admitem mais erros nem conselhos; devemos lidar com o que se segue. Agora devemos lutar contra as primeiras causas do mal; a causa da ira é a crença de que fomos lesados; logo, essa crença não deve ser alimentada sem reflexão. Não devemos ficar furiosos mesmo quando a injúria parece aberta e distinta, pois algumas coisas falsas têm aparência de verdade. Devemos sempre deixar que algum tempo passe, pois o tempo revela a verdade. Que nossos ouvidos não sejam emprestados com facilidade a conversas caluniosas. Estejamos cientes e atentos contra esta falha da natureza humana: a de que estamos dispostos a acreditar no que não estamos dispostos a ouvir e que ficamos com raiva antes de formarmos opinião. O que devo dizer? Somos influenciados não apenas por calúnias, mas por suspeitas e pelo próprio olhar e sorriso de outros podemos ficar furiosos com pessoas inocentes porque fazemos a pior interpretação das coisas. Devemos, por isso, pleitear a causa do ausente contra nós mesmos, e manter nossa raiva em suspenso; pois uma punição que foi adiada ainda pode ser infligida, mas uma vez infligida não pode ser revogada.

 Não acreditemos em nada, a menos que se imponha à nossa vista e seja inconfundível

XXIII. Todos conhecem a história do tiranicida que, capturado antes de cumprir sua tarefa, e torturado por Hípias para que traísse seus cúmplices, nomeou os amigos do tirano que o cercavam e todos aqueles que sabia que tinham especial preocupação com a segurança do tirano. Quando o tirano ordenou que cada homem fosse morto conforme era identificado, por fim o homem, sendo questionado se mais alguém permaneceu, disse: "Você permanece sozinho, pois não deixei mais ninguém vivo a quem você é querido". A ira fez o tirano emprestar sua ajuda ao tiranicida e matar seus guardas com a própria espada. Quão mais vigoroso era Alexandre, que depois de ler a carta de sua mãe avisando para ter cuidado com o veneno de seu médico Filipe, ainda assim tomou sem desanimar o remédio que Filipe lhe deu! Confiava mais em seu amigo, merecia que seu amigo fosse inocente e que sua conduta o tornasse inocente. Eu louvo Alexandre por fazer isso, em especial, porque acima de todos os homens era propenso à ira; quanto mais a moderação é rara entre os reis, mais merece ser elogiada. O grande Caio César, que se provou um conquistador tão misericordioso na guerra civil, fez a mesma coisa; ele queimou um pacote de cartas endereçadas a Cneu Pompeu por pessoas que tinham sido consideradas neutras ou do lado oposto. Embora nunca tivesse sido violento em sua ira, ele preferia evitar a possibilidade de ficar com raiva; pensava que a maneira mais gentil de perdoar cada um deles era não saber qual havia sido seu crime.

XXIV. A prontidão para acreditar no que ouvimos causa grande dano; muitas vezes não devemos nem ouvir, porque em alguns casos é melhor ser enganado do que suspeitar do engano. Devemos libertar nossas mentes da suspeita e da desconfiança, as causas mais indignas de confiança da raiva. "A saudação desse homem não foi amável, aquele não aceitou meu beijo; um interrompeu a história que eu havia começado a contar; outro não me convidou para jantar; aquele parecia me detestar". Nunca faltarão razões para suspeita; precisamos da franqueza e de uma interpretação bondosa das coisas. Não acreditemos em nada, a menos que se imponha à nossa vista e seja inconfundível, e nos reprovemos por estarmos muito dispostos a acreditar, sempre que nossas suspeitas se mostrarem infundadas; pois essa disciplina nos trará o hábito de sermos lentos para acreditar no que ouvimos.

XXV. Outra consequência disso será que não ficaremos exasperados pelas ninharias mais insignificantes e desprezíveis. É uma pura loucura perder a paciência porque um escravo não é rápido, porque a água que vamos beber está morna, ou porque nosso leito está desarrumado ou nossa mesa posta descuidadamente. Um homem deve estar em um péssimo estado de saúde se ele se esquiva do sopro de uma brisa suave; seus olhos devem estar enfermos se ficam angustiados com a visão de roupas brancas; ele deve ser dominado pela devassidão se sentir dor ao ver outro homem trabalhar. Conta-se que havia um certo Mindíride, cidadão de Síbaris, que dado dia viu um homem cavando e brandindo vigorosamente uma enxada, reclamou que a visão o deixou cansado e proibiu o homem de trabalhar onde pudesse vê-lo. O mesmo homem se queixou que tinha ficado mal pois as pétalas de rosas sobre as quais se deitou estavam dobradas. Quando os prazeres corromperam o corpo e a mente, nada parece suportável, não porque é de fato difícil, mas porque aquele que o suporta é mole. Pois por que deveríamos nos enfurecer com alguém tossindo e espirrando, com uma mosca que não é espantada com cuidado suficiente, ou com um cão que fica nos rodeando, ou uma chave caindo da mão de um servo descuidado? Será que alguém cujos ouvidos se angustiam com o barulho de um banco sendo arrastado pelo chão consegue suportar com mente serena a linguagem rude da disputa partidária, e o abuso que os oradores no Fórum ou no Senado infligem a seus oponentes? Será que aquele que se zanga com seu escravo por gelar mal sua bebida será capaz de suportar a fome ou a sede de uma longa caminhada no verão? Nada, portanto, alimenta a ira mais do que o luxo excessivo e insatisfeito; a mente deve ser endurecida por um tratamento rígido, para não sentir qualquer golpe que não seja severo.

XXVI. TEMOS RAIVA, SEJA DAQUELES QUE podem ou daqueles que não podem nos causar injúria. A esta última classe pertencem algumas coisas inanimadas, como um livro, que muitas vezes jogamos fora quando as letras são muito pequenas para lermos ou rasgamos quando está cheio de erros, ou roupas que destruímos porque não gostamos delas. Que tolice ficar com raiva de coisas como essas, que não merecem nem sentem nossa raiva! "Mas é claro que são seus criadores que realmente nos afrontam". Respondo que, em primeiro lugar, muitas vezes ficamos com raiva antes de deixar essa distinção clara em nossas mentes, e em segundo lugar, talvez até mesmo os fabricantes possam apresentar desculpas razoáveis; é possível que um deles não poderia fazê-los melhores do que os fez, e não é por qualquer desrespeito a você que não era hábil em seu ofício, outro pode ter feito seu trabalho dessa forma sem qualquer intenção de insultá-lo e, finalmente, o que pode ser mais louco do que descontar nas coisas o mal-estar que se acumulou contra as pessoas? Contudo, tal como é loucura sentir raiva de objetos inanimados, também o é ter raiva dos animais, que não podem nos fazer mal porque não são capazes de formar um propósito; e não podemos considerar nada como uma injúria a menos que seja feita intencionalmente. Eles são, portanto, capazes de nos machucar, assim como uma espada ou uma pedra podem fazê-lo, mas não são capazes de nos causar uma injúria. No entanto, alguns homens se sentem insultados quando os mesmos cavalos dóceis com um cavaleiro ficam inquietos com outro, como se fosse por escolha deliberada, e não pelo hábito e habilidade no manuseio, que alguns cavalos são manejados com mais facilidade por alguns homens do que por outros. Assim como é tolice ter raiva deles, é tolice ter raiva de crianças, e com homens que têm um pouco mais de juízo do que crianças: para todos esses pecados, diante de um juiz justo, a ignorância seria uma justificativa tão eficaz quanto a inocência.

 Quem pode declarar que não infringiu lei alguma?

XXVII. EXISTEM ALGUMAS COISAS QUE PODEM nos ferir, e cujo poder é somente benéfico e salutar, como os deuses imortais, por exemplo, que não desejam nem são capazes de fazer mal, pois seu temperamento é por natureza gentil e tranquilo, e são tão propensos a enganar os outros quanto a si mesmos. Pessoas tolas que não conhecem a verdade os responsabilizam por tempestades no mar, chuvas excessivas e longos invernos, enquanto todo o tempo esses fenômenos pelos quais sofremos ou lucramos ocorrem sem qualquer referência a nós. Não é para o nosso bem que o universo faz com que o verão e o inverno sucedam um ao outro, eles têm uma lei própria, segundo a qual suas funções divinas são desempenhadas. Pensamos demais de nós mesmos, quando imaginamos que somos dignos de ter revoluções tão prodigiosas realizadas por nós; logo, nada disso ocorre para nos causar injúria, pelo contrário, todas elas tendem a nosso benefício. Afirmei que há algumas coisas que não são capazes de nos ferir e outras que simplesmente não ferem. À última classe pertencem bons homens de autoridade, bons pais, professores e juízes a cujas punições devemos nos submeter no mesmo espírito em que passamos pela lâmina do cirurgião, abstinência da comida e coisas semelhantes que nos ferem em nosso benefício. Suponha que estejamos sendo punidos, que pensemos não apenas no que sofremos, mas no que fizemos. Reflitamos sobre nossa vida passada. Desde que estejamos dispostos a nos dizer a verdade, com certeza decidiremos que nossos crimes merecem punição mais dura do que receberam.

XXVIII. SE DESEJAMOS SER JUÍZES IMPARCIAIS de tudo o que ocorre, devemos primeiro nos convencer disto: nenhum de nós é impecável; pois é a partir disso que a maior parte da nossa indignação prossegue. "Eu não pequei, eu não fiz nada de errado". Em vez disso, diga que você não admite ter feito algo errado. Ficamos enfurecidos por sermos criticados, seja com repreensão ou punição real, embora estejamos pecando naquele exato momento, ao acrescentar insolência e obstinação aos nossos erros. Quem pode declarar que não infringiu lei alguma? Mesmo que tal homem exista, como é limitada essa inocência, ter inocência apenas pela letra da lei. Quão mais amplas são as regras do dever do que as da lei! Quantas coisas que não se encontram nos livros de leis são exigidas por sentimento filial, bondade, generosidade, equidade e honra? Todavia, não somos capazes de merecer nem mesmo estar sob essa primeira definição mais estreita de inocência; fizemos o mal, pensamos mal, desejamos mal e encorajamos o mal. Em alguns casos, só permanecemos inocentes porque não fomos bem-sucedidos. Quando pensarmos nisso, lidemos com mais justiça com os pecadores, e acreditemos que aqueles que nos repreendem estão certos. Em todo caso, que não fiquemos zangados conosco mesmos (pois com quem não ficaremos com raiva, se estamos com raiva até de nós mesmos?), e muito menos com os deuses: pois o que sofremos não recai sobre nós por qualquer ordem deles, mas pela lei comum de toda a carne. "Mas enfermidades e dores nos atacam". Bem, as pessoas que vivem em uma casa de loucos devem ter alguma maneira de escapar.

Nenhum homem espera tanta fidelidade quanto um traidor; o próprio perjuro se vinga daquele que quebra seu juramento; o advogado ardiloso é o que fica mais indignado por uma ação ser movida contra ele

Alguém será acusado de ter falado mal de você: pense se você não falou mal dele primeiro, pense sobre quantas pessoas você mesmo falou mal. Declaro, não suponhamos que os outros estão nos fazendo um mal, mas retribuindo um que fizemos a eles, que alguns estão agindo com boas intenções, uns sob compulsão, outros por ignorância, e acreditemos que mesmo aquele que o faz de propósito e conscientemente não nos fez mal apenas para nos prejudicar, mas foi levado a fazê-lo pela atração de dizer algo espirituoso, ou fez o que fez não por qualquer rancor contra nós, mas porque ele mesmo não teria sucesso a menos que nos diminuísse. Com frequência nos ofendemos com lisonjas, mesmo enquanto estão sendo despejadas sobre nós; porém, qualquer um que se lembre de quantas vezes foi vítima de suspeitas imerecidas, quantas vezes a sorte deu ao seu serviço honesto uma aparência de malfeito, quantas pessoas começou odiando e terminou por amar, será capaz de evitar ficar com raiva de imediato, em especial, se silenciosamente diz a si mesmo quando cada ofensa é cometida: "Eu mesmo fiz isso". Onde, entretanto, você encontrará um juiz tão imparcial? O mesmo homem que cobiça a esposa de todos e pensa que uma mulher pertencer a outra pessoa é razão suficiente para adorá-la, não permitirá que mais ninguém olhe para sua própria esposa. Nenhum homem espera tanta fidelidade quanto um traidor; o próprio perjuro se vinga daquele que quebra seu juramento; o advogado ardiloso é o que fica mais indignado por uma ação ser movida contra ele; o homem mais negligente com sua própria castidade não suporta qualquer tentativa contra a de seus escravos. Mantemos vícios dos outros diante de nossos olhos e os nossos às costas. Por isso, um pai que é pior do que seu filho culpa o último por dar festas extravagantes, e desaprova o menor sinal de luxo em outro, embora costumasse não estabelecer limites em seu próprio caso; por isso, déspotas se enfurecem com homicídios e roubos são punidos por aqueles que saqueiam templos. Grande parte da humanidade não tem raiva dos pecados, mas dos pecadores. O respeito a nós mesmos nos tornará mais moderados, se nos questionarmos: já cometemos algum crime desse tipo? Já caímos neste tipo de erro? É do nosso interesse condenarmos essa conduta?

XXIX. O MAIOR REMÉDIO PARA A ira é a demora. Implore à ira que lhe conceda isso no início, não para que possa perdoar a ofensa, mas que possa formar um julgamento correto sobre ela; se ela demorar, terá um fim. Não tente reprimi-la de uma vez, pois seus primeiros impulsos são violentos; arrancando suas partes vamos remover o todo. Ficamos enraivecidos com algumas coisas que aprendemos de segunda mão e com outras que nós mesmos ouvimos ou vemos. Bem, devemos demorar a acreditar no que nos é dito. Muitos contam mentiras para nos enganar, e muitos porque eles mesmos estão enganados. Alguns procuram ganhar nosso favor por meio de falsas acusações, e inventam ofensas para que pareçam zangados por as termos sofrido. Um homem mente por despeito, para que possa colocar amigos de confiança em desacordo; alguns porque são suspeitos, e desejam se divertir assistindo, a uma distância segura, àqueles que provocaram. Se você estivesse prestes a dar uma sentença no tribunal sobre uma quantia de dinheiro muito pequena, não daria nada como provado sem uma testemunha, e uma testemunha não valeria de nada, exceto por seu juramento. Você permitiria que ambos os lados fossem ouvidos, lhes daria tempo, não despacharia o assunto em uma sessão, porque, quanto maior é a frequência com que é lidada, com mais clareza a verdade aparece. E você condena seu amigo de imediato? E você fica com raiva dele antes de ouvir sua história, antes de tê-lo questionado, antes que ele saiba quem é seu acusador ou de que é acusado? Pois então, agora mesmo, no caso que você acabou de julgar, você ouviu o que foi dito por ambas as partes? Esse mesmo homem que denunciou seu amigo não dirá mais nada se for obrigado a provar o que diz. "Não precisa", diz ele, "apresentar-me como testemunha; se eu for apresentado, vou negar o que disse; a menos que você me libere de aparecer, nunca vou lhe dizer nada". Ao mesmo tempo, ele o estimula e se retira da contenda e da batalha. O homem que não lhe dirá nada, salvo em segredo, quase não lhe diz nada. O que pode ser mais injusto do que acreditar em segredo e ter raiva em público?

 O maior remédio para a ira é a demora. Implore à ira que lhe conceda isso no início, não para que possa perdoar a ofensa, mas que possa formar um julgamento correto sobre ela; se ela demorar, terá um fim

XXX. Alguns delitos nós mesmos testemunhamos; nestes casos, examinemos a disposição e o propósito do ofensor. Talvez seja uma criança; perdoemos sua juventude, não sabe que está cometendo um erro. Ou é um pai; ou prestou serviços tão grandes, a ponto de ter conquistado o direito de até mesmo nos ofender; ou talvez o próprio ato que nos ofende seja seu maior mérito. Ou é uma mulher; bem, ela cometeu um erro. O homem o fez porque foi ordenado a fazê-lo. Quem além de uma pessoa injusta pode ter raiva pelo que foi feito sob coação? Você o feriu; bem, não há mal algum em sofrer a dor que você primeiro infligiu. Suponha que seu oponente é um juiz; então, você deve seguir a opinião dele em vez da sua. Ou ele é um rei; logo, se ele pune os culpados, ceda a ele porque ele é justo, e se pune os inocentes, renda-se a ele porque é poderoso. Suponha que seja um animal tolo ou alguém tão tolo quanto um animal; então, se você fica com raiva dele, vai se igualar a ele. Suponha que seja uma enfermidade ou um infortúnio, terá menos efeito sobre você se a suportar em silêncio. Ou que é um deus; então, perde seu tempo tendo raiva dele tanto quanto se orasse para que ele ficasse com raiva de outra pessoa. Foi um homem bom que o prejudicou? Não acredite. Foi um homem mau? Não se surpreenda; ele pagará a outra pessoa a penalidade que lhe deve; na verdade, por seu pecado, já se puniu.

 "Eu não pensei". Considero a desculpa mais vergonhosa que um homem pode oferecer

XXXI. Há, como já afirmei, dois casos que produzem raiva: primeiro, quando parecemos ter sofrido uma injúria, sobre o qual já foi dito o bastante e, em segundo lugar, quando parecemos ter sido tratados injustamente: isso deve ser discutido agora. Os homens consideram algumas coisas injustas por não merecer sofrê-las, e algumas por não esperar sofrê-las; consideramos que o inesperado está abaixo de nossos méritos. Por consequência, agitamo-nos em especial com o que nos acontece de forma contrária à nossa esperança e expectativa; por isso, ficamos irritados com as menores ninharias em nossos assuntos domésticos, e porque chamamos o descuido de nossos amigos de injúria deliberada. Como, então, pergunta nosso oponente, nos enraivecemos com as injúrias infligidas por nossos inimigos? É porque não esperávamos esses males em particular, ou, pelo menos, não em uma escala tão extensa. Isso é causado pelo nosso excessivo amor-próprio; pensamos que devemos permanecer ilesos até mesmo por nossos inimigos. Cada homem carrega em seu peito a mente de um déspota e está disposto a cometer excessos, mas não a se submeter a eles. Assim, é a ignorância ou a arrogância que nos deixa irados: ignorância dos fatos comuns; pois o que há para se admirar em homens maus cometendo atos malignos? Que há de novo em seu inimigo lhe causar dano, em seu amigo brigar com você, seu filho incorrer em erro, ou em seu servo cometer um engano? Fábio costumava dizer que a desculpa mais vergonhosa que um general poderia dar era: "Eu não pensei". Considero a desculpa mais vergonhosa que um homem pode oferecer Pense em tudo, espere tudo; mesmo com homens de bom caráter algo estranho vai acontecer; a natureza humana produz mentes traiçoeiras, ingratas, gananciosas e ímpias. Quando estiver considerando qual pode ser a moral de qualquer homem, pense quais são as morais da humanidade. Quando estiver se divertindo muito, fique especialmente atento; quando tudo parecer pacífico, esteja certo de que o mal não está ausente, apenas adormecido. Sempre acredite que algo vai acontecer para atacá-lo. Um timoneiro jamais abre as velas por completo com tanta confiança a ponto de não manter seu equipamento para encurtá-lo pronto para uso. Pense, acima de tudo, quão baixo e odioso é o poder de fazer o mal, e quão antinatural no homem, por cuja bondade até mesmo animais ferozes são domesticados. Veja como os touros rendem seus pescoços ao jugo, como elefantes permitem que meninos e mulheres dancem em suas costas, ilesos, como as cobras deslizam inofensivas sobre nossos seios e entre nossas taças, como, dentro de suas tocas, ursos e leões se submetem a ser manuseados com bocas mansas, e feras selvagens adulam seu mestre; coremos por ter hábitos trocados com feras selvagens. É crime ferir o próprio país; por isso, ferir qualquer um dos nossos compatriotas também é, pois ele faz parte do nosso país;

se o todo for sagrado, as partes devem ser sagradas também. Logo, também é crime ferir qualquer homem: pois ele é seu concidadão em um Estado maior. E se as mãos quisessem machucar os pés? Ou os olhos quisessem machucar as mãos? Como todos os membros agem em uníssono, porque é do interesse de todo o corpo manter cada um deles seguro, assim também os homens devem poupar uns aos outros, porque nascem para a sociedade. O vínculo da sociedade, porém, não pode existir a menos que guarde e ame todos os seus membros. Não devemos nem destruir víboras e cobras-de-água e outras criaturas cujas presas e garras são perigosas, se fôssemos capazes de domá-las, como fazemos com outros animais, ou evitar que sejam um perigo para nós; também não devemos, portanto, ferir um homem porque ele fez algo de errado, mas para que ele não o faça, e nossa punição deve sempre olhar para o futuro e nunca para o passado, porque é infligido em um espírito de precaução, não de raiva; pois, se todos os que têm disposição desonesta e perversa fossem punidos, ninguém escaparia da punição.

Quando estiver se divertindo muito, fique especialmente atento; quando tudo parecer pacífico, esteja certo de que o mal não está ausente, apenas adormecido

XXXII. "Mas a raiva possui certo prazer próprio, e é doce retribuir a dor que se sofreu". De modo algum, não é digno recompensar injúrias com injúrias, da mesma forma que o é recompensar benefícios com benefícios. Nesse último caso, é uma pena ser conquistado; no primeiro, é uma vergonha conquistar. Vingança e retaliação são palavras que os homens usam e até pensam ser justas, mas não diferem muito do erro, exceto na ordem em que são feitas; aquele que causa dor por dor tem mais desculpa para o seu pecado, só isso. Alguém que não sabia quem era Marco Catão o agrediu no banho público, em sua ignorância, pois quem lhe teria feito mal conscientemente? Depois, quando estava se desculpando, Catão respondeu: "Não me lembro de ter sido esbofeteado". Ele considerou melhor ignorar o insulto do que vingá-lo. Você pergunta: "Nenhum mal aconteceu àquele homem por sua insolência?" Não, mas na verdade um grande bem; ele conheceu Catão. É sinal de uma mente nobre desprezar os males cometidos contra ela; a forma mais desdenhosa de vingança é não considerar o adversário digno de sofrer a vingança. Muitos levaram pequenas injúrias muito mais a sério do que o necessário ao vingá-las. É grande e nobre o homem que, como um grande animal selvagem, ouve impassível os cãezinhos que latem para ele.

XXXIII. "Somos tratados", diz nosso oponente, "com mais respeito se vingarmos nossas injúrias". Se fizermos uso da vingança apenas como um remédio, que a usemos sem ira, e não consideremos a vingança agradável, mas útil. Ainda assim, muitas vezes é melhor fingir não ter sofrido uma injúria a vingá-la. As ofensas dos poderosos não só devem ser suportadas, mas suportadas com semblante alegre: eles a repetirão se pensarem que as infligiram. Essa é a pior característica das mentes tornadas arrogantes pela prosperidade, odeiam aqueles a quem feriram. Todos conhecem a história do velho cortesão, que, quando alguém lhe perguntou como havia alcançado a rara distinção de viver na corte até atingir a velhice, respondeu: "Recebendo ofensas e as retribuindo com agradecimentos". Muitas vezes está tão longe de ser conveniente vingar nossas ofensas que não adianta nem mesmo reconhecê-las. Caio César, ofendido com as roupas elegantes e o cabelo bem penteado do filho de Pastor, um distinto cavaleiro romano, o mandou para a prisão. Quando o pai implorou que seu filho não sofresse mal algum, Caio, como se lembrado por isso a condená-lo à morte, ordenou que ele fosse executado, porém, a fim de mitigar sua brutalidade para com o pai, convidou-o naquele mesmo dia para jantar. Pastor foi com um semblante que não traiu nenhuma má vontade. César prometeu-lhe uma taça de vinho e mandou um homem para observá-lo. A criatura miserável passou por isso, sentindo como se bebesse o sangue do filho; o imperador lhe enviou um pouco de perfume e uma guirlanda e deu ordens para que observassem se ele as usava, e ele o fez. No mesmo dia em que havia enterrado, ou melhor, no qual ainda nem tinha enterrado seu filho, sentou-se como um dos cem convivas e, velho e gotoso como era, bebeu de modo tal que mal teria sido decente no aniversário de um filho; ele não derramou sequer uma lágrima, não permitiu que sua dor se traísse pelo menor sinal; jantou como se suas súplicas tivessem ganho a vida de seu filho. Pergunta-me por que ele fez isso? Ele tinha outro filho. O que Príamo fez na Ilíada? Não escondeu sua ira e abraçou os joelhos de Aquiles? Não levantou aos lábios aquela mão mortal, manchada com o sangue de seu filho e jantou com seu assassino? Verdade! Mas não havia perfumes nem guirlandas, e seu feroz inimigo o encorajou com muitas palavras reconfortantes a comer, não a drenar enormes cálices com um guarda vigiando-o para garantir que o fizesse. Se temesse apenas por si mesmo, o pai teria tratado o tirano com desprezo, mas o amor por seu filho extinguiu sua raiva. Ele mereceu a permissão do imperador para deixar o banquete e reunir os ossos de seu filho; entretanto, aquele gentil e educado jovem, o imperador, nem sequer permitiria que ele o fizesse. Contudo, atormentava o velho com convites frequentes para beber, aconselhando-o a aliviar suas tristezas dessa forma. Por outro lado, ele parecia estar de bom humor, e ter esquecido o que havia sido feito naquele dia; ele teria perdido seu segundo filho caso tivesse se provado um convidado inaceitável para o assassino de seu mais velho.

XXXIV. Assim sendo, devemos abster-nos da ira, quer aquele que nos provoque esteja no mesmo nível que nós, ou acima de nós, ou abaixo de nós. Uma disputa com um igual é de questão incerta, com um superior é tolice, e com um inferior é desprezível. Apenas um homem mesquinho e miserável se volta e morde aquele que o mordeu: até ratos e formigas mostram seus dentes se você os tocar, e todas as criaturas fracas pensam que estão feridas se são tocadas. Nosso temperamento se tornará mais suave se lembrarmos de qualquer serviço que aquele de quem estamos com raiva possa ter nos prestado e deixarmos que seus méritos compensem a ofensa. Reflitamos também quanto crédito a história do nosso perdão nos conferirá, quantos homens podem ser transformados em amigos valiosos pelo perdão. Uma das lições que a crueldade de Sula nos ensina é não ficar com raiva dos filhos de nossos inimigos, sejam públicos ou privados; pois ele levou ao exílio os filhos dos proscritos. Nada é mais injusto do que alguém herdar as querelas de seu pai. Sempre que relutamos em perdoar alguém, pensemos se seria vantajoso para nós que todos os homens fossem inexoráveis. Aquele que se recusa a perdoar, quantas vezes implorou por si mesmo? Quantas vezes ele rastejou aos pés daqueles a quem ele afasta com desdém de perto dos próprios? Como podemos ganhar mais glória do que transformar a raiva em amizade? Que aliados mais fiéis têm o povo romano do que aqueles que haviam sido seus inimigos mais inflexíveis? Onde estaria o Império hoje, se uma sábia previsão não unisse os conquistados e os conquistadores? Se alguém está com raiva de você, enfrente a raiva dele retribuindo-a com benefícios. Uma contenda que só é travada por um lado cai por terra, é preciso dois homens para brigar. Suponha, porém, que há uma luta raivosa de ambos os lados; ainda assim, o melhor homem é aquele que primeiro cede; o vencedor é o verdadeiro perdedor. Ele bateu em você, bem, então, recue; se você golpeá-lo também, você lhe dará uma oportunidade e uma desculpa para bater em você de novo. Você não será capaz de se retirar da luta quando quiser.

XXXV. ALGUÉM DESEJA GOLPEAR SEU INIMIGO com tanta força, a ponto de deixar sua própria mão na ferida, e não conseguir recuperar o equilíbrio após o golpe? No entanto, tal arma é a ira, é quase impossível puxá-la de volta. Temos o cuidado de escolher armas leves, espadas práticas e manejáveis; não devemos evitar esses impulsos desajeitados, pesados, e que jamais podem ser recuperados da mente? A única rapidez que os homens aprovam é aquela que, quando ordenada, se detém e não prossegue mais, e que pode ser guiada e reduzida de uma corrida para uma caminhada. Sabemos que os tendões estão doentes quando se movem contra nossa vontade. Deve ser idoso ou debilitado o homem que corre quando quer andar. Consideremos as operações mais poderosas e mais sólidas de nossas mentes aquelas que agem sob nosso próprio controle, não por seu próprio capricho. Nada, no entanto, será tão útil quanto considerar, primeiro, a hediondez e, em segundo lugar, o perigo da ira. Nenhuma paixão tem aspecto mais conturbado, macula o rosto mais belo, torna feroz a expressão que antes era pacífica. Dos raivosos "toda a graça fugiu"; embora suas roupas estejam na moda, as arrastarão no chão e não se importarão com sua aparência; embora seus cabelos sejam alisados de maneira formosa pela natureza ou pela arte, irão se eriçar em simpatia com sua mente. As veias ficam intumescidas, o peito abalado pela respiração rápida, o pescoço do homem ficará inchado enquanto ruge sua conversa frenética; então, também, seus membros tremerão, suas mãos ficarão inquietas, todo o seu corpo irá balançar de um lado para outro. Qual, você pensa, deve ser o estado de sua mente dentro dele, quando sua aparência externa é tão chocante? Quão mais terrível é o semblante que carrega dentro do próprio peito, quão mais agudo o orgulho, quão mais violenta a raiva, que o explodirá a menos que encontre alguma saída? Pintemos a ira com a aparência daqueles que estão pingando com o sangue de inimigos ou animais selvagens, ou aqueles prestes a massacrá-los, como os monstros do mundo inferior, tornados famosos nas fábulas do poeta, cingidos com serpentes e soprando chamas quando saem do inferno, terríveis de se ver, a fim de que possam incitar guerras, provocar conflitos entre nações, e destruir a paz. Pintemos seus olhos brilhando com fogo, sua voz sibilando, rugindo, rangendo e fazendo sons piores, se piores houver, enquanto brande armas em ambas as mãos, pois não se preocupa em se proteger; sombria, manchada de sangue, coberta por cicatrizes e lívida com os próprios golpes; cambaleando como uma maníaca, envolta em nuvem espessa, correndo para lá e para cá, espalhando desolação e pânico, detestada por todos

SOBRE A IRA

e por si mesma acima de todos; disposta, se de outra forma não puder ferir o inimigo, a derrubar tanto a terra, o mar e o céu, nociva e odiosa ao mesmo tempo. Ou, se a virmos, que ela seja como nossos poetas a descreveram:

"Lá com seu flagelo manchado de sangue Belona luta.
E Discórdia, com seu manto rasgado, se delicia."

Ou, se possível, permita-se que alguma aparência ainda mais horrenda seja inventada para esta terrível paixão.

XXXVI. Algumas pessoas raivosas, como observa Séxtio, foram beneficiadas por olhar-se no espelho; foram atingidas por alteração tão grande em sua própria aparência; foram, por assim dizer, trazidas à sua própria presença e não se reconheceram. Todavia, quão pequena era a parte do verdadeiro horror da ira que a imagem refletida no espelho reproduzia? Se a mente pudesse ser exibida ou se pudéssemos fazê-la aparecer através de qualquer substância, ficaríamos confusos quando víssemos quão sombria e maculada, quão agitada, distorcida e inchada pareceria. Mesmo agora é muito feia quando vista através de todas as telas de sangue, ossos, e assim por diante. O que seria, se fosse exibida descoberta? Você diz que não acredita que alguém já tenha sido removido da ira por um espelho: e por que não? Porque quando ele foi ao espelho a fim de mudar de ideia, já tinha mudado. Para homens irados nenhum rosto parece mais justo do que um que é feroz e selvagem e como eles desejam parecer. Devemos considerar quantos homens a própria ira machucou. Alguns em seu ardor excessivo estouraram as veias; outros, forçando suas vozes além de suas forças, vomitaram sangue ou prejudicaram a visão ao injetar humores nos olhos com muita violência, e adoeceram depois que o ataque passou. Nenhum caminho leva mais rápido à loucura; consequentemente, muitos permaneceram sempre no frenesi da ira e, tendo uma vez perdido a razão, nunca a recuperaram. Ajax foi levado à loucura pela ira e ao suicídio pela loucura. Os homens, frenéticos de raiva, invocam o céu para matar seus filhos, a reduzi-los à pobreza e arruinar suas casas, e ainda assim declaram que não estão nem irados nem insanos. Inimigos de seus melhores amigos, perigosos aos seus mais próximos e queridos, indiferentes às leis exceto naquilo que prejudicam, influenciados pelas menores ninharias, negando-se a emprestar seus ouvidos aos conselhos ou serviços de seus amigos, eles fazem tudo pela força e estão prontos para lutar com suas espadas ou a se atirar sobre elas, pois o maior de todos os males, e aquele que supera todos os vícios, se apossou deles. Outras paixões pouco a pouco ganham terreno na mente; a conquista da ira é repentina e completa e, além disso, torna todas as outras paixões subservientes a si mesma. Ela conquista o amor mais ardente; homens atravessaram com espadas os corpos daqueles que amavam e assassinaram aqueles em cujos braços já haviam se deitado. A avareza, a mais severa e rígida das paixões, é pisoteada pela raiva, que a força a desperdiçar sua riqueza cuidadosamente coletada, a colocar fogo em sua casa e toda a sua propriedade de uma vez. Ora, já não se viu até mesmo o homem ambicioso arremessar longe as insígnias mais valiosas e recusar honrarias que lhe foram oferecidas? Não há paixão sobre a qual a ira não tenha domínio absoluto.

LIVRO 3

I. Vamos agora, Novato, tentar fazer aquilo pelo que você tanto anseia, isto é, expulsar a ira de nossas mentes ou, em todo caso, controlá-la e conter seus impulsos. Às vezes, isso pode ser feito abertamente e sem ocultação, quando sofremos apenas de um leve ataque deste mal e, outras vezes, deve ser feito em segredo, quando nossa ira está ardente demais, e quando todos os obstáculos colocados em seu caminho a aumentam e fazem com que ela queime mais alto. É importante saber quão intensa e fresca sua força pode ser, e se pode ser repelida à força e suprimida, ou se devemos dar-lhe espaço até que sua primeira tormenta passe, para que não varra com ela nossos próprios remédios. Devemos lidar com cada caso de acordo com o caráter de cada homem: alguns cedem às súplicas, outros tornam-se arrogantes e dominadores pela submissão; podemos tirar alguns homens de sua raiva com um susto, enquanto outros podem ser desviados de seu propósito por reprovações, alguns por reconhecerem estar errados, outros pela vergonha e alguns, ainda, pela demora, um remédio tardio para uma desordem precipitada, que devemos usar apenas quando todos os demais falharam; pois outras paixões admitem ter seu caso adiado e podem ser curadas mais tarde; no entanto, a violência ávida e autodestrutiva da ira não cresce devagar, mas atinge seu ápice logo que começa. Nem, como outros vícios, apenas perturba a mente dos homens, mas os arrasta e atormenta, até que ficam incapazes de se conter e ansiosos pela ruína de todos os homens, nem se enfurece apenas contra seu objeto, mas contra todos os obstáculos que encontra no caminho. Os outros vícios movem nossas mentes; a ira os arremessa de cabeça para baixo. Se não somos capazes de suportar nossas paixões, ainda assim, seja como for, nossas paixões devem permanecer inabaláveis; mas a ira se torna cada vez mais poderosa, como tempestades de raios ou furacões, ou quaisquer outras coisas que não podem se conter porque não seguem adiante, mas caem de cima. Outros vícios afetam nosso julgamento, a ira afeta nossa sanidade; outros vêm em ataques leves e passam despercebidos, mas a mente dos homens mergulha abruptamente na raiva. Não há paixão mais frenética, mais destrutiva a si mesma. É arrogante se bem-sucedida, e desvairada se falhar. Mesmo quando derrotada, não se cansa, mas, se o acaso coloca o inimigo além de seu alcance, volta seus dentes contra si mesma. Sua intensidade não é de maneira alguma regulada por sua origem, pois sobe às maiores alturas dos inícios mais triviais.

II. Não isenta nenhuma idade da vida; nenhum povo está livre dela. Algumas nações foram salvas do conhecimento da luxúria pela bênção da escassez; outras escaparam da preguiça por seus hábitos ativos e errantes; aqueles cujos modos não são polidos e cuja vida é rústica não conhecem a trapaça e a fraude e todos os males aos quais os tribunais dão origem. Entretanto, não há povo que não seja excitado pela ira, que é tão poderosa entre gregos e bárbaros, e é tão desastrosa entre pessoas obedientes à lei quanto entre aqueles cuja única lei é a do mais forte. Por fim, as outras paixões apoderam-se dos indivíduos; a ira é a única que às vezes possui um Estado inteiro. Nenhum povo como um todo jamais se apaixonou perdidamente por uma mulher, nem qualquer nação jamais dedicou suas afeições inteiramente ao ganho e ao lucro. A ambição ataca indivíduos; a ira incontrolável é a única paixão que afeta nações. As pessoas muitas vezes se inflamam como uma tropa; homens e mulheres, velhos e meninos, príncipes e plebeus, todos agem do mesmo modo; e toda a multidão, depois de agitada por poucas palavras, supera até mesmo seu agitador. Os homens se dirigem de imediato para o fogo e a espada e declaram guerra contra seus vizinhos ou travam uma contra seus compatriotas. Casas inteiras são queimadas com todos das famílias que abrigam, e aquele que há pouco tempo era homenageado por sua eloquência popular descobre agora que seu discurso leva as pessoas à fúria. Legiões apontam seus dardos para seu comandante; toda a população se alterca com os nobres; o Senado, sem esperar que as tropas sejam convocadas ou nomear um general, escolhe às pressas líderes, pois sua ira persegue homens bem-nascidos pelas casas de Roma, e os mata com as próprias mãos. Embaixadores são ofendidos, a lei das nações violada, e uma loucura antinatural toma o Estado. Sem dar tempo para a excitação geral se arrefecer, as frotas são imediatamente lançadas e carregadas com soldados alistados às pressas. Sem organização, sem tomar os auspícios, a população corre para o campo guiada apenas por sua própria raiva, arrebata o que vem primeiro à mão à guisa de armas, e depois expia por meio de uma vasta derrota a audácia imprudente de sua ira. Este é, em geral, o destino das nações selvagens quando mergulham na guerra, assim que suas mentes facilmente excitadas são despertadas pela ideia de que algum mal lhes havia sido feito. Elas avançam apressadas e, guiadas apenas por seus sentimentos feridos, caem como uma avalanche sobre nossas legiões, sem disciplina, medo nem precaução, voluntariamente, buscando o perigo. Elas se deliciam em serem atingidas, em avançar para enfrentar o golpe, contorcendo seus corpos ao longo da arma e perecendo por um ferimento que elas próprias causam.

 A ambição ataca indivíduos; a ira incontrolável é a única paixão que afeta nações

III. Você diz: "Sem dúvida, a ira é muito poderosa e destrutiva; aponte, portanto, como pode ser curada". No entanto, como eu disse em meus livros anteriores, Aristóteles se apresenta em defesa da ira e proíbe que ela seja extirpada, afirmando que ela é o impulso da virtude e que, quando é retirada, nossas mentes ficam desarmadas e demoram a tentar grandes façanhas. Logo, é essencial provar sua inadequação e ferocidade, e colocar com clareza diante de nossos olhos quão monstruoso é um homem se enfurecer contra outro, com que violência desvairada ele corre para destruir tanto a si quanto a seu inimigo, e derruba aquilo cuja queda o derrubará. Como, então? Pode alguém considerar são esse homem que, como se engolido por um furacão, não vai, mas é levado, e é escravo de uma desordem insensata? Ele não delega a outro o dever de vingá-lo, mas ele mesmo a executa, furioso tanto em pensamento quanto em ação, massacrando aqueles que lhe são mais queridos, e por cuja perda ele próprio chorará em breve. Há alguém que dará essa paixão como assistente e companheiro à virtude, embora perturbe a razão serena, sem a qual a virtude nada pode fazer? A força que um homem doente deve a um paroxismo de doença não é duradoura nem saudável, e é forte apenas para a própria destruição. Desse modo, você não precisa imaginar que perco tempo com uma tarefa inútil ao difamar a ira, como se os homens não tivessem se decidido a respeito, quando há alguém e, ainda mais, um filósofo ilustre, que lhe atribui funções e fala dela como útil e provedora de energia para batalhas, para a gestão dos negócios e, de fato, para tudo o que precisa ser conduzido com ânimo. Para que não iluda ninguém a pensar que em certas ocasiões e em certas situações ela seja útil, devemos mostrar sua loucura desenfreada e frenética, devemos restaurar-lhe os atributos, a tortura, a corda, a masmorra e a cruz, os fogos acesos em torno dos corpos enterrados dos homens, o gancho que arrasta tanto homens vivos como cadáveres, os diferentes tipos de grilhões e de punições, as mutilações de membros, a marcação a fogo de testas, os covis das feras selvagens. A ira deve ser representada de pé entre esses instrumentos, rosnando de forma ameaçadora e terrível, mais chocante do que qualquer um dos meios pelos quais ela dá vazão à sua fúria.

 Ninguém deve se imaginar a salvo da ira, vendo que incita até mesmo aqueles que são naturalmente gentis e quietos para cometer atos selvagens e violentos

IV. Pode haver alguma dúvida sobre as outras, mas certamente nenhuma paixão tem aparência pior. Descrevemos a aparência do homem irado em nossos livros anteriores, quão incisivo e intenso ele se mostra, ora pálido conforme seu sangue é dirigido para dentro e para trás, ora com todo o calor e fogo de seu corpo direcionados para seu rosto, tornando-o avermelhado como se manchado de sangue, seus olhos ora inquietos e arregalados, ora imóvel com o olhar fixo. Adicione a isso os dentes, que rangem uns contra os outros, como se quisesse devorar alguém, com o som igual ao de um javali selvagem afiando as presas; acrescente também o estalar das articulações, a torção involuntária das mãos, os tapas frequentes que aplica no próprio peito, a respiração apressada e suspiros profundos, o corpo cambaleante, a fala abrupta e interrompida e os lábios trêmulos, que às vezes ele aperta enquanto sibila uma maldição por entre eles. Por Hércules, nenhuma fera selvagem, nem quando torturada pela fome ou com uma arma atravessada em seus órgãos vitais, nem mesmo quando dá o último suspiro para morder seu assassino, parece tão assustadora quanto um homem enfurecido. Ouça, se você tiver tempo, às suas palavras e ameaças: quão terrível é a linguagem de sua mente agonizante! Não desejaria todo homem deixar de lado a ira ao ver que ela começa ferindo a si mesmo? Quando os homens empregam a ira como o mais poderoso dos agentes, consideram-na uma prova de poder, e veem uma vingança rápida entre as maiores bênçãos da grande prosperidade, não gostaria que eu os avisasse que aquele que é escravo da própria ira não é poderoso, nem sequer livre? Não gostaria que eu advertisse todos os homens mais industriosos e circunspectos que, enquanto outras paixões malignas assaltam a base, a ira aos poucos obtém domínio sobre as mentes de homens eruditos e sensatos em outros aspectos? Tão verdadeiro é isso que alguns declaram a ira uma prova de franqueza, e comumente se acredita que as pessoas de melhor índole são propensas a ela.

Não pode ser ótima uma mente que é perturbada por injúrias. Aquele que o feriu deve ser mais forte ou mais fraco do que você. Se ele for mais fraco, poupe-o; se ele for mais forte, poupe-se

V. PERGUNTA-ME, PARA QUE ISSO TUDO serve? Respondo-lhe, para provar que ninguém deve se imaginar a salvo da ira, vendo que incita até mesmo aqueles que são naturalmente gentis e quietos para cometer atos selvagens e violentos. Assim como a força do corpo e o cuidado assíduo da saúde não valem nada contra uma peste, que ataca fortes e fracos igualmente, do mesmo modo pessoas firmes e bem-humoradas são tão passíveis a ataques de raiva quanto as de caráter instável, e, no caso das primeiras, é algo para se envergonhar mais e a ser mais temido, porque causa uma alteração maior em seus hábitos. Agora, como a primeira coisa é não ter ira, a segunda é deixar de lado nossa ira, e a terceira é ser capaz de curar a ira dos outros, bem como a nossa, explicarei primeiro como podemos evitar cair na ira; a seguir, como podemos nos libertar dela e, por último, como podemos conter um homem irado, apaziguar sua ira e trazê-lo de volta ao seu juízo perfeito. Teremos sucesso em evitar a raiva, se de tempos em tempos nos colocarmos diante de nossas mentes todos os vícios ligados à ira e a avaliarmos pelo seu valor real; ela deve ser julgada diante de nós e condenada. Seus males devem ser investigados e expostos. Para que possamos ver o que é, que seja comparada com os piores vícios. A avareza ajunta e acumula riquezas para algum homem melhor usar; a ira gasta dinheiro; poucos podem ceder a ela de graça. Quantos escravos um mestre furioso leva a fugir ou a cometer suicídio! Quanto a mais ele perde por sua ira do que o valor daquilo que a princípio o fez ficar com raiva! A ira traz tristeza para um pai, divórcio para um marido, ódio para um magistrado, fracasso para um candidato a cargo público. É pior do que o luxo, porque o luxo desfruta de seu próprio prazer, enquanto a ira desfruta da dor de outro. É pior do que rancor ou inveja, pois eles desejam que alguém se torne infeliz, enquanto a ira deseja fazê-lo assim; eles ficam satisfeitos quando o mal se abate sobre alguém por acidente, mas a raiva não pode esperar pela Fortuna; ela deseja ferir sua vítima ela mesma, e não se satisfaz apenas com o fato de seu alvo estar ferido. Nada é mais perigoso do que o ciúme, é produzido pela raiva. Nada é mais destruidor do que a guerra, é resultado da ira dos homens poderosos; e até mesmo a ira de pessoas particulares humildes, embora sem armas ou exércitos, é, no entanto, guerra. Além disso, mesmo que passemos por cima de suas consequências imediatas, como pesadas perdas, tramas traiçoeiras e a ansiedade constante produzida pelo conflito, a ira paga uma pena no mesmo instante que executa uma; ela renuncia aos sentimentos humanos. Os últimos nos instigam a amar, a raiva nos incita ao ódio: os últimos mandam que façamos o bem aos homens, a raiva ordena que lhes façamos mal. Acrescente-se a isso que, embora sua raiva surja de excessivo respeito próprio e pareça mostrar espírito elevado, na verdade, é desprezível e má; pois um homem deve ser inferior àquele por quem se sente desprezado, ao passo que a mente boa de verdade, que faz uma estimativa real do próprio valor, não se vinga de um insulto porque não o sente. Tal como as armas ricocheteiam de uma superfície dura, e substâncias sólidas machucam aqueles que as golpeiam, assim também nenhum insulto pode fazer ciente de sua presença uma mente sensata de fato, pois é mais fraco do que aquilo contra o qual é lançado. Quão glorioso é repelir todas as ofensas e os insultos de si, como alguém que usa uma armadura à prova de todas as armas, pois a vingança é uma admissão de que fomos feridos. Não pode ser ótima uma mente que é perturbada por injúrias. Aquele que o feriu deve ser mais forte ou mais fraco do que você. Se ele for mais fraco, poupe-o; se ele for mais forte, poupe-se.

VI. NÃO HÁ PROVA MAIOR DE magnanimidade do que nada que lhe aconteça seja capaz de levá-lo à ira. A região superior do universo, sendo ordenada com maior excelência e próxima das estrelas, nunca é coberta por nuvens, impulsionada por tempestades ou afetada por ciclones, está livre de toda perturbação; os raios lampejam na região abaixo.

De modo semelhante, uma mente elevada, sempre plácida e habitando em uma atmosfera serena, represando dentro de si todos os impulsos dos quais a ira surge, é modesta, inspira respeito, e permanece calma e contida; qualidades que não serão encontradas em um homem irado. Pois quem, quando sob a influência do sofrimento e da raiva, não se livra primeiro da timidez? Quem, quando agitado, confuso e prestes a atacar alguém, não joga fora qualquer hábito de pudor que possa ter possuído? Que homem enfurecido presta atenção ao número ou à rotina de seus deveres? Usa linguagem moderada? Mantém qualquer parte de seu corpo quieta? Pode guiar-se quando em plena carreira? Tiraremos muito proveito do preceito salutar de Demócrito, que declara que a paz de espírito consiste em não trabalhar demais, ou demais para nossas forças, seja em assuntos públicos ou privados. O dia de um homem, se está envolvido em várias ocupações, nunca passa tão feliz a ponto de nenhum homem ou coisa dar origem a alguma ofensa que deixe a mente pronta para a raiva. Assim como quando alguém se apressa pelas áreas lotadas da cidade não pode deixar esbarrar em muitas pessoas, não se pode evitar de escorregar em um ponto, deter-se em outro e enlamear-se em um terceiro, assim também, quando a vida de alguém é passada em atividades e perambulações desconectadas, vai encontrar muitos problemas e muitas acusações. Um homem engana nossas esperanças, outro atrasa sua satisfação, outro as destrói. Nossos projetos não prosseguem conforme nossa intenção. Ninguém é tão favorecido pela Fortuna a ponto de encontrá-la sempre do seu lado se a tenta muitas vezes; a partir disso, segue-se que aquele que vê vários empreendimentos terem resultados contrários aos seus desejos fica insatisfeito tanto com os homens quanto com as coisas, e, à menor provocação, se enfurece com as pessoas, com os empreendimentos, com lugares, com a fortuna, ou consigo mesmo. Desse modo, para que a mente esteja em paz, não deve ser apressada para lá e para cá, nem, como eu disse antes, cansada por trabalhar em grandes questões ou assuntos cuja realização está além de sua força. É fácil ajustar o ombro a um fardo leve e passá-lo de um lado para o outro sem deixá-lo cair;

Não há prova maior de magnanimidade do que nada que lhe aconteça seja capaz de levá-lo à ira

mas temos dificuldade em suportar os fardos que as mãos dos outros colocam sobre nós, e quando sobrecarregados por eles nós os lançamos sobre nossos vizinhos. Mesmo quando nos mantemos eretos sob nossa carga, cambaleamos sob um peso além de nossa força.

VII. Tenha certeza de que a mesma regra se aplica tanto à vida pública quanto à privada; empreendimentos simples e gerenciáveis prosseguem de acordo com a vontade do responsável por elas, mas os enormes, além de sua capacidade de gestão, não são empreendidos com facilidade. Quando tem-se de administrá-los, eles o atrapalham e pesam fortemente sobre ele e, ao se pensar que o sucesso está ao seu alcance, eles desabam, e o levam consigo. Assim, os desejos de um homem são muitas vezes desapontados se ele não se dedica a tarefas fáceis, mas deseja que as tarefas empreendidas sejam fáceis. Sempre que você quiser tentar qualquer coisa, primeiro faça uma estimativa de suas próprias capacidades, da extensão do negócio que está empreendendo, e dos meios pelos quais irá fazê-lo, pois se você tiver de abandonar seu trabalho quando estiver pela metade, a decepção azedará seu humor. Em tais casos, faz diferença se alguém é de temperamento ardente ou frio e pouco empreendedor, pois o fracasso despertará a ira em um espírito generoso, e levará o indolente e obtuso à tristeza. Que nossos empreendimentos, por esse motivo, não sejam nem mesquinhos nem presunçosos e imprudentes. Que nossas esperanças não se distanciem de casa. Que não tentemos nada que, se tivermos sucesso, nos deixe espantados com nosso sucesso.

VIII. Como não sabemos como suportar uma injúria, tomemos cuidado para não sofrer uma. Devemos conviver com as pessoas mais quietas e de temperamentos mais fáceis, não com as ansiosas ou com as mal-humoradas; pois nossos próprios hábitos são copiados daqueles com quem nos associamos e, assim como algumas doenças são comunicadas pelo toque, também assim a mente transfere seus vícios para suas vizinhas. Um bêbado leva até mesmo aqueles que o repreendem a se afeiçoar ao vinho; se permitido, a companhia de libertinos prejudicará a moral até mesmo de homens de mentes robustas; a avareza infecta aqueles mais próximos com seu veneno. As virtudes fazem a mesma coisa na direção oposta e melhoram todos aqueles com quem são trazidos em contato. É tão bom para um homem de princípios instáveis associar-se com homens melhores do que ele mesmo, quanto para um inválido viver em um país quente com um clima saudável. Você entenderá o quanto pode ser feito dessa forma, se observar como até mesmo as feras selvagens se tornam domesticadas por habitar entre nós, e como nenhum animal, por mais feroz que seja, continua a ser selvagem, se há muito tempo está acostumado com a companhia humana; toda a sua selvageria se suaviza, e em meio a cenas pacíficas é gradualmente esquecida. Devemos acrescentar a isso que o homem que vive com pessoas tranquilas não só é melhorado pelo seu exemplo, mas também pelo fato de que ele não encontra razão para raiva e não pratica seu vício. Será, portanto, seu dever evitar todos aqueles que ele sabe que vão excitar sua ira. Você pergunta: "Quem são esses?"; muitos farão a mesma coisa por vários meios; um homem orgulhoso irá ofendê-lo por seu desdém, um falante por seu abuso, um homem impudente por seus insultos, um rancoroso por sua malícia, um homem briguento por sua disputa, um fanfarrão e mentiroso por sua vanglória; você não vai suportar ser temido por um homem suspeito, conquistado por um obstinado ou desprezado por um requintado. Escolha pessoas diretas, de boa índole e estáveis, que não provoquem sua ira e a suportarão. Aqueles cujas disposições são dóceis, educadas e suaves serão ainda mais úteis, desde que não bajulem, pois a subserviência excessiva irrita homens de mau temperamento. Um dos meus próprios amigos era um bom homem, mas muito propenso à ira, e era tão perigoso elogiá-lo quanto amaldiçoá-lo. Célio, o orador, sabe-se bem, era o homem mais mal-humorado possível. Diz-se que certa vez ele estava jantando em sua própria câmara com um dependente especialmente paciente, mas tinha grande dificuldade para evitar brigas quando era colocado na companhia de um homem assim. O outro achou melhor concordar com o que ele dizia e ser subserviente, mas Célio não podia suportar seu consentimento obsequioso, e exclamou: "Contradiga-me em algo, para que possa haver dois de nós!". No entanto, mesmo ele, que estava com raiva por não estar com raiva, logo recuperou seu temperamento, porque não tinha ninguém com quem brigar. Se, pois, estamos conscientes de uma disposição irascível, vamos escolher, em especial, para nossos amigos aqueles que olharão e falarão como nós; eles vão nos mimar e nos levar a um mau hábito de não ouvir nada que não nos agrade, mas será bom para dar descanso e repouso à nossa raiva. Mesmo aqueles que são naturalmente raivosos e selvagens cederão a afagos; nenhuma criatura continua com raiva ou assustada se você a acaricia. Sempre que uma controvérsia parece ser mais longa ou mais disputada com mais intensidade do que o habitual, vamos interromper suas primeiras origens, antes que ela reúna forças. Uma disputa se alimenta à medida que prossegue e se apodera daqueles que se aprofundam demais nela; é mais fácil ficar indiferente do que se livrar de uma luta.

IX. OS HOMENS IRASCÍVEIS NÃO DEVEM se intrometer com as classes mais sérias de ocupações, ou, em todo caso, devem parar antes da exaustão na realização delas; sua mente não deve se engajar em assuntos difíceis, mas se entregar a artes agradáveis; que seja suavizada pela leitura de poesia e se interesse pela história lendária; que seja tratada com luxo e refinamento. Pitágoras costumava acalmar seu espírito conturbado tocando lira; e quem não sabe que trompetes e clarins são irritantes, assim como algumas árias são cantigas de ninar e acalmam a mente? O verde é bom para olhos cansados, e algumas cores são boas para a visão fraca, enquanto o brilho de outras é doloroso para ela. Da mesma forma, atividades alegres acalmam as mentes doentes.

Devemos evitar tribunais, alegações, veredictos e tudo o mais que agrave nossa culpa. Não menos, devemos evitar o cansaço físico, pois esgota tudo o que é silencioso e gentil em nós e desperta a amargura. Por essa razão, aqueles que não podem confiar em sua digestão, quando estão prestes a realizar negócios importantes, sempre aliviam sua bile com comida, pois é peculiarmente irritada pela fadiga, seja porque atrai o calor vital para o centro do corpo, fere o sangue e interrompe sua circulação ao entupir as veias, ou então porque o corpo desgastado e enfraquecido reage sobre a mente; esta é decerto a razão pela qual aqueles que são enfermos por problemas de saúde ou pela idade são mais irascíveis do que outros. Pelo mesmo motivo, a fome e a sede também devem ser evitadas, pois exasperam e irritam a mente dos homens. Há um velho ditado que diz: "Um homem cansado é briguento" e assim também o é um homem faminto ou sedento, ou aquele que está sofrendo por qualquer causa. Porque, da mesma forma que as feridas doem ao menor toque e, depois, até pelo medo do toque, uma mente doente se ofende com as menores coisas, de modo que até mesmo uma saudação, uma carta, um discurso ou uma pergunta provoca alguns homens à raiva.

 Devemos conviver com as pessoas mais quietas e de temperamentos mais fáceis, não com as ansiosas ou com as mal-humoradas; pois nossos próprios hábitos são copiados daqueles com quem nos associamos

X. O QUE ESTÁ DOENTE NUNCA suporta ser tratado sem reclamar; por isso, é melhor aplicarmo-nos remédios assim que sentimos que algo está errado, permitir-nos o mínimo de licença possível na fala e contermos a impetuosidade. É fácil detectar o nascimento de nossas paixões, os sintomas precedem a desordem. Assim como os sinais de tempestades e chuva vêm antes das precipitações em si, existem certos precursores da raiva, do amor e de todas as tempestades que atormentam nossas mentes. Aqueles que sofrem de epilepsia sabem que o ataque está começando se suas extremidades ficarem frias, sua visão falha, seus músculos tremem, sua memória os abandona e sua cabeça se enevoa; eles param o crescente transtorno aplicando os remédios habituais, tentam evitar a perda de seus sentidos cheirando ou tomando algum remédio, lutam contra a frieza e a rigidez dos membros com a aplicação de toalhas quentes; ou, se todos os remédios falharem, recolhem-se e desmaiam onde ninguém os veja cair. É útil que um homem entenda sua doença e rompa sua força antes que ela se desenvolva. Verifiquemos o que em especial nos irrita. Alguns homens se ofendem com palavras insultuosas, outros com atos; um deseja que sua linhagem, outro que sua pessoa, sejam tratadas com respeito. Esse homem deseja ser considerado particularmente elegante, aquele deseja ser visto como muito erudito; um não suporta o orgulho, o outro não suporta a obstinação. Um considera indigno de si ficar com raiva de seus escravos, outro é cruel em casa, mas gentil fora. Um imagina que ele é indicado para o ofício porque é impopular, outro se acha insultado porque não foi indicado. As pessoas não se ofendem todas da mesma forma. Você deve, então, saber qual é o seu próprio ponto fraco, para que possa protegê-lo com cuidado especial.

XI. É MELHOR NÃO VER OU OUVIR TUDO: muitas causas de ofensa podem passar por nós, a maioria das quais são desconsideradas pelo homem que as ignora. Deseja não ser irascível? Então, não seja curioso. Aquele que procura saber o que é dito sobre si, que desenterra histórias maldosas mesmo que tivessem sido contadas em segredo, destrói a própria paz de espírito. Algumas histórias podem ser interpretadas de forma a parecerem insultos, por isso, é melhor deixar algumas de lado, rir de outras e perdoar mais outras. Existem muitas maneiras de controlar a raiva, a maioria das coisas pode ser transformada em piada. Diz-se que Sócrates, quando lhe foi dada uma bofetada na orelha, disse apenas que era uma pena não ser possível saber quando se devia sair de elmo. Não importa tanto como uma injúria é causada, mas como é suportada.

SOBRE A IRA

E não vejo como a moderação seja difícil de praticar, sabendo que até mesmo déspotas, embora o sucesso e a impunidade se combinem para inflar seu orgulho, algumas vezes restringiram sua ferocidade natural. De qualquer forma, conta-nos a tradição que, certa vez, quando um conviva embriagado repreendeu amargamente Pisístrato, o déspota de Atenas, por sua crueldade, muitos dos presentes se ofereceram para prender o traidor, e cada um disse uma coisa ou outra para inflamar sua ira, ele suportou com frieza, e respondeu àqueles que o estavam incitando que ele estava tão zangado com o homem quanto estaria com um que esbarrou nele vendado.

XII. GRANDE PARTE DA HUMANIDADE CRIA suas próprias queixas, seja alimentando suspeitas infundadas ou exagerando besteiras. A raiva muitas vezes vem até nós, mas muitas vezes nós vamos até ela. Nunca deve ser procurada, mesmo quando aparece em nosso caminho deve ser colocada de lado. Ninguém diz a si próprio: "Eu mesmo já fiz ou poderia ter feito isso de que estou com raiva de outra pessoa por fazer". Ninguém considera a intenção de quem faz, mas apenas o que foi feito. Ainda assim, devemos pensar na pessoa e se ela fez isso de propósito ou por acidente, por compulsão ou por engano, se o fez por ódio a nós, ou para obter algo para si mesma, se o fez para agradar a si mesma ou para ajudar um amigo. Em alguns casos a idade, em outros a sorte mundana do culpado pode tornar mais humano ou vantajoso suportar e tolerar a ação da pessoa. Coloquemo-nos no lugar da pessoa de quem estamos com raiva; agora, uma presunção arrogante de nossa própria importância nos torna propensos à ira, e estamos dispostos a fazer aos outros o que não suportamos que nos seja feito a nós mesmos. Ninguém adia sua raiva, porém, a demora é o melhor remédio, porque permite que sua primeira faísca diminua, e dá tempo para que a nuvem que nubla a mente ou se disperse ou, ao menos, torne-se menos densa. Desses erros que o deixam fora de si, alguns ficarão mais leves depois de um intervalo, não de um dia, mas mesmo de uma hora; alguns desaparecerão por completo.

Mesmo que não ganhe nada com o seu adiamento, ainda assim, o que você fizer depois parecerá resultado de uma deliberação madura, não da raiva. Se você quer descobrir a verdade sobre qualquer coisa, dê tempo ao tempo, nada pode ser discernido de forma precisa em um momento de perturbação. Platão, irritado com seu escravo, não conseguiu persuadir-se a esperar, mas de imediato ordenou-lhe que tirasse a camisa e apresentasse os ombros para os golpes que ele pretendia dar-lhe com a própria mão; então, quando ele percebeu que estava com raiva, deteve a mão que havia erguido e ficou como se prestes a golpear. Ao ser perguntado sobre o que estava fazendo por um amigo que por acaso entrou ali, ele respondeu: "Estou fazendo um homem furioso expiar seu crime". Ele manteve a postura de alguém prestes a dar vazão à paixão, como que assombrado por ser tão degradante para um filósofo, esquecendo o escravo, porque havia encontrado outro ainda mais merecedor de punição. Portanto, negou-se o exercício da autoridade sobre sua própria casa, e uma vez, ficando bastante zangado com alguma falha, disse: "Espeusipo, por favor, corrija esse escravo com o açoite; pois estou enfurecido". Ele não o golpearia, pela mesma razão pela qual outro homem o teria feito. Disse ele: "Estou furioso, iria açoitá-lo mais do que deveria, teria mais prazer do que deveria ao fazê-lo. Que aquele escravo não caia sob o controle de alguém que não tem controle de si". Pode alguém desejar conceder o poder de vingança a um homem irado, quando o próprio Platão desistiu do seu direito de exercê-lo? Enquanto se está com raiva, não deve ter permissão para fazer coisa alguma. "Por quê?", você pergunta. Porque quando se está com raiva não há nada que não queira ser autorizado a fazer.

XIII. LUTE MUITO CONSIGO MESMO E, se não puder dominar a raiva, não deixe que ela o domine; você começou a superá-la se ela não se mostra, se não lhe der vazão. Escondamos seus sintomas e, tanto quanto possível, vamos mantê-los em segredo e ocultos. Teremos grandes problemas para fazer isso, pois ela está ansiosa para explodir, incendiar nossos olhos e transformar nosso rosto; mas, se permitirmos que se mostre em nossa aparência exterior, torna-se nossa mestra. Antes, que fique trancada nos recessos mais íntimos de nosso peito, e que nós a controlemos, não ela nos controle; ou melhor, vamos substituir todos os seus sintomas por seus opostos. Deixemos nosso semblante mais sereno do que o habitual, nossa voz mais suave, nossos passos mais lentos. Nossos pensamentos íntimos aos poucos são influenciados pelo nosso comportamento externo. Em Sócrates, era um sinal de raiva quando ele baixava a voz e poupava palavras; era evidente em tais momentos que estava exercendo controle sobre si mesmo. Seus amigos, por consequência, costumavam perceber que agia assim e o condenavam por estar zangado; e ele não ficava descontente por ser acusado de ocultar a raiva. De fato, como ele poderia deixar de ficar feliz por muitos homens perceberem sua raiva, mas nenhum senti-la? Entretanto, teriam-na sentido caso ele não tivesse concedido a seus amigos o mesmo direito de criticar sua conduta que ele próprio assumiu em relação à deles. Quão mais necessário é que façamos isso? Imploremos a todos os nossos melhores amigos que nos deem sua opinião com a maior liberdade, no momento que menos podemos suportá-la, e a nunca serem complacentes conosco quando estivermos com raiva. Enquanto estamos em juízo perfeito, enquanto estamos sob nosso próprio controle, peçamos ajuda contra mal tão poderoso, e que consideramos com tão injusto favor. Aqueles que não conseguem beber sem dar sinais e temem ser levados a agir de modo precipitado e insolente ordenam que seus escravos os tirem do banquete quando estão bêbados; aqueles que sabem por experiência como são irracionais quando doentes ordenam que ninguém deve obedecê-los quando estão mal de saúde. É melhor colocar de antemão obstáculos para vícios que são conhecidos e, acima de tudo, tranquilizar nossa mente até que seja capaz de suportar os choques mais repentinos e violentos, seja sem sentir raiva, ou, se a raiva for provocada pela extensão de alguma ofensa inesperada, que se possa enterrá-la profundamente, e não trair sua ferida. Será visto que é possível fazer isso, se eu citar alguns entre diversos exemplos, dos quais podemos aprender tanto quanto mal há na ira, quando exerce completo domínio sobre os homens em posições de poder supremo, e quão completamente ela pode se controlar quando intimidada pelo medo.

Enquanto se está com raiva, não deve ter permissão para fazer coisa alguma. "Por quê?", você pergunta. Porque quando se está com raiva não há nada que não queira ser autorizado a fazer

XIV. O REI CAMBISES ERA VICIADO demais em vinho. Prexaspes foi o único de seus amigos mais próximos que o aconselhou a beber com mais moderação, apontando quão vergonhosa era a embriaguez em um rei, sobre quem todos os olhos e ouvidos estavam fixos. Cambises respondeu: "Para que saiba que eu nunca perco o controle de mim mesmo, agora provarei a você que meus olhos e minhas mãos estão aptos para o serviço depois de eu ter bebido". Posto isso, bebeu ainda mais do que o habitual, usando taças maiores e, quando estava pesado e inebriado pelo vinho, ordenou que o filho de seu reprovador fosse além do limiar e ficasse lá com a mão esquerda levantada acima da cabeça. Então, o rei inclinou o arco e perfurou o coração do jovem, no qual havia dito que mirou. Ordenou que o peito fosse aberto, mostrou a flecha cravada exatamente no coração e, olhando para o pai do menino, perguntou se sua mão não estava firme o suficiente. O pai respondeu que o próprio Apolo não poderia ter mirado melhor. Deus confunda tal homem, um escravo em mente, se não em posição! Ele realmente elogiou um ato que não deveria ter suportado testemunhar. Considerou que o peito dilacerado de seu filho e seu coração palpitando na ferida ofereciam-lhe oportunidade de fazer um discurso elogioso. Ele deveria ter contestado o sucesso e ter pedido outro tiro, para que o rei ficasse satisfeito em provar sobre a pessoa do pai que sua mão estava ainda mais firme do que quando atirou no filho. Que rei selvagem! Que alvo digno para todas as flechas de seus seguidores! Entretanto, embora o amaldiçoemos por fazer seu banquete terminar em crueldade e morte, ainda assim foi pior elogiar aquele tiro de flecha do que atirá-lo. Veremos a seguir como um pai deve se portar diante do cadáver do filho, cujo assassinato causou e testemunhou. A questão que estamos discutindo agora foi provada, quero dizer, que a ira pode ser suprimida. Ele não amaldiçoou o rei, não deixou escapar uma palavra desfavorável sequer, embora sentisse o próprio coração ferido tão profundamente quanto o do filho. Pode-se dizer que ele agiu bem em sufocar suas palavras, pois, embora ele pudesse ter falado como um homem encolerizado, ele não teria sido capaz de expressar o que sentia como um pai. Repito, pode-se considerar que ele se comportou com maior sabedoria naquele momento do que quando tentou regular a bebida de alguém que estava melhor ocupado bebendo vinho do que sangue, e que concedeu aos homens paz enquanto suas mãos estavam ocupadas com a taça de vinho. Ele, portanto, adicionou mais um ao número daqueles que mostraram, pagando amargo custo, quão pouco os reis se importam com o bom conselho de seus amigos.

XV. NÃO TENHO DÚVIDAS DE QUE Hárpago deve ter dado algum conselho do tipo ao seu rei e dos persas que, irado com as palavras, colocou os próprios filhos de Hárpago diante de si na mesa de jantar para que comesse, e perguntava-lhe de vez em quando se apreciava o tempero. Então, quando o rei percebeu que estava farto de sua própria miséria, ordenou que as cabeças dos meninos fossem trazidas diante dele e perguntou-lhe o que pensava de seu entretenimento. O infeliz não perdeu a prontidão para falar e seu semblante não se alterou. "Todo tipo de jantar", respondeu ele, "é agradável à mesa do rei". O que ele ganhou com essa subserviência? Evitou ser convidado uma segunda vez para jantar, para comer o que sobrou deles. Não proíbo um pai de culpar o ato de seu rei ou de buscar alguma vingança digna de um monstro tão sanguinário, entretanto, deduzo da história este fato: que até mesmo a raiva que brota de ultrajes sem precedentes pode ser ocultada, e forçada a usar linguagem inversa ao seu significado. Essa forma de conter a raiva é necessária, pelo menos àqueles que escolheram esse tipo de vida e que são admitidos para jantar à mesa de um rei; é assim que devem comer e beber, é assim que devem responder e como devem rir das próprias mortes. Se vale a pena viver a esse preço, veremos adiante; essa é outra questão. Não consolemos uma tropa tão lamentável, nem os encorajemos a se submeterem às ordens de seus carnífices. Salientemos que, por mais escravizada que a situação de um homem possa ser, há sempre um caminho para a liberdade aberto a ele, a menos que sua mente esteja adoecida. É culpa do próprio homem se ele sofre, quando, colocando um fim a si mesmo, pode acabar com seu sofrimento. Para aquele cujo rei apontou flechas para os peitos de seus amigos, e para aquele cujo mestre empanturrou pais com os corações de seus filhos, eu diria: "Louco, por que você geme? Pelo que você está esperando? Por algum inimigo que o vingue destruindo toda a sua nação, ou por algum rei poderoso vindo de uma terra distante? Para onde quer que você volte seus olhos, verá um fim para suas aflições. Está vendo esse precipício? Descendo por ele está o caminho para a liberdade. Está vendo esse mar? Aquele rio? Ou o poço? A liberdade se encontra no fundo deles. Vê aquela árvore? Por mais atrofiada, arruinada e seca que seja, a liberdade pende de seus galhos. Vê sua própria garganta, seu próprio pescoço, seu próprio coração? São muitas maneiras de escapar da escravidão. Esses meios que aponto são muito trabalhosos e demandam muita força e coragem? Você pergunta que caminho leva à liberdade? Eu respondo: qualquer veia em seu corpo".

XVI. ENQUANTO NÃO ENCONTRARMOS NADA EM nossa vida tão insuportável a ponto de nos levar ao suicídio, vamos, em qualquer posição que estejamos, afastar a ira de nós; é destrutiva para aqueles que são seus escravos. Toda a sua fúria se transforma em sua própria desgraça, e a autoridade se torna mais irritante quanto mais obstinadamente se resiste a ela. É como um animal selvagem cujos esforços apertam ainda mais o laço pelo qual está preso; ou como pássaros que, enquanto às pressas tentam se libertar, espalham visco por todas as suas penas. Nenhum jugo é tão penoso que não machuque aquele que luta contra ele mais do que a quem cede. A única maneira de aliviar grandes males é suportá-los e submeter-se a fazer o que nos obrigam. Esse controle de nossas paixões, e especialmente dessa paixão louca e desenfreada que é a ira, é útil aos súditos, mas ainda mais útil aos reis. Tudo está perdido quando a posição de um homem lhe permite que realize qualquer coisa que a ira o induza a fazer; nem o poder pode durar muito tempo se for exercido para prejuízo de muitos, pois é ameaçado assim que o medo comum reúne aqueles que se lamentam separadamente. Muitos reis, por isso, foram vítimas, alguns de indivíduos isolados, outros de povos inteiros, que foram forçados pela indignação geral a tornar um homem o agente de sua ira. No entanto, muitos reis satisfizeram sua cólera como se fosse um privilégio da realeza. Como Dario, que, depois de destronar o Mago, foi o primeiro governante dos persas e da maior parte do Oriente; porque quando declarou guerra aos citas que faziam fronteira com o Império do Oriente, Oeobazo, um nobre idoso, implorou que um de seus três filhos fosse deixado em casa para confortar o pai, e que o rei pudesse se satisfazer com os serviços de dois deles. Dario prometeu-lhe mais do que ele pediu, dizendo que permitiria que todos os três permanecessem em casa, e jogou seus cadáveres diante dos olhos do pai. Ele teria sido duro, se tivesse levado todos para a guerra com ele. Quão mais bem-humorado era Xerxes, que, quando Pítias, pai de cinco filhos, implorou que um fosse dispensado do serviço, permitiu que ele escolhesse. Então, partiu ao meio o filho que o pai havia escolhido, colocou uma metade de cada lado da estrada, e, por assim dizer, purificou seu exército por meio dessa vítima propiciatória. Por esse motivo, teve o fim que merecia, sendo vencido, e tendo seu exército espalhado por toda parte em completa derrota, enquanto ele caminhava entre os cadáveres de seus soldados, vendo por todos os lados os sinais da própria ruína.

XVII. TÃO FEROZ EM SUA IRA foram esses reis que não tiveram estudo, nem qualquer conhecimento de literatura. Agora eu apresento-lhe o rei Alexandre, o Grande, recém-saído do colo de Aristóteles, que com a própria mão, enquanto à mesa, esfaqueou Clito, seu amigo querido, que havia sido criado com ele, porque não o bajulou o suficiente, e demorou demais para se transformar de homem livre e macedônio em escravo persa. De fato, ele trancou Lisímaco, que não era menos seu amigo do que Clito, em uma jaula com um leão; acaso, isso fez com que Lisímaco, que escapou por algum feliz acaso dos dentes do leão, fosse mais gentil quando se tornou rei? Ora, ele mutilou o próprio amigo, Telésforo, o ródio, cortando seu nariz e orelhas, e manteve-o por longo tempo em um covil, como um animal novo e estranho, depois que o horror de seu rosto cortado e desfigurado fez com que não parecesse mais humano, com o auxílio da fome e da sujeira sórdida de um corpo deixado para chafurdar nos próprios excrementos! Além disso, suas mãos e joelhos, que a estreiteza de sua morada o forçava a usar em vez de seus pés, tornaram-se duros e calejados, enquanto seus lados se cobriram de feridas por esfregar-se contra as paredes, de modo que sua aparência não era menos chocante do que terrível, e sua punição o transformou em uma criatura tão monstruosa que nem sequer provocava compaixão. Todavia, embora aquele que sofreu isso estivesse longe de parecer um homem, ainda mais longe estava aquele que o causou.

XVIII. QUEM DERA QUE TAL SELVAGERIA tivesse se contentado com exemplos estrangeiros, e que a barbárie na ira e na punição não tivesse sido importada com outros vícios bizarros para nossos modos romanos! Marco Mário, para quem o povo ergueu uma estátua em cada rua, a quem faziam oferendas de incenso e vinho, por ordem de Lúcio Sula teve suas pernas quebradas, seus olhos arrancados, suas mãos cortadas e todo o seu corpo despedaçado membro a membro, como se Sula o matasse tantas vezes quanto o ferisse. Quem cumpriu as ordens de Sula? Quem além de Catilina, já testando suas mãos na prática de todo tipo de maldade? Despedaçou-o diante da tumba de Quinto Cátulo, um fardo indesejado para as cinzas daquele homem tão gentil, acima do qual aquele que era sem dúvida um criminoso, porém, ídolo do povo, e que não era indigno de amor, embora os homens o amassem além de qualquer razão, foi forçado a derramar seu sangue gota a gota. Embora Mário fosse merecedor de tais torturas, Sula digna de ordená-las, e Catilina de executá-las, era indigno de o Estado ser golpeado pelas espadas de seu inimigo e seu vingador. Por que me volto o olhar para a história antiga? Há pouco tempo, Caio César açoitou e torturou Sexto Papínio, cujo pai havia sido cônsul, Betilieno Basso, seu próprio questor, e vários outros, senadores e cavaleiros, no mesmo dia, não para realizar qualquer inquérito judicial, mas apenas para se divertir. De fato, tão impaciente ficava com qualquer demora em receber o prazer que sua crueldade monstruosa nunca demorou em pedir que, ao caminhar com algumas senhoras e senadores nos jardins de sua mãe, ao longo do passeio entre a colunata e o rio, ele decepou algumas de suas cabeças à luz de candeia. O que ele temia? Com que perigo público ou privado poderia uma noite ameaçá-lo? Quão pequeno seria o favor de esperar até a manhã e não matar os senadores do povo romano em seus chinelos de dormir?

XIX. É para o propósito de que saibamos com que arrogância sua crueldade foi exercida, embora alguns suponham que estamos nos afastando do assunto e embarcando em uma digressão; mas essa divagação está ligada a explosões incomuns de ira. Ele espancou senadores com varas e fez isso tantas vezes que tornou possível que os homens dissessem: "É o costume". Ele os torturou com todos os engenhos mais sombrios do mundo, com o cordão, os borzeguins, o cavalete, o fogo e a visão de seu próprio rosto. Mesmo a isso, podemos responder: "Despedaçar três senadores com açoites e fogo como escravos criminosos não foi um crime tão grande para quem tinha pensamentos de massacrar todo o Senado, que costumava desejar que o povo romano tivesse apenas um pescoço, que pudesse concentrar em um dia e em um golpe toda a maldade que dividia entre tantos lugares e tempos". Alguma vez houve algo tão inédito como uma execução durante a noite? O roubo de estrada busca o abrigo das trevas, mas, quanto mais pública for uma execução, mais poder tem como exemplo e lição. Aqui receberei a resposta: "Isso, que tanto o surpreende, era hábito diário daquele monstro; era para isso que vivia e o que buscava, pelo qual passava a noite acordado". Decerto não se poderia encontrar alguém mais que ordenaria que todos os que condenou à morte tivessem suas bocas fechadas com uma esponja dentro, para que não tivessem o poder de emitir um som sequer. Quando um moribundo foi proibido de gemer? Temia que a última agonia tivesse uma voz muito livre, e que acabasse ouvindo algo que o desagradaria. Ele sabia, além disso, que havia inúmeros crimes pelos quais ninguém, exceto um moribundo, ousaria censurá-lo. Quando não havia esponjas disponíveis, ordenava que as roupas dos homens miseráveis fossem rasgadas, e os trapos enfiados em suas bocas. Que selvageria era essa? Permita que um homem dê seu último suspiro, dê espaço para sua alma escapar, que não seja forçada a deixar o corpo através de uma ferida. Torna-se tedioso acrescentar a isso que, na mesma noite, enviou centuriões às casas dos homens executados e deu um fim a seus pais também, quer dizer, sendo um homem de mente compassiva, libertou-os da tristeza. Pois não é minha intenção descrever a ferocidade de Caio, mas a ferocidade da ira, que não apenas descarrega sua fúria sobre indivíduos, mas dilacera nações inteiras, e açoita até cidades, rios e coisas que não sentem dor.

XX. Assim, o rei dos persas cortou os narizes de uma nação inteira na Síria, onde o lugar é chamado de Rinocolura. Pensa que ele era misericordioso, porque não cortou suas cabeças de uma vez? Não, ele ficou encantado por ter inventado um novo tipo de punição. Algo do mesmo tipo teria acontecido aos etíopes, que por suas vidas prodigiosamente longas são chamados de macróbios; pois, porque não receberam a escravidão com as mãos erguidas para o céu em gratidão e enviaram uma embaixada que usava linguagem independente, ou insultuosa, como chamam os reis, Cambises ficou louco de raiva e, sem qualquer armazenamento de provisões ou qualquer conhecimento das estradas, partiu com todos os seus guerreiros para um deserto árido e sem trilhas, onde durante a marcha do primeiro dia faltou-lhe o necessário à vida, e o próprio país não forneceu coisa alguma, sendo estéril e sem cultura, e intocadas por pés humanos. No início, as partes mais tenras das folhas e brotos das árvores aliviavam sua fome, depois peles amolecidas pelo fogo e qualquer outra coisa que sua necessidade os levou a usar como alimento. Quando, enquanto prosseguiam, nem raízes nem ervas foram localizadas na areia, e encontraram um deserto destituído até mesmo de vida animal, escolheram cada décimo homem por sorteio e fizeram dele uma refeição que era mais cruel do que a fome. A fúria ainda impulsionava loucamente o rei, até que depois de ter perdido parte de seu exército e comido outra, começou a temer que ele próprio também fosse chamado para o sorteio; então, finalmente, deu a ordem para retirada. No entanto, o tempo todo seus falcões bem-criados não foram sacrificados, e os meios para um banquete eram carregados para ele em camelos, enquanto seus soldados tiravam a sorte para saber quem deveria ter uma morte miserável, e quem deveria viver de forma ainda mais miserável.

XXI. ESSE HOMEM ESTAVA FURIOSO COM uma nação desconhecida e inofensiva, que, mesmo assim, foi capaz de sentir sua ira; mas Ciro se enraiveceu com um rio. Quando se apressou em sitiar a Babilônia, já que, ao fazer guerra, é acima de tudo importante aproveitar a oportunidade, ele tentou vadear o vasto rio Gindes, o que dificilmente é seguro tentar, mesmo quando o rio já secou com o calor do verão e está no seu nível mais baixo. Aqui, um dos cavalos brancos que puxava a carruagem real foi arrastado, e sua perda levou o rei a uma fúria tão violenta, que ele jurou reduzir o rio que havia levado sua comitiva real a uma vazão tão baixa que até as mulheres poderiam atravessá-lo e pisoteá-lo. Ele então dedicou todos os recursos de seu exército a esse objetivo e permaneceu trabalhando até atravessar o leito do rio com 180 canais e dividi-lo em 360 riachos, e deixou o leito seco, com as águas fluindo por outros ramais. Assim, ele perdeu tempo, que é muito importante em operações amplas, e perdeu, também, a coragem dos soldados, consumida por trabalho inútil, e a oportunidade de empreender um ataque sobre um inimigo despreparado, enquanto travava contra o rio a guerra que havia declarado contra seus adversários. Esse frenesi, pois de que outro modo se pode chamá-lo, também se abateu sobre os romanos, pois C. César destruiu uma belíssima vila em Herculano porque sua mãe uma vez havia sido aprisionada nela, e assim tornou o lugar notório por seu infortúnio; enquanto permanecia de pé, costumávamos navegar ao lado dela sem percebê-la, mas agora as pessoas perguntam por que está em ruínas.

XXII. ESSES DEVEM SER CONSIDERADOS EXEMPLOS a serem evitados, e os que estou prestes a relacionar, pelo contrário, a serem seguidos, sendo casos de conduta gentil e leniente em homens que ambos tinham motivos para sua raiva e poder para se vingar. O que poderia ter sido mais fácil do que para Antígono ordenar a execução daqueles dois soldados comuns que se encostaram na tenda de seu rei enquanto faziam o que todos os homens mais amam fazer e correm o maior perigo ao fazê-lo, isto é, falar mal de seu rei. Antígono ouviu tudo o que eles disseram, como era provável, uma vez que havia apenas uma camada de tecido entre os que falavam e o ouvinte, que gentilmente o levantou e disse: "Vão um pouco mais longe, por receio que o rei os escute". Também em uma noite, ouvindo alguns de seus soldados invocando tudo o que era maligno sobre seu rei por tê-los trazido ao longo dessa estrada e para aquela lama intransitável, foi até aqueles que estavam nas maiores dificuldades, e tendo os libertado sem que soubessem quem os ajudou, disse: "Agora amaldiçoem Antígono, por cuja culpa caíra nessa confusão, mas abençoem o homem que lhes tirou desse lamaçal". Esse mesmo Antígono suportou o abuso de seus inimigos com tanto bom humor quanto o de seus compatriotas; assim, quando estava sitiando alguns gregos em um pequeno forte, e eles, desprezando seu inimigo em sua confiança na força de sua posição, fizeram muitas piadas sobre a feiura de Antígono, em um momento zombando dele por sua baixa estatura, em outro por seu nariz quebrado, ele respondeu: "Alegro-me e espero alguma sorte porque eu tenho um Sileno em meu acampamento". Depois de ter derrotado essas pessoas espirituosas pela fome, o tratamento que lhes foi dispensado foi o de formar regimentos daqueles que estavam aptos ao serviço e vender o restante em leilão público. Não teria feito isso, disse ele, se não fosse melhor que homens com línguas tão más estivessem sob o controle de um mestre.

XXIII. O NETO DESTE HOMEM ERA Alexandre, que costumava arremessar sua lança em seus convidados, que, dos dois amigos que mencionei acima, expôs um à fúria de uma fera selvagem, e o outro à sua; ainda assim, desses dois homens, aquele que foi exposto ao leão sobreviveu. Ele não derivou esse vício de seu avô, nem mesmo de seu pai; pois era virtude especial de Filipe suportar insultos com paciência e era uma grande salvaguarda de seu reino. Demócares, que foi chamado de Parresíasta por causa de sua língua desenfreada e imprudente, foi em uma comitiva a ele com outros embaixadores de Atenas. Depois de ouvir gentilmente o que tinham a falar, Filipe lhes indagou: "Digam-me, o que posso fazer que agradará os atenienses?". Demócares respondeu: "Enforque-se". Todos os espectadores expressaram sua indignação ante resposta tão brutal, mas Filipe pediu-lhes que se calassem e deixou aquele Térsites partir são e salvo. "Mas vocês", disse ele, "vocês, outros embaixadores, digam aos atenienses que aqueles que dizem tais coisas são muito mais arrogantes do que aqueles que os ouvem sem se vingar".

O falecido Imperador Augusto também fez e declarou muitas coisas memoráveis, que provam que não estava sob o domínio da ira. O historiador Timágenes fez alguns comentários sobre ele, sobre sua esposa e sobre toda a sua família; suas brincadeiras sequer se perderam, pois nada se espalha mais com maior facilidade ou está mais na boca do povo do que o humor irresponsável. César muitas vezes o advertiu para ser menos audacioso nas palavras e, como ele continuou a ofender, proibiu-lhe sua casa. Timágenes depois disso passou os últimos anos de sua vida como convidado de Asínio Polião, e era o favorito de toda a cidade; o fechamento da porta de César não cerrou nenhuma outra porta contra ele. Proclamou em voz alta a história que escreveu depois disso, mas queimou os livros que continham os atos de Augusto César. Era inimigo de César, mas ainda assim ninguém temia ser seu amigo, ninguém se afastava dele como se tivesse sido atingido por um raio. Embora tenha caído de um lugar tão alto, ainda assim, encontrou alguém para pegá-lo no colo. Digo-lhe, César suportou isso com paciência e nem sequer se irritou com o historiador por ter posto mãos violentas sobre suas próprias glórias e atos; ele nunca reclamou do homem que ofereceu abrigo ao seu inimigo, mas apenas disse a Asínio Polião: "Você está mantendo uma fera selvagem"; então, quando o outro teria dado desculpas por sua conduta, interrompeu-o e disse: "Aproveite, meu Polião, aproveite sua amizade". Quando Polião disse: "Se você me der uma ordem, César, imediatamente proibirei minha casa para ele", ele respondeu: "Você acha que farei isso, depois de tê-los feito amigos novamente?", pois anteriormente Polião tinha ficado zangado com Timágenes, e deixou de ficar com raiva dele por nenhuma outra razão a não ser o fato de que César começou a fazê-lo.

XXIV. QUE CADA UM, ENTÃO, DIGA a si mesmo, sempre que é provocado: "Sou mais poderoso do que Filipe? Entretanto, ele permitiu que um homem o amaldiçoasse com impunidade. Tenho mais autoridade em minha própria casa do que o Imperador Augusto tinha em todo o mundo? Contudo, se contentou em deixar a sociedade de seu difamador. Por que eu deveria fazer meu escravo expiar por açoites e algemas por uma resposta em tom muito alto, ou uma expressão teimosa, ou por murmurar algo que eu não entendi? Quem sou eu, para que seja um crime chocar meus ouvidos? Muitos homens perdoaram seus inimigos; não perdoarei os homens por serem preguiçosos, descuidados e fofoqueiros?". Devemos contar a idade como desculpa para as crianças, o gênero para as mulheres, a liberdade para um estranho, a familiaridade para um criado de casa. É sua primeira ofensa? Lembre-se de há quanto tempo tem sido aceitável. Ele sempre fez algo errado e em muitos outros casos? Então, continue a suportar o que foi suportado por tanto tempo. Ele é um amigo? Então, não tinha a intenção de fazê-lo. É um inimigo? Portanto, ao fazê-lo, cumpria seu dever. Se ele for um homem sensato, acreditemos em suas desculpas; se for um tolo, concedamos-lhe perdão; seja ele o que for, digamos a nós mesmos em seu favor que mesmo os homens mais sábios muitas vezes cometem erros, que ninguém está tão alerta que sua prudência nunca falhe, que ninguém tem um julgamento tão maduro que sua mente séria não possa ser instigada pelas circunstâncias a realizar alguma ação impetuosa, enfim, que ninguém, por mais que tema ofender, pode evitar fazê-lo, mesmo quando tenta.

XXV. TAL COMO É UM CONSOLO para um homem humilde e em apuros que os maiores estão sujeitos a reveses da sorte, e que um homem chora com mais serenidade sobre seu filho morto no canto de sua cabana se vê um funeral lamentável sair do palácio também; assim também, suporta-se a injúria ou o insulto com mais calma se lembramos que nenhum poder é tão grande a ponto de estar além de seu alcance. De fato, se até os mais sábios cometem erros, quem não pode invocar uma boa desculpa para seus defeitos? Olhemos para trás, para nossa própria juventude, e pensemos quantas vezes fomos muito preguiçosos em nosso dever, muito atrevidos em nossas palavras, muito destemperados em nossos copos. Alguém está enraivecido? Então, vamos dar-lhe tempo suficiente para refletir sobre o que fez, e ele se corrigirá. Mas suponha que ele deva pagar por seus atos; bem, isso não é razão para agirmos como ele. Não há dúvidas de que aquele que considera seu algoz com desprezo se ergue acima do vulgo comum e os observa de uma posição mais elevada. É próprio da verdadeira magnanimidade não sentir os golpes que pode receber. Assim, uma enorme fera selvagem se vira devagar e olha para cãezinhos latindo; assim também a onda se choca em vão contra um grande penhasco. O homem que não tem raiva permanece inabalável diante da injúria. Aquele que se enraivece foi movido por ela. Em contrapartida, aquele que descrevi como estando muito elevado para qualquer mal alcançá-lo carrega nos braços o bem maior. Ele pode responder, não só a qualquer homem, mas à própria Fortuna: "Faça o que quiser, você é muito fraca para perturbar minha serenidade; isso é proibido pela razão, a quem confiei a orientação de minha vida. Ficar com raiva me faria mais mal do que sua violência pode me fazer". "Mais mal?", questiona você. Sim, certamente: eu sei quanta injúria você me fez, mas não posso dizer a que excessos a ira pode me levar.

 Ninguém tem um julgamento tão maduro que sua mente séria não possa ser instigada pelas circunstâncias a realizar alguma ação impetuosa

XXVI. Você declara: "Eu não consigo suportar; injúrias são difíceis de suportar". Você mente; pois como pode alguém não ser capaz de suportar a injúria, se pode suportar a ira? Além disso, o que você pretende fazer é suportar tanto a injúria quanto a ira. Por que você suporta os delírios de um doente, ou os de um louco, ou os golpes atrevidos de uma criança? Porque, é óbvio, eles não sabem o que estão fazendo. Se um homem não é responsável por seus atos, o que importa por qual enfermidade ficou assim? A ignorância é uma razão igualmente boa em todos os casos. "E então?", você pergunta, "Ele não será punido?". Ele será, mesmo supondo que você não o deseje, pois a maior punição por ter feito o mal é a sensação de tê-lo feito, e ninguém recebe punição mais severa do que aquele que é entregue à punição do remorso. Em segundo lugar, devemos considerar todo o estado da humanidade, a fim de fazer um julgamento justo de todas as ocorrências da vida, pois é injusto culpar os indivíduos por um vício comum a todos. A cor de um etíope não é notável entre seu próprio povo, nem qualquer homem da Germânia se envergonha de cabelos ruivos presos em um nó. Não é possível nomear nada peculiar ou vergonhoso em um homem em particular se é a característica geral de sua nação. Agora, os casos que citei são defendidos só pelo costume de um distante quarto do mundo. Agora veja quão mais merecedores de perdão são os crimes que estão espalhados por toda a humanidade. Somos todos precipitados e descuidados, todos nós somos indignos de confiança, insatisfeitos e ambiciosos; ou melhor, por que tento esconder nossa maldade comum por uma descrição superficial demais? Todos nós somos maus. Logo, cada um de nós encontrará em seu próprio peito o vício que ele atribui a outro. Por que você observa quão pálido é esse homem, ou quão magro é aquele? Há uma pestilência generalizada. Sejamos, portanto, mais gentis uns com os outros. Somos homens maus vivendo entre homens maus. Há apenas uma coisa que pode nos dar paz: concordar em perdoar uns aos outros. "Este homem já me causou mal", você diz, "e eu ainda não o feri". Não, mas você provavelmente machucou outra pessoa e irá feri-lo algum dia. Não faça seu julgamento por uma hora ou um dia, considere toda a tendência de sua mente, mesmo que você não tenha causado mal algum, ainda assim, você é capaz de fazê-lo.

XXVII. QUÃO MELHOR É CURAR UMA injúria do que vingá-la? A vingança toma muito tempo e se põe no caminho de muitas injúrias enquanto sofre por uma. Todos nós retemos nossa raiva por mais tempo do que sentimos nossa dor. Seria muito melhor tomar o curso oposto e não enfrentar uma maldade com outra. Alguém pensaria estar em seu juízo perfeito se devolvesse coices a uma mula ou mordidas a um cão? Você responde: "Essas criaturas não sabem que estão fazendo algo errado". Então, em primeiro lugar, que juiz injusto você deve ser se um homem tem menos chances de obter o seu perdão do que um animal! Em segundo lugar, se os animais estão protegidos de sua ira por sua falta de razão, você deve tratar todos os homens tolos da mesma maneira, pois se um homem tem a escuridão mental que desculpa todos os erros de animais tolos, que diferença faz se em outros aspectos ele é diferente de um animal tolo? Ele pecou. Bem, essa é a primeira vez ou será a última vez? Ora, você não deve acreditar nele mesmo se ele dissesse: "Nunca farei novamente". Ele vai pecar, e outro vai pecar contra ele, e toda a sua vida ele irá chafurdar na perversidade. A selvageria deve ser enfrentada com a bondade. Devemos usar, para um homem com raiva, o argumento que é tão eficaz com um em luto, que é: "Você deixará isso em algum momento, ou nunca? Se você fará isso em algum momento, quão melhor é que abandone a ira do que a ira o abandonar? Ou essa agitação nunca vai deixá-lo? Percebe a vida inquieta à qual se condena? Pois como será a vida de alguém que está sempre inflamado de fúria?". Some-se a isso que, depois de ter se ensandecido de raiva e ter renovado de tempos em tempos as causas de sua agitação, sua raiva ainda se afastará de você por conta própria, e o tempo diminuirá sua força. Quão melhor então é que seja superada por você do que por ela mesma?

 Quão melhor é curar uma injúria do que vingá-la? A vingança toma muito tempo e se põe no caminho de muitas injúrias enquanto sofre por uma

XXVIII. Se você está com raiva, vai brigar primeiro com esse homem e depois com aquele; primeiro com escravos, depois com homens livres; primeiro com os pais, depois com os filhos; primeiro com conhecidos, depois com estranhos; pois há motivos para raiva em todos os casos, a menos que sua mente se intrometa e interceda por você. Seu frenesi vai arrastá-lo de um lugar para outro, e dali para um terceiro, sua loucura sempre encontrará irritantes recém-surgidos e nunca se afastará de você. Diga-me, homem infeliz, quando terá tempo para amar? Oh, que tempo precioso você está perdendo com uma coisa má! Como seria muito melhor ganhar amigos e desarmar inimigos; servir ao Estado ou se ocupar com assuntos pessoais, em vez de procurar saber que mal pode fazer a alguém, que dano pode infligir seja em sua posição social, sua riqueza, ou sua pessoa; embora não seja possível ter sucesso em fazê-lo sem esforço e risco para si, mesmo que seu antagonista seja inferior a você. Mesmo supondo que ele lhe fosse entregue, acorrentado, e que você pudesse torturá-lo o quanto quisesse, ainda assim, a violência excessiva ao dar um golpe muitas vezes nos faz deslocar uma articulação ou a pinçar um nervo nos dentes que quebramos. A ira torna muitos homens aleijados, ou inválidos, mesmo quando se encontra com uma vítima que não resiste. E, além disso, nenhuma criatura é tão fraca que pode ser destruída sem qualquer perigo ao seu destruidor; às vezes a dor, às vezes o acaso nivela os mais fracos com os mais fortes. E o que dizer do fato de que a maior parte das coisas que nos enfurecem são insultos, não injúrias? Faz uma grande diferença se um homem frustra meus desejos ou apenas falha em realizá-los, se ele me rouba ou não me dá nada. Todavia, consideramos da mesma forma se alguém nos tira algo ou se recusa a nos dar alguma coisa; se ele extingue nossa esperança ou a adia; se o objetivo dele é nos atrapalhar ou ajudar a si mesmo; se age por amor a alguém ou por ódio a nós. Alguns homens são obrigados a se opor a nós não apenas com base na justiça, mas também na honra; um defende seu pai, outro seu irmão, um terceiro seu país, mais outro seu amigo. Ainda assim, não perdoamos os homens por fazerem aquilo que os condenaríamos se não fizessem. Na verdade, embora seja difícil de acreditar, muitas vezes pensamos bem de um ato e mal do homem que o fez. Mas, por Hércules, um homem nobre e justo considera com respeito o mais corajoso de seus inimigos, e o mais obstinado defensor de sua liberdade e de seu país, e deseja que tivesse um homem assim como seu compatriota e soldado.

 **Todos nós retemos nossa raiva por mais tempo do que sentimos nossa dor. Seria muito melhor tomar o curso oposto e não enfrentar uma maldade com outra**

XXIX. É VERGONHOSO ODIAR AQUELE A quem você elogia, mas quão mais vergonhoso é odiar um homem por algo pelo qual ele merece pena? Se um prisioneiro de guerra, que de repente foi reduzido à condição de escravo, ainda retém resquícios de liberdade, e não corre, ágil, para realizar tarefas sujas e trabalhosas; se, tendo ficado preguiçoso por longo descanso, não consegue correr rápido o suficiente para acompanhar o cavalo ou a carruagem de seu mestre; se o sono o domina quando está cansado de muitos dias e noites de vigília, caso se recuse a empreender trabalho agrícola ou não o faça de coração quando levado da ociosidade do serviço da cidade e posto no trabalho duro, devemos distinguir se alguém não pode ou não vai fazer algo; perdoaríamos muitos escravos se começássemos a julgá-los antes de ficarmos com raiva deles. Da maneira que estamos, porém, obedecemos ao nosso primeiro impulso, e então, embora possamos provar que ficamos exaltados com meras ninharias, continuamos com raiva, para não parecer que ficamos com raiva sem motivo e, o mais injusto de tudo, a injustiça de nossa raiva nos faz persistir nela ainda mais; pois a alimentamos e a inflamamos, como se o fato de estarmos violentamente enraivecidos provasse que nossa raiva era justa.

XXX. NÃO MUITO MELHOR É OBSERVAR quão insignificantes, quão inofensivos, são os primeiros lampejos da ira? Você verá que os homens estão sujeitos às mesmas influências que os animais: somos irritados por bobagens e futilidades. Touros ficam assanhados com a cor vermelha, a víbora levanta a cabeça com uma sombra, ursos ou leões se irritam com o tremor de um pano, e todas as criaturas que são por natureza ferozes e selvagens se alarmam com muito pouco. A mesma coisa recai sobre os homens, tanto os de disposição inquieta quanto os de disposição lenta; eles são tomados por suspeitas, às vezes, ao ponto de chamarem benefícios modestos de injúrias. Essa é a razão mais comum e certamente mais amarga para a ira, pois ficamos com raiva de nossos amigos mais queridos por nos terem concedido menos do que esperávamos, e menos do que outros receberam deles. Contudo, há um remédio disponível para ambas as queixas. Ele favoreceu nosso rival mais do que a nós? Então, vamos aproveitar o que temos sem fazer qualquer comparação. Um homem nunca estará bem com aquele para quem é uma tortura ver alguém melhor do que ele mesmo. Tenho menos do que esperava? Bem, talvez eu tenha esperado mais do que deveria. Isso é contra o que devemos estar especialmente atentos: daí surge a raiva mais destrutiva, não poupando coisa alguma, nem mesmo o que há de mais sagrado. O Imperador Júlio não foi apunhalado por tantos inimigos quanto foi por amigos cujas esperanças insaciáveis ele não tinha satisfeito. Ele estava bastante disposto a fazê-lo, pois ninguém nunca fez um uso mais generoso da vitória, de cujos frutos nada guardou para si, exceto o poder de distribuí-los. Mas como ele poderia saciar tais apetites inescrupulosos, quando cada homem cobiçava tanto quanto qualquer um poderia possuir? Foi por isso que ele viu seus companheiros soldados ao redor de sua cadeira com espadas desembainhadas, Tílio Cimbro, embora pouco tempo antes tivesse sido o defensor mais ferrenho de seu grupo, e outros que se tornaram pompeianos somente depois que Pompeu morreu. Foi isso que virou os braços dos reis contra eles, e fez seus seguidores mais confiáveis cogitarem a morte por aqueles e diante dos quais teriam ficado felizes em morrer.

XXXI. Nenhum homem está satisfeito com a própria sorte se fixar sua atenção na de outro. Isso nos leva a ter raiva até mesmo dos deuses, porque alguém nos precede; embora esqueçamos diante de quantos temos precedência, e que, quando um homem inveja poucas pessoas, deve ser seguido por uma enorme multidão que o inveja. No entanto, a natureza humana é tão mesquinha que, por mais que os homens tenham recebido, se acham injustiçados caso seja possível receber ainda mais. "Sim, ele me concedeu o pretorado, mas eu esperava o consulado. É verdade, ele me concedeu os doze machados, mas não me fez cônsul ordinário. Permitiu que eu desse meu nome ao ano, mas não me ajudou a obter o sacerdócio. Fui eleito membro de um colégio, mas por que só de um? Ele me concedeu todas as honrarias que o Estado oferece, sim, mas não acrescentou coisa alguma à minha riqueza pessoal. Ele me deu apenas o que era obrigado a dar a alguém, não tirou nada do próprio bolso". Em vez de falar assim, agradeça-lhe pelo que recebeu; espere pelo restante e seja grato por ainda não estar muito cheio para conter mais; há prazer em ter algo pelo que esperar. Você é o preferido de todos? Nesse caso, alegre-se por ocupar o primeiro lugar nos pensamentos de seu amigo. Ou muitos outros são preferidos antes de você? Então, pense quantos mais estão abaixo de você do que acima de você. Você pergunta: qual é o seu maior defeito? Você faz os cálculos errados: atribui um alto valor ao que dá e um valor baixo ao que recebe.

 Nenhum homem está satisfeito com a própria sorte se fixar sua atenção na de outro

XXXII. DEIXEMOS QUE QUALIDADES DIFERENTES EM pessoas diferentes nos impeçam de brigar com eles; que sintamos temor de ter raiva de alguns, vergonha de ter raiva de outros e desdém de ter raiva de mais outros. De fato, fazemos uma coisa boa quando enviamos um escravo miserável para a casa de correção! Por que temos tanta pressa em açoitá-lo logo, a quebrar as pernas de imediato? Não perderemos nosso alardeado poder se adiarmos seu exercício. Que esperemos o momento em que nós mesmos possamos dar as ordens; no momento, falamos sob pressão da raiva. Quando arrefecer, veremos o tamanho do dano feito, porque é sobre isso que estamos especialmente sujeitos a cometer erros. Nós usamos a espada e a pena capital, e designamos correntes, prisão e fome para punir um crime que só merece o açoite e um flagelo leve. "De que forma", pergunta você, "nos pede que olhemos para as coisas pelas quais nos julgamos ofendidos, para que possamos ver o quão insignificantes, lamentáveis e pueris são?" Acima de tudo, eu insto para que você tome para si um espírito magnânimo, e contemple quão baixos e sórdidos são todos esses assuntos sobre os quais disputamos e corremos para lá e para cá até que estejamos sem fôlego; para qualquer um que entretenha quaisquer ideias sublimes e magníficas, eles não são dignos de um pensamento.

XXXIII. O MAIOR ALVOROÇO É SOBRE o dinheiro; isso é o que cansa os tribunais, semeia conflitos entre pai e filho, prepara venenos e dá espadas a assassinos assim como a soldados. Está manchado com nosso sangue; por conta dele, maridos e esposas disputam a noite toda, multidões se aglomeram ao redor da bancada de magistrados, os reis se enfurecem, saqueiam e destroem comunidades que tomaram o trabalho de séculos para construir, para que busquem ouro e prata nas cinzas de suas cidades. Você gosta de olhar para seus sacos de dinheiro jogados no canto? É por isso que os homens gritam até que seus olhos saltem de suas cabeças, que os tribunais ressoam com o barulho dos julgamentos, e que jurados trazidos de longas distâncias se sentam para decidir qual cobiça é a mais justa. O que diremos se não for nem por um saco de dinheiro, mas por um punhado de moedas de cobre ou uma de prata arrecadadas por um escravo, que algum velho, prestes a morrer sem herdeiro, explode de raiva? E se for um credor inválido, cujos pés estão deformados pela gota e que não pode mais usar as mãos para contar, que cobra os juros de um milésimo por mês e por suas garantias exige quantia insignificante mesmo durante os paroxismos de sua doença? Se você me trouxesse todo o dinheiro de todas as nossas minas, que estamos neste momento escavando, se você trouxesse hoje à noite tudo o que está escondido em tesouros, onde a avareza devolve o dinheiro para a terra de onde veio — que pena que tenha sido desenterrado —, eu não consideraria toda esse volume digno de causar uma ruga na testa de um bom homem. Quão ridicularizadas merecem ser essas coisas que nos trazem lágrimas aos olhos!

XXXIV. AGORA, VAMOS ENUMERAR AS OUTRAS causas da ira: são elas comida, bebida e o aparato vistoso conectado a elas, palavras, insultos, movimentos desrespeitosos do corpo, suspeitas, rebanhos rebeldes, escravos preguiçosos e interpretações rancorosas das palavras de outros homens, de modo que até mesmo o dom da linguagem, para a humanidade, passa a ser contado entre os erros da natureza. Acredite, as coisas que nos causam tamanho ardor são mesquinharias, o tipo de coisas pelas quais as crianças brigam e discutem. Não há nada sério, nada importante em tudo o que fazemos com rostos tão sombrios. Repito, atribuir grande valor a coisas pequenas é a causa de sua raiva e loucura. Esse homem queria roubar minha herança, aquele apresentou uma acusação contra mim diante de pessoas com quem eu há muito cortejava com vastas expectativas, aquele outro cobiçava minha amante. Um desejo pelas mesmas coisas, que deveria ter sido um vínculo de amizade, torna-se fonte de brigas e ódio. Um caminho estreito causa desavenças entre aqueles que o percorrem; uma estrada extensa e ampla pode ser usada por povos inteiros sem empurrões. Esses objetos de desejo causam contendas e disputas entre aqueles que cobiçam as mesmas coisas, porque são mesquinhos e não podem ser dados a um homem sem serem tirados de outro.

XXXV. Você fica indignado por ser retorquido pelo seu escravo, seu liberto, sua esposa ou seu dependente e, depois, reclama que o Estado perdeu a liberdade que você destruiu em sua própria casa; então, de novo, se ficar em silêncio quando você questioná-lo, você chama isso de obstinação taciturna. Deixe-o falar e ficar em silêncio e rir também. "Na presença de seu mestre?", você pergunta. Não, em vez disso, diga "na presença do páter-famílias". Por que grita? Por que se enfurece? Por que, no meio do jantar, você pede um chicote, porque os escravos estão falando, porque uma multidão tão grande quanto uma reunião pública não está tão silenciosa quanto o deserto? Você tem ouvidos, não apenas para ouvir sons musicais, suave e docemente tocados e harmonizados; você deve ouvir risos e choros, pedidos e brigas, alegria e tristeza, a voz humana, o rugido e o latido dos animais. Miserável! Por que estremece com o barulho de um escravo, no tinido do bronze ou a batida de uma porta? Você não pode evitar ouvir o trovão, por mais refinado que você seja. Você pode aplicar tais observações sobre seus ouvidos também aos seus olhos, que são tão delicados quanto, se tiverem sido mal-educados: ficam chocados com manchas e sujeira, com um prato de prata que não está suficientemente polido, ou com uma piscina cuja água não é clara até o fundo. Esses mesmos olhos que só suportam ver o mármore mais variegado e que acabou de ser esfregado até brilhar, que não direciona os olhos para uma mesa cuja madeira não seja marcada com uma rede de veios, e que em casa relutam percorrer qualquer coisa que não seja mais preciosa do que o ouro, fora de casa irão olhar com toda a calma os caminhos ásperos e lamacentos, verão impassíveis que a maior parte das pessoas que os encontram estão malvestidas, e que as paredes das casas estão podres, cheias de rachaduras e irregulares. Qual, então, pode ser a razão de eles não ficarem angustiados fora de casa por visões que os chocariam em sua própria casa, a menos que seu temperamento seja plácido e longânime em um caso, amuado e crítico no outro?

XXXVI. Todos os nossos sentidos devem ser fortalecidos; por natureza, eles são capazes de suportar muito, desde que o espírito se abstenha de estragá-los. O espírito deve ser examinado diariamente. Era o costume de Sexto quando o dia havia terminado, e ele tinha se recolhido para descansar, questionar seu espírito: "Que mau hábito seu você curou hoje? Que vício você restringiu? Em que você está melhor?" A ira cessará e se tornará mais branda, se souber que todos os dias terá de aparecer diante do tribunal. O que pode ser mais admirável do que a prática de analisar todos os eventos do dia? Quão doce é o sono que segue esse autoexame? Como é calmo, salutar e despreocupado quando nosso espírito recebeu elogios ou reprimendas, e quando nosso inquisidor e censor secreto fez seu relatório sobre nossa moral? Eu faço uso deste privilégio e todo dia defendo minha causa diante de mim mesmo. Quando a candeia é retirada de minha vista, e minha esposa, que conhece meu hábito, parou de falar, repasso todo o dia e repito tudo o que eu disse e fiz. Não escondo nada de mim mesmo e não omito coisa alguma; por que eu deveria ter medo de qualquer um dos meus defeitos, quando está em meu poder dizer: "Eu o perdoo desta vez, cuida para nunca mais fazer isso. Naquela disputa você falou de forma muito combativa, no futuro não discuta com pessoas ignorantes; aqueles que nunca foram ensinados não estão dispostos a aprender. Você repreendeu aquele homem com mais liberdade do que deveria e, por conseguinte, ofendeu-o em vez de corrigir seus modos; ao lidar com outros casos do tipo, você deve observar com cuidado, não apenas a verdade do que você diz, mas também se a pessoa a quem você fala aguenta ouvir a verdade". Um bom homem adora receber conselhos; todos os piores homens são os mais impacientes ao receber orientação.

O espírito deve ser examinado diariamente. Era o costume de Sexto quando o dia havia terminado, e ele tinha se recolhido para descansar, questionar seu espírito: "Que mau hábito seu você curou hoje? Que vício você restringiu? Em que você está melhor?"

XXXVII. À MESA DO JANTAR, FORAM-LHE dirigidas algumas piadas e dizeres com o objetivo de lhe causar dor; evite banquetear-se com pessoas desprezíveis. Aqueles que não são modestos, mesmo quando sóbrios, tornam-se muito mais irresponsavelmente insolentes depois de beber. Você viu seu amigo furioso com o porteiro de algum advogado ou homem rico, porque o mandou de volta quando estava prestes a entrar, e você mesmo em nome do seu amigo já se enfureceu com o mais mesquinho dos escravos. Você ficaria com raiva de um cachorro acorrentado? Ora, mesmo ele, depois de latir por muito tempo, torna-se gentil se você lhe oferece comida. Portanto, recue e sorria; momentaneamente, seu porteiro se imagina ser alguém, porque guarda uma porta que é cercada por uma multidão de litigantes; por enquanto, aquele que se senta lá dentro é próspero e feliz e pensa que uma porta pela qual é difícil entrar é sinal de um homem rico e poderoso. Ele não sabe que, entre todas as portas, a mais difícil de abrir é a da prisão. Prepare-se para se submeter a muita coisa. Alguém se surpreende por sentir frio no inverno? Por ficar enjoado no mar? Por esbarrar em alguém na rua? A mente é forte o bastante para suportar os males para os quais está preparada. Quando não recebeu um lugar distinto o suficiente à mesa, você começou a ficar com raiva dos outros convivas, de seu anfitrião e daquele que era preferido acima de você. Idiota! Que diferença pode fazer em que parte do sofá você repousa? Uma almofada pode lhe dar honra ou tirá-la? Você olhou de soslaio para alguém porque ele falou com desprezo de seus talentos; aplicará essa regra a si mesmo? Se assim for, Ênio, de cuja poesia você não gosta, o teria odiado. Hortênsio, caso você tivesse encontrado falhas em seus discursos, teria brigado com você, e Cícero, se você tivesse rido de sua poesia, teria sido seu inimigo. Candidato a um cargo público, você se ressentirá dos votos dos homens?

XXXVIII. Alguém lhe dirigiu um insulto? É provável que não seja pior do que o que foi dirigido ao filósofo estoico Diógenes, em cujo rosto um jovem insolente cuspiu justo quando ele estava fazendo um sermão sobre a ira. Ele aguentou com moderação e sabedoria. "Não estou zangado", disse ele, "mas não tenho certeza de que não devo estar". No entanto, quão melhor nosso Catão se comportou? Enquanto defendia uma causa, um Lêntulo, de quem nossos pais se lembram como um demagogo e um homem impetuoso, cuspiu em sua testa com todo o catarro que conseguiu reunir. Catão limpou o rosto e disse: "Lêntulo, devo declarar a todos que estão enganados quando dizem que é um descarado".

XXXIX. Conseguimos agora, caro Novato, regular de maneira adequada nossas mentes: ou não sentem raiva ou estão acima dela. Vejamos agora como podemos acalmar a ira dos outros, pois não queremos apenas estar sãos, mas curar.
Não se deve tentar acalmar a primeira explosão de raiva com palavras: é surda e frenética. Devemos dar-lhe espaço; nossos remédios só serão

eficazes quando a explosão de raiva se arrefecer. Não mexemos nos olhos dos homens quando estão inchados, porque apenas irritaríamos sua rigidez ao tocá-los, nem tentamos curar outras enfermidades no seu auge; o melhor tratamento no estágio inicial de uma doença é o descanso. "De pouco vale", diz você, "o seu remédio, se apazigua a raiva que está diminuindo por conta própria!" Em primeiro lugar, eu respondo, faz com que se acabe mais rápido; em segundo, evita uma recaída. Pode tornar inofensivo até mesmo o impulso violento que não ousa acalmar; vai tirar do caminho todas as armas que poderiam ser usadas para vingança: fingirá estar com raiva, a fim de que seu conselho possa ter mais por vir de um auxiliar e companheiro de desgosto. Inventará atrasos e adiará a punição imediata enquanto uma maior é buscada; usará todos os artifícios para dar ao homem uma trégua de seu furor. Se sua raiva for anormalmente intensa, inspirará nele algum sentimento irresistível de vergonha ou de medo; se for fraca, fará uso da conversa sobre assuntos divertidos ou singulares e, estimulando sua curiosidade, o levará a esquecer sua paixão. Disseram-nos que um médico, que foi forçado a curar a filha do rei, e não podia fazê-lo sem usar a lâmina, levou uma lanceta ao peito inchado escondida sob a esponja com a qual a fomentava. A mesma garota, que teria relutado diante do remédio se ele o aplicasse às claras, suportou a dor porque não a esperava. Algumas doenças só podem ser curadas com o engano.

XL. Para uma classe de homens você dirá: "Cuidado para que sua ira não dê prazer aos seus inimigos"; para outra: "Cuidado para que não sejam prejudicadas sua grandeza de espírito e a reputação de força que carrega entre a maioria das pessoas. Eu mesmo, por Hércules, estou escandalizado com o tratamento que você recebeu e estou triste além da conta, mas devemos esperar uma oportunidade adequada. Ele pagará pelo que fez; tenha certeza disto: quando você puder, devolverá a ele com juros". Reprovar um homem quando ele está enraivecido é aumentar a raiva dele por estar você mesmo zangado. Você deve abordá-lo de formas diferentes e de maneira complacente, a menos que porventura seja uma figura tão grande que possa reprimir sua raiva, como fez o Imperador Augusto quando jantava com Védio Polião. Um dos escravos havia quebrado um cálice de cristal dele; Védio ordenou que fosse levado para morrer, e isso também de modo nada comum: comandara que fosse lançado como comida às moreias, algumas das quais, de grande tamanho, mantinha em um tanque. Quem não pensaria que ele fez isso por extravagância? Mas foi por crueldade. O menino desvencilhou-se das mãos daqueles que tentaram agarrá-lo e atirou-se aos pés de César, para implorar por nada mais do que morrer de modo diferente, e não ser devorado. César ficou chocado com esta nova forma de crueldade, e ordenou que fosse solto e, em seu lugar, que todos os cristais que viu diante de si fossem quebrados e que o tanque fosse preenchido com eles. Esta foi a maneira correta de César reprovar seu amigo; ele fez bom uso de seu poder. O que você é, que quando no jantar ordena que homens sejam condenados à morte e mutilados por um método inédito de tortura? As entranhas de um homem devem ser rasgadas porque sua taça está quebrada? Você deve ter a si mesmo em alta conta, se mesmo quando o imperador está presente você ordena que homens sejam executados.

XLI. SE O PODER DE ALGUÉM é tão grande que pode tratar a ira com o tom de um superior que a elimine da existência, mas apenas se for do tipo que acabei de apontar: feroz, desumana, sanguinária e incurável, exceto pelo medo de algo mais poderoso do que ela própria... Concedamos à mente a paz oferecida pela meditação constante sobre preceitos saudáveis, por boas ações, e por uma mente direcionada apenas à busca da honra. Coloquemos nossa própria consciência em repouso completo, mas não façamos esforço algum visando crédito para nós mesmos; enquanto nós merecermos o bem, estejamos satisfeitos, mesmo que sejamos mal falados. "Mas o povo comum admira ações espirituosas, e homens ousados são considerados honrados, enquanto os quietos são considerados indolentes". É verdade, à primeira vista, parece ser assim, mas logo que o curso constante de sua vida provar que essa quietude surge não do embotamento, mas da paz de espírito, então, essa mesma população os respeita e os reverencia. Não há, então, nada útil nessa hedionda e destrutiva paixão, a ira, mas, pelo contrário, traz todo tipo de mal, a ferro e fogo. A ira espezinha o autodomínio, encharca de sangue suas mãos na matança, espalha aos quatro cantos os membros de seus filhos: não deixa lugar intocado pelo crime, não tem pensamentos de glória, nem medo de desgraças, e, uma vez que a raiva se consolida em ódio, nenhuma correção é possível.

Por que deveríamos, como se tivéssemos nascido a fim de viver para sempre, desperdiçar nosso ínfimo tempo de vida declarando ira contra alguém? Por que dias, que poderíamos passar em prazer digno, seriam mal aplicados torturando alguém ou chorando? A vida é uma questão que não admite desperdício, e não temos tempo livre para jogar fora

XLII. Libertemo-nos desse mal, limpemos nossas mentes dele e extirpemos raiz e ramificação de uma paixão que cresce de novo onde quer que a menor partícula dela encontre lugar para repousar. Não moderemos a ira, mas nos livremos dela por completo. O que a moderação pode ter a ver com um hábito maligno? Obteremos sucesso nisso, se apenas nos esforçarmos. Nada será mais útil do que ter em mente que somos mortais, que cada homem diga a si mesmo e ao seu vizinho: Por que deveríamos, como se tivéssemos nascido a fim de viver para sempre, desperdiçar nosso ínfimo tempo de vida declarando ira contra alguém? Por que dias, que poderíamos passar em prazer digno, seriam mal aplicados torturando alguém ou chorando? A vida é uma questão que não admite desperdício, e não temos tempo livre para jogar fora. Por que entramos na briga? Por que nos esforçamos para buscar disputas? Por que nós, esquecidos da fraqueza de nossa natureza, empreendemos grandes feudos e, embora frágeis, invocamos toda a nossa força para destruir os outros? Em pouco tempo, febre ou alguma outra doença física nos tornará incapazes de continuar esta guerra de ódio que lutamos de modo tão implacável; logo, a morte separará o par de combatentes mais vigoroso. Por que causamos perturbações e passamos nossas vidas em tumultos? O destino paira sobre nossas cabeças, adiciona à nossa conta os dias conforme passam, e sempre se aproxima mais e mais. O tempo que você marcou para a morte de outro talvez inclua a sua própria".

XLIII. Em vez de agir assim, por que não reúne o que há de sua curta vida e a mantém pacífica para os outros e para si mesmo? Por que não se tornar amado por todos enquanto vive e lamentado por todos quando morrer? Por que você deseja domar o orgulho daquele homem, por ele falar em tom muito altivo com você? Por que tenta com toda a sua força esmagar aquele outro que é abrupto ou hostil com você, um miserável baixo e desprezível, mas rancoroso e ofensivo para seus superiores? Mestre, por que tem raiva do seu escravo? Escravo, por que tem raiva do seu mestre? Dependente, por que tem raiva do seu patrono? Patrono, por que tem raiva do seu dependente? Aguarde mais um pouco. Veja, aí vem a morte, que tornará todos vocês iguais. Muitas vezes, vemos em uma apresentação matinal na arena uma batalha entre um touro e um urso, presos juntos, na qual o vencedor, depois de ter despedaçado o outro, é ele próprio morto. Nós fazemos a mesma coisa: atacamos alguém que está amarrado a nós, embora o fim de ambos, vencedor e vencido, esteja próximo, e será breve assim. Passemos o ínfimo resto de nossas vidas em paz e tranquilidade, que ninguém nos deteste quando estivermos mortos. Uma briga é muitas vezes encerrada por um grito de "Fogo!" no bairro, e a aparição de uma fera selvagem separa o salteador de estrada do viajante. Os homens não têm tempo para lutar contra males menores quando ameaçados por algum terror avassalador. O que temos a ver com combates e emboscadas? Você quer que algo mais do que a morte aconteça àquele com quem está enraivecido? Bem, mesmo que você fique quieto, ele com certeza vai morrer. Você desperdiça seus esforços, quer fazer o que decerto será feito. Você diz: "Eu não desejo necessariamente matá-lo, mas puni-lo pelo exílio, desgraça pública ou perda de propriedade". Posso com mais facilidade perdoar aquele que deseja dar ao seu inimigo um ferimento do que aquele que deseja lhe dar uma bolha, pois esse último não é apenas ruim, mas mesquinho. Esteja você pensando em punições extremas ou mais leves, quão curto é o tempo durante o qual ou sua vítima é torturada ou você desfruta de um prazer maligno na dor de outra pessoa? Esse sopro que tanto prezamos logo nos deixará; enquanto isso, enquanto respiramos, enquanto vivemos entre seres humanos, pratiquemos a humanidade. Não sejamos um terror ou um perigo para ninguém. Controlemos nossos temperamentos apesar das perdas, erros, abusos ou sarcasmo e suportemos com benevolência nossos breves problemas. Como diz o ditado, enquanto consideramos o que nos é devido e nos preocupamos, a morte estará batendo à nossa porta.

LIVRO DOS DIÁLOGOS DE LÚCIO ANEU SÊNECA, ENDEREÇADO A GÁLIO

Sobre uma vida feliz

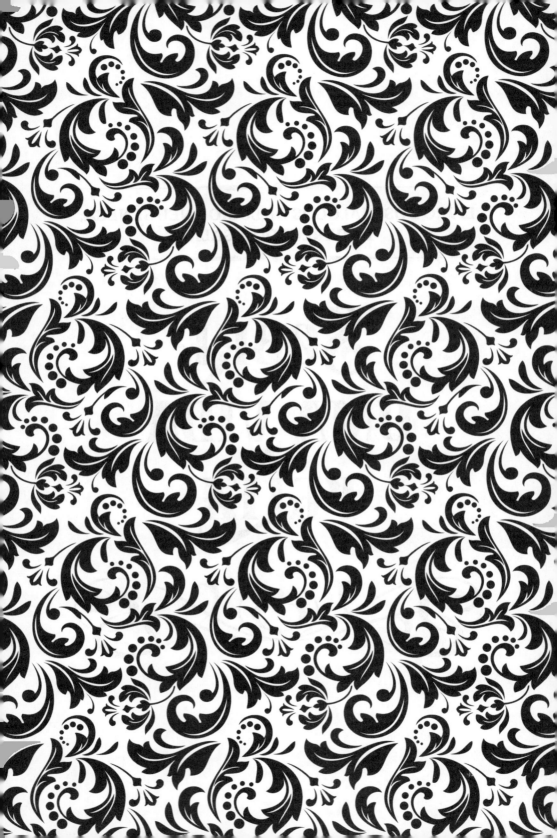

I. MEU IRMÃO GÁLIO, TODOS DESEJAM ser felizes, mas são incapazes de entender o que exatamente torna a vida feliz. É tão difícil obter a felicidade que, quanto mais ansiosamente o homem luta para alcançá-la, mais se afasta dela, caso tome o caminho errado; pois, uma vez que leva na direção oposta, a rapidez dele o conduz ainda mais longe. Portanto, devemos primeiro definir claramente nosso objetivo; depois, precisamos determinar por qual caminho podemos mais rapidamente alcançá-lo, pois em nossa jornada em si, desde que sigamos na direção correta, saberemos quanto progresso fizemos a cada dia e o quanto nos aproximamos do objetivo para o qual nossos desejos naturais nos impulsionam. Enquanto vagarmos ao acaso, sem seguir nenhum guia, exceto pelos gritos e clamores dissonantes dos que nos convidam a seguir em diferentes direções, nossa curta vida será desperdiçada em andanças inúteis, mesmo que trabalhemos dia e noite para obter um bom entendimento. Desse modo, não decidamos para onde rumar e por qual caminho seguir sem o conselho de alguém experiente que já explorou a região que estamos prestes a entrar, porque esta jornada não está sujeita às mesmas condições que outras, nas quais algumas trilhas bem conhecidas e perguntas feitas aos nativos tornam o erro impossível; nessa, porém, as sendas mais batidas e frequentadas são as que mais nos levam ao erro. Logo, nada é mais importante do que não seguirmos, como ovelhas, o rebanho que passou antes de nós, rumando não para onde deveríamos, mas

Todos desejam ser felizes, mas são incapazes de entender o que exatamente torna a vida feliz. É tão difícil obter a felicidade que, quanto mais ansiosamente o homem luta para alcançá-la, mais se afasta dela, caso tome o caminho errado

para onde o restante está indo. Ora, nada nos coloca em problemas maiores do que nossa subserviência a rumores comuns e nosso hábito de pensar que as melhores coisas são aquelas que geralmente são vistas como tal, de aceitar muitas falsificações de coisas boas de verdade, e de viver não pela razão, mas pela imitação de outros. Esta é a origem das grandes aglomerações nas quais os homens se amontoam até se empilharem uns sobre os outros. Em um grande ajuntamento de pessoas, quando a multidão se pressiona sobre si mesma, ninguém pode cair sem derrubar mais alguém sobre si, e aqueles que vão adiante causam a destruição daqueles que os seguem. É possível observar a mesma coisa na vida humana: ninguém pode simplesmente cair no erro sozinho, mas deve se tornar tanto causa quanto conselheiro do erro alheio. É nocivo seguir a marcha dos que vão à nossa frente e, uma vez que todos preferem acreditar em outros do que formar a própria opinião, nunca fazemos julgamento consciente sobre a vida, mas algum erro convencional sempre nos envolve e nos leva à ruína, e perecemos por seguirmos os exemplos dos outros; seremos curados disso se nos separarmos do rebanho. No estado das coisas, a multidão está pronta para lutar contra a razão em defesa do próprio erro. Por consequência, ocorre o mesmo nas

Enquanto vagarmos ao acaso, sem seguir nenhum guia, exceto pelos gritos e clamores dissonantes dos que nos convidam a seguir em diferentes direções, nossa curta vida será desperdiçada em andanças inúteis

eleições, nas quais, quando a brisa inconstante do favor popular se desvia, aqueles que foram eleitos cônsules e pretores são vistos com admiração pelos mesmos homens que os elegeram. Aprovarmos e desaprovarmos as mesmas coisas são o resultado de toda decisão tomada de acordo com a maioria.

 Não decidamos para onde rumar e por qual caminho seguir sem o conselho de alguém experiente que já explorou a região que estamos prestes a entrar

II. Quando refletimos sobre uma vida feliz, você não pode me responder como se viesse de uma disputa na Câmara: "Esta visão é apoiada pela maioria", porque por essa razão é a pior das opções; as coisas não estão tão bem com a humanidade de forma que a maioria escolha o melhor caminho: quanto mais pessoas fizerem uma coisa, é mais provável que seja a pior. Vamos, portanto, questionar não o que é feito com maior frequência, mas o que é melhor a se fazer, e o que nos trará a posse da felicidade perpétua, não o que é aprovado pelos medíocres, os piores representantes possíveis da verdade. Por "medíocre" quero dizer tanto os que usam mantos de lã quanto aqueles que usam coroas; pois não dou importância para a cor das roupas que trajam. Não confio nos meus olhos para que me digam o que é um homem, tenho uma luz melhor e mais fidedigna com a qual posso distinguir o que é verdadeiro do que é falso. Permita que a mente descubra o que é bom para a mente. Se um homem alguma vez concede à sua mente espaço para respiração e tem tempo livre para se comunicar consigo mesmo, que verdades confessará a si próprio, depois de ter sido torturado por si mesmo! Ele dirá: "Gostaria que tudo o que fiz até agora fosse desfeito. Quando lembro o que já falei, invejo pessoas que não falam. Tudo pelo que já ansiei parece ter sido o que meus inimigos desejariam para mim. Céus! Quão mais suportável o que temi parece ser, do que aquilo que cobicei. Tive inimizade com muitos homens e transformei minha antipatia por

Nada é mais importante do que não seguirmos, como ovelhas, o rebanho que passou antes de nós, rumando não para onde deveríamos, mas para onde o restante está indo

eles em amizade, se é que a amizade pode existir entre homens maus; em contrapartida, ainda não me reconciliei comigo mesmo. Esforcei-me com todas as forças para me elevar acima da massa comum e para me tornar notável por algum talento; o que fiz, senão fazer de mim mesmo um alvo para as flechas dos meus inimigos, e mostrar àqueles que me odeiam onde me ferir? Vê aqueles que elogiam sua eloquência, que cobiçam sua riqueza, que cortejam seu favor ou que se vangloriam de seu poder? Todos estes são ou, o que dá no mesmo, podem vir a ser seus inimigos; o número daqueles que o invejam é tão grande quanto o daqueles que o admiram. Por que eu não prefiro procurar algo bom que eu possa usar e sentir, não algo que eu possa mostrar? Essas coisas boas que os homens olham maravilhados, que se aglomeram para ver, que um aponta para o outro com admiração atônita, são brilhantes por fora, mas por dentro são desgraças para aqueles que as possuem".

III. PROCUREMOS ALGUMA BÊNÇÃO, QUE NÃO apenas pareça bela, mas seja sã e boa por completo, e mais bonita nas partes menos vistas; vamos desenterrá-la. Não está muito distante de nós, pode ser descoberta. Tudo o que é necessário é saber em que direção estender a mão. Como estamos, comportamo-nos como se estivéssemos no escuro e estendemos a mão além do que está mais próximo de nós e, enquanto o fazemos, esbarramos contra as próprias coisas que queremos. No entanto, para que eu não o conduza em digressões, vou omitir as opiniões de outros filósofos, porque levaria muito tempo para enumerá-las e refutar a todos: ouça a nossa. Todavia, quando digo "nossa", não me vinculo a nenhum dos líderes da escola estoica, pois também tenho o direito de formar minha própria opinião. Seguirei, portanto, a autoridade de alguns deles, mas pedirei a outros que esclareçam o que querem dizer.

Talvez, depois de ter apresentado todas as suas opiniões, quando for questionado sobre as minhas, não impugnarei nenhuma das deliberações dos meus antecessores, e direi: "Também acrescentarei algo a elas". Enquanto isso, sigo a natureza, questão sobre a qual todos os filósofos estoicos estão de acordo: a verdadeira sabedoria consiste em não se afastar da natureza e em moldar nossa conduta de acordo com suas leis e modelo. Assim sendo, uma vida feliz é aquela que está de acordo com sua própria natureza e não pode ser alcançada a menos que, em primeiro lugar, a mente esteja sã e permaneça assim sem interrupção e, em seguida, seja ousada e vigorosa, suportando todas as coisas com a coragem mais admirável, adequada à época em que vive, cuidando do corpo e de suas partes, mas não com ansiedade. Deve também dar o devido valor a todas as coisas que adornam nossas vidas, sem superestimar qualquer uma delas, e deve ser capaz de desfrutar da generosidade da Fortuna sem se tornar sua escrava. Você compreende, sem que eu diga, que calma e liberdade permanentes se seguem quando afastamos todas as coisas que nos agitam ou nos alarmam; pois no lugar dos prazeres sensoriais e das questões insignificantes e frágeis que estão ligadas aos crimes mais vis, ganhamos então uma alegria imensa, imutável e serena, bem como paz, calma, grandeza de espírito e benevolência, pois toda selvageria é sinal de fraqueza.

Uma vida feliz é aquela que está de acordo com sua própria natureza e não pode ser alcançada a menos que, em primeiro lugar, a mente esteja sã e permaneça assim sem interrupção e, em seguida, seja ousada e vigorosa, suportando todas as coisas com a coragem mais admirável, adequada à época em que vive, cuidando do corpo e de suas partes, mas não com ansiedade

IV. TAMBÉM É POSSÍVEL DEFINIR NOSSO bem maior de outra forma, ou melhor, a mesma ideia pode ser expressa em linguagem diferente. Tal como um mesmo exército pode, em certos momentos, se distribuir em formação mais ampla, e em outros, se contrair em uma menor, pode se curvar em direção às laterais por uma contração na fileira do meio, ou se organizar em uma linha reta, enquanto, não importa a forma em que se organize, sua força e lealdade permanecem inalteradas; assim também nossa definição do bem mais elevado pode, em alguns casos, ser expressa de maneira prolixa e prolongada, enquanto em outros de forma breve e concisa. Assim, tanto faz se eu disser: "O bem mais elevado é uma mente que despreza os acidentes da sorte e se deleita com a virtude" ou "é uma força mental invencível, que conhece bem o mundo, que é gentil em suas relações, que demonstra grande cortesia e consideração por aqueles com quem entra em contato". Ou podemos optar por defini-lo declarando feliz aquele que entende o bem e o mal apenas como mentes boas ou más; que ama a honra e está satisfeito com a própria virtude, que não se ensoberbece com a boa sorte nem se abate com a má, que não conhece outro bem fora aquele que é capaz de causar a si próprio, cujo verdadeiro prazer reside em desprezar os prazeres. Se você decide por prosseguir ainda mais com essa digressão, é possível expressar essa mesma ideia de várias outras formas, sem prejudicar ou enfraquecer seu significado. O que nos impede de afirmar que uma vida feliz consiste em uma mente que é livre, justa, destemida e constante, livre da influência do medo ou do desejo, que não considera nada bom, exceto a honra, nem nada mau, exceto a vergonha, e enxerga todo o restante como uma massa de detalhes insignificantes que não adicionam nem subtraem coisa alguma da felicidade da vida, mas que vêm e vão sem aumentar ou diminuir o bem mais elevado? Um homem de tais princípios, querendo ou não, deve ser acompanhado por alegria contínua, uma felicidade elevada, que de fato vem do alto, pois ele se deleita com o que tem e não deseja prazeres maiores do que aqueles que sua casa proporciona. Não está certo em permitir que isso mova a balança contra alterações mesquinhas, ridículas e breves de seu corpo miserável? No momento que ele se torna à prova de prazer, também se torna à prova de dor. Observe, por outro lado, quão perversa e criminosa é a escravidão à qual é forçado o homem dominado por prazeres e dores, os mais indignos e instáveis dos mestres. Devemos, por isso, escapar deles rumo à liberdade. Nada nos concederá isso exceto o desprezo à Fortuna, mas, se o alcançarmos, então receberemos bênçãos inestimáveis: a calma de uma mente que repousa em um porto seguro, seus pensamentos elevados, sua enorme e constante alegria em expulsar os erros e aprender a conhecer a verdade, sua cortesia e alegria, em todos os quais nos deleitaremos, não por considerá-los coisas boas, mas procedentes do nosso próprio bem.

 O bem mais elevado é uma mente que despreza os acidentes da sorte e se deleita com a virtude

V. Visto que comecei a fazer minhas definições sem muito rigor, um homem pode ser chamado de "feliz" se, graças à razão, deixou de ter esperança ou temor; porém, as rochas também não sentem medo nem tristeza, nem os rebanhos, mas ninguém denominaria felizes essas coisas que não são capazes de compreender o que é felicidade. Com eles pode-se classificar aqueles cuja natureza embotada e falta de autoconhecimento os reduz ao nível dos rebanhos, dos meros animais. Não há diferença entre uns e outros, porque estes não têm razão, enquanto os primeiros têm apenas uma versão corrompida dela, deformada e astuta para seu próprio dano. Pois ninguém pode ser denominado feliz se estiver além da influência da verdade e, consequentemente, uma vida feliz é imutável e fundamentada em um discernimento correto e confiável; pois a mente não está contaminada e está livre de todos os males somente quando é capaz de escapar não apenas de feridas, mas também de arranhões, quando é capaz de sempre manter a posição que assumiu e de defendê-la mesmo contra os ataques raivosos da

Fortuna. No que diz respeito aos prazeres sensoriais, embora possam nos cercar por todos os lados e nos atacar usando todos os meios, tentando conquistar nossa mente com afagos e lançando mão de todos os estratagemas imagináveis para atrair nosso ser por inteiro ou em partes, mas que mortal que retém quaisquer vestígios de origem humana gostaria de sentir cócegas dia e noite e, negligenciando sua mente, dedicar-se aos prazeres físicos?

VI. Nosso adversário responde: "Mas a mente também terá os próprios prazeres". Permita que ela os possua, então, e permita que ela julgue o luxo e os prazeres; deixe-a se entregar ao máximo a tudo que proporciona prazeres aos sentidos; em seguida, permita que ela olhe para trás e observe o que gostava antes e, com todos esses prazeres sensoriais ainda frescos na memória, deixe-a se alegrar e antecipar com ansiedade outros que experimentou há muito tempo e que pretende experimentar mais uma vez; enquanto o corpo jaz em empazinamento desamparado no presente; permita que ela envie seus pensamentos ao futuro e faça um balanço de suas esperanças. Tudo isso fará com que pareça, na minha opinião, ainda mais miserável, porque é insanidade escolher o mal em vez de o bem. Agora, nenhuma pessoa insana pode ser feliz, e ninguém pode ser são se considerar o que é prejudicial como o maior bem e se esforçar para obtê-lo. Portanto, o homem feliz é aquele que pode fazer um julgamento acertado em todas as situações; é feliz aquele que nas circunstâncias atuais, quaisquer que sejam, está satisfeito e tranquilo com suas condições de vida. É feliz o homem cuja razão guia sua postura em todos os assuntos.

VII. Mesmo aqueles que declaram que o bem mais elevado está no ventre, percebem que posição desonrosa lhe atribuíram, logo, afirmam que o prazer não pode ser separado da virtude, e que ninguém é capaz de viver com honra sem que viva com alegria, nem ainda viver com alegria sem que viva com honra. Não vejo como assuntos tão diferentes podem ter qualquer conexão entre si. O que há, me diga, que impeça que a virtude exista sem o prazer? Claro que a razão é porque todas as coisas boas se originam da virtude e, por conseguinte, as coisas que você valoriza e busca brotam das raízes dela. No entanto, se fossem totalmente inseparáveis, não consideraríamos algumas coisas agradáveis, mas desonrosas, e outras muito honradas, mas árduas e obtidas apenas com sofrimento. Some-se a isso que o prazer visita as vidas mais infames, mas a virtude não pode coexistir com uma vida perversa. Contudo, algumas pessoas infelizes não carecem de prazer, ou melhor, é devido ao próprio prazer que são infelizes. Isso não poderia acontecer se o prazer tivesse qualquer relação com a virtude, ao passo que a virtude muitas vezes não tem prazer e nunca precisa dele. Por que você junta duas coisas diferentes e até incompatíveis uma com a outra? A virtude é uma qualidade elevada, sublime, real, invencível, incansável; o prazer é baixo, servil, fraco, perecível, seus antros e moradas são o bordel e a taverna. A virtude pode ser encontrada no templo, no mercado, no Senado, guarnecendo as muralhas, coberta de poeira, queimada de sol, com as mãos calejadas. O prazer é visto se escondendo, buscando cantos sombrios nos banhos públicos, nas saunas e em lugares que temem as visitas do edil, frouxo, indolente, cheirando a vinho e perfumes, empalidecido ou talvez pintado e maquiado. O bem maior é imortal: não conhece o fim e não admite saciedade nem arrependimento. Porque uma mente que pensa com retidão nunca se altera ou se torna odiosa para si mesma, nem as melhores coisas jamais sofrem qualquer mudança. O prazer, entretanto, morre no exato momento que mais nos encanta; não tem grande alcance e, por isso, logo nos farta e nos cansa, desaparece assim que seu primeiro impulso acaba. De fato, não podemos depender de nada cuja natureza é mutável. Consequentemente, nem sequer é possível que haja qualquer substância sólida naquilo que vem e vai com tanta rapidez, e que perece pelo exercício das próprias funções, pois chega a um ponto em que deixa de ser, e mesmo enquanto começa, sempre mantém seu fim em vista.

VIII. QUE RESPOSTA DEVEMOS DAR à reflexão de que o prazer pertence tanto aos bons quanto aos maus e de que os maus têm tanto prazer com sua vergonha quanto os bons nas coisas nobres? Por essa razão, os antigos nos recomendavam a levar a vida mais nobre, não a mais agradável, a fim de o prazer não ser o guia, mas o companheiro de uma mente correta e honrada. Pois devemos fazer da Natureza nosso guia, deixar nossa razão observá-la e se aconselhar com ela. Logo, viver feliz é o mesmo que viver em concordância com a Natureza. Explicarei o significado disso. Se preservamos os dons do corpo e os benefícios da natureza com cuidado e destemor, como se fossem partir logo e nos fossem concedidos por apenas um dia. Se não cairmos sob seu controle, nem permitirmos que nos tornemos escravos do que não faz parte do nosso próprio ser; se atribuirmos a todos os prazeres físicos e deleites exteriores a mesma posição ocupada pelas tropas auxiliares e com armamento leve em um campo de batalha; se os tornamos nossos servos, não nossos mestres, então, e somente então, serão valiosos para nossas mentes. Um homem deve ser imparcial e não dominado por coisas externas; deve admirar apenas a si mesmo, confiar em seu próprio espírito e de modo a ordenar sua vida para que esteja pronto para a sorte, seja ela boa ou má. Que sua confiança não seja desprovida de conhecimento, nem seu conhecimento de firmeza. Que sempre cumpra o que uma vez determinou, e que não haja rasuras em suas doutrinas. Entende-se, mesmo que eu não o acrescente, que tal homem será tranquilo e controlado em seu comportamento, de espírito elevado e cortês em suas ações. Que a razão seja levada pelos sentidos a buscar a verdade e a extrair seus primeiros princípios daí. Na verdade, não tem outra base de operações ou ponto de partida de onde ela possa começar a busca pela verdade; deve confiar em si mesma. Mesmo o universo, que tudo abarca, e Deus, que o comanda, se estendem para coisas exteriores, mas, ainda assim, voltam-se para si próprios. Que nossa mente faça o mesmo; quando, seguindo seus sentidos físicos, por meio deles se aventura entre as coisas do mundo exterior, que permaneça ainda senhora deles e de si própria.

Por esse meio, obteremos uma força e uma habilidade que estão unidas e aliadas, e obteremos dele a razão que nunca hesita diante de duas opiniões, nem está entorpecida ao formar suas percepções, crenças nem convicções. Tal mente, quando se pôs em ordem, fez com que suas várias partes concordassem e, se assim posso dizer, harmonizou-as, alcançou o bem maior; pois não resta mais nada de mal ou perigoso, nada para perturbá-la ou fazê-la tropeçar; fará tudo sob a orientação da própria vontade, nada inesperado lhe acontecerá, o que quer que faça, acabará bem e de maneira rápida e fácil, sem que aquele que o faz recorra a subterfúgio algum, pois a ação lenta e hesitante é sinal de discórdia e falta de propósito determinado. Diante disso, é possível declarar com coragem que o bem maior é a constância de espírito, pois onde estão a concórdia e a unidade, lá devem estar as virtudes; são os vícios que estão em guerra uns contra os outros.

IX. "MAS", RETRUCA NOSSO ADVERSÁRIO, "VOCÊ mesmo só pratica a virtude porque espera obter algum prazer dela". Primeiro, embora a virtude possa nos proporcionar prazer, ainda assim não a buscamos por causa disso. Porque ela não concede só isso, mas isso e além, nem é para este fim que trabalha, mas seu trabalho também o obtém, embora seja direcionado para outro fim. Como em um campo cultivado, preparado para o milho, algumas flores são encontradas e, embora encantem os olhos, ainda assim, todo o trabalho não foi feito para produzi-las; o camponês que semeou o campo tinha outro objetivo, e as recebeu além dele. Portanto, o prazer não é a recompensa nem a causa da virtude, mas vem em acréscimo a ela; também não escolhemos a virtude porque ela nos dá prazer; mas ela também nos dá prazer se a escolhermos. O bem maior reside no ato de escolhê-la e na atitude das mentes mais nobres, que quando cumpriu sua função e se estabeleceu dentro dos próprios limites alcançou o bem maior, e não precisa de nada mais; pois não nada há fora do todo, assim como nada há além do fim. Desse modo, está equivocado quando me pergunta por que busco a virtude, pois está procurando algo além do mais elevado. Quer saber o que eu busco da virtude? Eu respondo: ela própria, pois não há nada melhor. Ela é sua própria recompensa. Não lhe parece grandioso o bastante quando digo que o bem maior é uma força mental inabalável, sabedoria, magnanimidade, julgamento são, liberdade, harmonia, beleza? Ainda me pede algo maior, do qual estes possam ser considerados atributos? Por que me fala de prazeres? Busco encontrar o que é bom para o homem, não para seu ventre; ora, os rebanhos e as baleias os têm maiores do que ele.

X. "Você PROPOSITALMENTE ENTENDE MAL o que digo", diz ele, "pois eu também afirmo que ninguém pode viver bem a menos que também viva com honra, e que esse não pode ser o caso dos animais estúpidos que medem a felicidade de acordo com a quantidade de sua comida. Eu declaro em voz alta e em público que aquilo que considero uma boa vida não pode existir sem a presença da virtude". Contudo, quem não sabe que os maiores tolos tomam os goles mais profundos desses seus prazeres? Ou que o vício é cheio de prazeres, e que a própria mente sugere a si mesma várias formas pervertidas e cruéis de prazer? Em primeiro lugar, a arrogância, a autoestima exacerbada, a superioridade altiva sobre os outros, a devoção tacanha, ou melhor, desmedida aos próprios interesses, a indulgência dissoluta, o prazer excessivo vindo das causas mais insignificantes e pueris, e também a verborragia, o orgulho que sente prazer em insultar os outros, a preguiça e a decadência de uma mente embotada que adormece sobre si mesma. A virtude dissipa todos esses males; ela puxa o homem pela orelha, mede o valor dos prazeres antes de admiti-los e nem dá muita importância aos que admitiu, pois apenas permite que sejam desfrutados, e sua alegria não se deve a eles, mas à sua moderação em aproveitá-los. "Mas quando a moderação diminui o prazer, prejudica o bem maior". Você se dedica aos prazeres, eu os controlo; entrega-se ao prazer, eu o utilizo. Você o considera o bem maior, eu sequer o considero um bem; eu nada faço pelo prazer, você tudo faz.

XI. Quando digo que não faço nada pelo prazer, faço alusão àquele sábio, a quem você admite ser o único capaz de sentir prazer. Agora, não chamo de sábio um homem que é dominado por qualquer coisa, muito menos pelo prazer. E ainda, se está absorto pelo prazer, como resistirá à labuta, ao perigo, à necessidade e a todos os males que cercam e ameaçam a vida do homem? Como suportará a visão da morte ou da dor? Como suportará o tumulto do mundo e enfrentará tantos inimigos mais ativos, se for dominado por um antagonista tão débil? Ele fará tudo que o prazer aconselhá-lo; bem, você não percebe quantas coisas o prazer o aconselhará a fazer? Nosso adversário retruca: "Não será capaz de lhe dar qualquer conselho ruim, porque caminha com a virtude?" Mais uma vez, você não enxerga que tipo pobre de bem maior deve ser este que requer um guardião para garantir que seja de fato bom? E como pode a virtude governar o prazer se ela o segue, visto que seguir é o dever do subordinado, liderar o do comandante? Você coloca o que comanda em segundo plano? De acordo com a sua escola, a virtude tem o honroso ofício de degustadora preliminar dos prazeres. Todavia, veremos se a virtude ainda permanece virtude entre aqueles que a tratam com tanto desprezo, pois, se ela deixar seu lugar apropriado, não poderá mais manter seu nome apropriado. Entretanto, para ir direto ao ponto, vou mostrar-lhe muitos homens atormentados por prazeres, homens sobre os quais a Fortuna derramou todos os seus dons, a quem você deve admitir que são homens maus. Considere Nomentano e Apício, que devoram todas as coisas boas, como as chamam, do mar e da terra, e que passam em revista sobre suas mesas todo o reino animal. Observe-os enquanto se deitam em leitos de rosas se vangloriando de seu banquete, deliciando seus ouvidos com música, seus olhos com exibições, seus paladares com sabores; seus corpos inteiros são acariciados por materiais suaves e calmantes, e para que nem mesmo suas narinas fiquem ociosas, o próprio lugar no qual realizam os ritos ao luxo são perfumados com vários aromas. Você dirá que esses homens vivem em meio aos prazeres; porém, eles vivem ansiosos, porque obtêm prazer naquilo que não é bom.

XII. "Eles vivem ansiosos", responde ele, "porque surgem muitas coisas que distraem os pensamentos, e suas mentes são perturbadas por opiniões conflitantes". Admito que isso é verdade; ainda assim, estes mesmos homens, tolos, incoerentes e certos de sentir remorso como são, obtêm, porém, grande prazer, e devemos admitir que, ao fazê-lo, estejam tão longe de sentir qualquer problema quanto estão de formar um julgamento correto, e que, como é o caso de muitas pessoas, estão possuídos por uma loucura alegre e riem enquanto deliram. Os prazeres dos sábios, por sua vez, são suaves, decorosos, beiram a monotonia, são mantidos sob restrição e quase imperceptíveis, e não são convidados a vir nem recebidos com honra quando vêm por conta própria, nem são recebidos com qualquer prazer por aqueles a quem visitam, que os confundem com suas vidas e com eles preenchem as lacunas, como uma divertida pantomima nos intervalos de negócios importantes. Que eles parem, então, de juntar assuntos incongruentes, ou de associar o prazer à virtude, erro pelo qual cortejam os piores dos homens. O devasso imprudente, sempre embriagado e arrotando os vapores do vinho, acredita que vive com virtude, por saber que vive com prazer, pois ouve dizer que o prazer não pode existir sem a virtude; por consequência, dá a seus vícios o nome de sabedoria e exibe tudo o que deveria esconder. Assim, os homens não são encorajados por Epicuro à libertinagem, mas os infames escondem seus excessos no colo da filosofia e acorrem às escolas nas quais ouvem os louvores ao prazer. Não consideram quão sóbrio e controlado — pois assim, por Hércules, acredito que seja — o "prazer" de Epicuro é, mas acorrem à mera menção desse nome, buscando obter alguma proteção e disfarce para seus vícios. Perdem, assim, a única virtude que sua vida maligna possuía, a de ter vergonha de cometer erros; pois elogiam aquilo do que costumavam se envergonhar e se vangloriam de seus vícios. Assim, a modéstia nunca pode se reafirmar, quando a ociosidade vergonhosa é honrada com um nome respeitável. A razão pela qual o elogio que sua escola derrama sobre o prazer é tão doloroso é o fato de a parte nobre de seu ensinamento passar despercebida, mas a parte degradante ser vista por todos.

XIII. Eu mesmo acredito, embora meus companheiros estoicos não estejam dispostos a me ouvir dizê-lo, que os ensinamentos de Epicuro eram corretos e sagrados, e até mesmo severos, se examinados com cuidado; pois este tão falado prazer é reduzido a um âmbito muito estreito, e ele propõe que o prazer seja submetido às mesmas leis a que nós submetemos a virtude, ou seja, obedecer à natureza. A concupiscência, porém, não se contenta com o que basta para a natureza. Qual é a consequência? Quem pensa que a felicidade consiste na indolência preguiçosa e em alternâncias de gula e devassidão requer um bom padrinho para uma ação ruim, e quando se torna um epicurista, tendo sido levado a fazê-lo pelo nome atraente dessa escola, ele segue não o prazer de que ouve falar, mas o que levou para lá consigo, e, tendo aprendido a pensar que seus vícios coincidem com os preceitos dessa filosofia, a eles se entrega não mais de forma tímida e em cantos escuros, mas com ousadia durante o dia. Não irei, portanto, como a maioria de nossa escola, dizer que a seita de Epicuro ensina o mal, mas o que digo é: é mal falada, tem má reputação; ainda assim, sem merecer. "Quem pode saber disso sem ter sido admitido aos seus mistérios internos?" Sua própria aparência dá brecha para escândalos e encoraja os desejos mais baixos dos homens; é como um homem corajoso usando vestido de mulher: sua virtude está garantida, sua masculinidade está assegurada, seu corpo não está submetido a nada vergonhoso, mas sua mão segura um tambor, tal como um sacerdote de Cibele. Escolha, então, algum lema honrado para sua escola, algum emblema que, por si só, despertará a mente: aquele que agora está sobre sua porta foi criado pelos vícios. Aquele que se posiciona ao lado da virtude dá assim uma prova de disposição nobre; aquele que segue o prazer parece fraco, desgastado, degradando sua masculinidade, propenso a cair em vícios infames, a menos que alguém especifique seus prazeres por ele, para que saiba quais permanecem dentro dos limites do desejo natural, quais são desenfreados, desmedidos e se tornam ainda mais insaciáveis quanto mais estão satisfeitos. Mas venha! Permita que a virtude mostre o caminho, assim, cada passo será seguro.

Prazer demais é prejudicial, mas com a virtude não precisamos temer excesso de qualquer tipo, pois a moderação está contida na própria virtude. Aquilo que é prejudicado pela própria dimensão não pode ser algo bom. Além disso, haveria guia melhor do que a razão, para seres dotados de natureza racional? Portanto, se essa combinação lhe agrada, se está disposto a rumar para uma vida feliz com essa companhia, permita que a virtude mostre o caminho, deixe que o prazer siga e acompanhe o corpo como uma sombra; é sinal de uma mente incapaz de grandes coisas entregar a virtude, a mais elevada das qualidades, como serva ao prazer.

XIV. QUE A VIRTUDE MOSTRE o caminho e porte o estandarte; teremos prazer nisso tudo, mas seremos seu mestre e a controlaremos. Poderá obter concessões de nós, mas nunca nos forçará a nada. Em contrapartida, aqueles que permitiram que o prazer liderasse a vanguarda não têm nenhum dos dois, pois perdem a virtude por completo e, ainda assim, não possuem o prazer, mas são possuídos por ele. São torturados por sua ausência ou sufocados por seu excesso, ficam miseráveis se o prazer os abandona e ainda mais miseráveis se os sobrecarrega. Tal como aqueles que são pegos nos bancos de areia de Sirte e, em um momento, estão em solo seco e, em outro, sendo jogados ao sabor das ondas. Isso surge de exagerada falta de autocontrole e de um amor oculto pelo mal, pois para quem busca o mal em vez do bem é perigoso alcançar seu objetivo. Da mesma forma que caçamos animais selvagens com labuta e perigo, mas quando os capturamos, os consideramos uma posse perigosa, pois muitas vezes dilaceram seus proprietários, assim são os grandes prazeres: acabam por ser grandes males e tornam prisioneiros os que os possuem. Quanto mais numerosos e maiores são, mais baixo e mais escravo de mais senhores torna-se aquele a quem o vulgo denomina feliz. Posso até levar essa analogia mais adiante; tal como o homem que rastreia animais selvagens até seus covis e que se preocupa muito em "tentar enredar feras errantes em armadilhas" e "fazer cães de caça cercarem a ampla clareira", de forma que possa seguir seus rastros, negligencia coisas muito mais desejáveis e deixa muitos deveres por cumprir; aquele que busca o prazer adia tudo por ele, ignora aquele bem essencial, a liberdade, e a sacrifica ao seu ventre; nem adquire prazer para si, mas vende-se ao prazer.

XV. Nosso adversário questiona: "Mas o que há que impeça que a virtude e o prazer se combinem e que um bem maior seja assim formado, de modo que a honra e o prazer sejam a mesma coisa?" Porque nada, exceto o que é honrado, pode fazer parte da honra, e o bem maior perderia sua pureza caso contivesse dentro de si qualquer coisa diferente de seu melhor. Mesmo a alegria que provém da virtude, embora seja algo bom, não faz parte do bem absoluto, não mais do que a alegria ou a paz de espírito, que são de fato boas, mas que apenas seguem o bem maior, mas não contribuem para sua perfeição, embora se originem do que há de mais nobre. Quem, por outro lado, forma uma aliança, e também esta, unilateral, entre virtude e prazer, obstrui qualquer força que uma possa ter com a fraqueza do outro, e aprisiona a liberdade, pois a liberdade permanece invencível contanto que não conheça nada mais valioso do que si mesma; porque ele começa a precisar da ajuda da Fortuna, o que é a mais absoluta escravidão. Sua vida se enche de de ansiedades, de suspeitas, de inquietações, de medo de acidentes, de esperas aflitas por momentos críticos. Você não oferece à virtude uma base sólida e estável se a apoia sobre o que é instável; o que pode ser tão instável quanto depender do mero acaso, das vicissitudes do corpo e das coisas que agem sobre o corpo? Como pode esse homem obedecer a Deus e aceitar tudo o que acontece com espírito alegre, sem nunca reclamar do destino e interpretando com bons olhos tudo o que lhe ocorre, se agita-se por pequenas picadas de prazeres e dores? Um homem não poderá ser bom protetor para seu país, bom vingador de suas ofensas nem bom defensor para seus amigos se estiver inclinado a prazeres. Então, que o bem maior se eleve às alturas de onde nenhuma força pode desalojá-lo, para onde nem a dor pode ascender, nem a esperança, nem o medo, nem qualquer outra coisa que prejudique a autoridade do "bem maior". Apenas a virtude pode seguir esse caminho, apenas com sua ajuda pode-se escalar essa colina; com coragem, ela se manterá firme e suportará o que quer que recaia sobre si, não apenas com resignação, mas também de bom grado; saberá que todos os tempos difíceis vêm em obediência às leis naturais e, como bom soldado, suportará as feridas, contará as cicatrizes e, quando transpassada e à beira da morte, ainda adorará o general por quem morre; ela terá em mente a velha máxima "Siga a Deus". Por outro lado, aquele que resmunga, reclama e se lamenta, ainda assim, é forçado a obedecer a ordens, e é arrastado, embora muito contra sua vontade, para cumpri-las. Todavia, que loucura é ser arrastado em vez de seguir! Por Hércules, é tão grande quanto a insensatez e a ignorância da própria situação lamentar-se por não ter algo ou porque algo difícil aconteceu, ou ficar surpreso ou indignado com os males que recaem tanto sobre os bons quanto sobre os maus; isto é, doenças, mortes, enfermidades e outros percalços da vida humana. Suportemos com magnanimidade o que quer que o universo torne necessário suportarmos. Estamos todos comprometidos com este juramento: "Suportar os males da vida mortal e submeter-nos de boa vontade ao que não podemos evitar". Nascemos em uma monarquia: nossa liberdade consiste em obedecer a Deus.

XVI. A VERDADEIRA FELICIDADE, PORTANTO, CONSISTE na virtude. E o que a virtude o aconselha? Que não julgue nada mau ou bom que não seja fruto da virtude nem da maldade; e, em seguida, que tanto permaneça impassível diante dos ataques do mal, quanto, na medida do possível, faça do que é bom uma divindade. Qual é a recompensa que ela promete por essa empreitada? Uma imensa, e que o eleva ao nível dos deuses; não estará sujeito a nenhuma restrição e a nenhum desejo: estará livre, seguro, ileso; não falhará em nada que tentar; não será privado de coisa alguma; tudo ocorrerá de acordo com seus desejos; nenhum infortúnio se abaterá sobre você; nada lhe acontecerá, exceto o que você espera e deseja. "Como assim? A virtude por si só é suficiente para fazê-lo feliz?" Ora, mas é claro; uma virtude consumada e divina como essa não só basta, mas é mais do que suficiente, pois, quando o homem está além do alcance de qualquer desejo, o que pode lhe faltar? Se tudo o que ele precisa está concentrado em si mesmo, como pode precisar de qualquer coisa de fora? No entanto, aquele que está apenas no caminho para a virtude, embora possa ter feito grande progresso, ainda assim, precisa de algum favor da Fortuna enquanto ainda sofre entre meros interesses humanos, enquanto desata o nó e todos os laços que o prendem à mortalidade. Qual é, então, a diferença entre eles? A diferença é que alguns estão amarrados com mais ou menos firmeza por esses laços, e outros até amarraram a si mesmos com eles também, enquanto aquele que progrediu rumo às regiões mais elevadas e se ergueu acima arrasta uma corrente mais frouxa e, embora ainda não esteja livre, está praticamente livre.

 A verdadeira felicidade, portanto, consiste na virtude

XVII. SE, PORTANTO, QUALQUER UM DAQUELES cães que latem contra a filosofia dissesse, como costumam fazer: "Por que, então, você fala com muito mais bravura do que vive? Por que você refreia suas palavras na presença de seus superiores e considera o dinheiro como um instrumento necessário? Por que se perturba quando sofre perdas e chora ao saber da morte de sua esposa ou de seu amigo? Por que presta atenção a rumores vulgares e se irrita com fofocas caluniosas? Por que sua propriedade é mantida com mais cuidados do que seu uso natural exige? Por que não se alimenta conforme os seus próprios preceitos? Por que sua mobília é mais elegante do que precisa ser? Por que bebe vinho que é mais velho do que você? Por que seus jardins estão cultivados? Por que planta árvores que não oferecem nada além de sombra? Por que sua esposa leva nas orelhas o preço da casa de um homem rico? Por que seus filhos estão na escola vestidos com roupas caras? Por que é uma ciência servir à sua mesa? Por que sua prataria não é colocada de qualquer maneira ou ao acaso, mas habilmente posta em ordem regular, com um supervisor para presidir ao corte das carnes?" Acrescente a essas, se quiser, as perguntas: "Por que possui propriedades além-mar? Por que possui mais do que tem ciência?" É uma vergonha que não reconheça seus escravos de vista, pois deve ser muito negligente com eles caso possua apenas alguns, ou muito extravagante se possui tantos que a memória não consegue se lembrar de todos. Depois, acrescentarei algumas reprimendas e farei mais acusações contra mim do que você imagina; por ora, dou-lhe a seguinte resposta: "Não sou um sábio e não serei um para alimentar seu rancor. Por isso, não exija que eu me iguale aos melhores dos homens, mas apenas que seja melhor do que os piores. Fico satisfeito se todos os dias subtrair algo dos meus vícios e corrigir meus defeitos. Não alcancei a perfeita sanidade da mente; de fato, jamais a alcançarei. Preparo paliativos em vez de remédios para a minha gota, fico satisfeito se me acomete em intervalos mais raros e não ataca tão dolorosamente. Comparado com seus pés, que são mancos, eu sou um corredor". Faço este discurso, não por mim, pois estou imerso em vícios de toda espécie, mas em nome de alguém que fez algum progresso na virtude.

XVIII. NOSSO ADVERSÁRIO OBJETA: "Você fala de um jeito e vive de outro". Você, mais rancorosa das criaturas, que sempre demonstra o mais amargo ódio aos melhores homens, esta acusação já foi lançada contra Platão, Epicuro e Zenão, pois todos eles declararam como deveriam viver, não como viviam. Falo sobre a virtude, não de mim mesmo. Quando aponto os vícios, aponto antes de tudo os meus; quando puder, viverei como devo. Despeito, por mais profundamente impregnado de veneno, não me afastará do que é melhor. Esse mesmo veneno com o qual maculam os outros, com o qual se sufoca, não me impedirá de continuar a louvar vida que, de fato, não levo, mas que sei que deveria levar, por amar a virtude e por segui-la, embora muito atrás dela e com passo hesitante. Devo esperar que o mal, ao falar, respeite qualquer coisa, visto que não respeitava nem Rutílio nem Catão? Alguém se importará em ser considerado rico demais por homens para quem Diógenes, o Cínico, não era pobre o suficiente? Aquele filósofo tão enérgico lutou contra todos os desejos do corpo e era mais pobre até do que os outros cínicos, pois além de desistir de possuir qualquer coisa, também desistira de pedir qualquer coisa; ainda assim, o censuraram por não carecer o suficiente, como se, em verdade, fosse a pobreza, não a virtude, que ele professava compreender.

 Fico satisfeito se todos os dias subtrair algo dos meus vícios e corrigir meus defeitos

XIX. AFIRMAM QUE DIODORO, O FILÓSOFO epicurista, que nesses últimos dias pôs fim à própria vida, não agiu conforme os preceitos de Epicuro, ao cortar a própria garganta. Alguns optam por considerar seu ato como resultado da loucura; outros, da imprudência. Ele, enquanto isso, feliz e consciente de sua própria bondade, testemunhou a favor de si mesmo com seu modo de deixar a vida, elogiou o sossego de uma vida conduzida em um porto seguro e declarou algo que você não gosta de ouvir, porque também deveria fazê-lo:

"*Vivi, completei a corrida que a Fortuna a mim determinou.*"

Vocês discutem sobre a vida e a morte de outro e latem ao ouvir o nome de homens a quem alguma qualidade especialmente nobre tornou grandiosos, da mesma maneira que cachorrinhos de rua fazem diante da aproximação de estranhos. Pois é do seu interesse que ninguém aparente ser bom, como se a virtude em outro fosse uma censura a todos os seus crimes. Vocês comparam, invejosos, as glórias dos outros com as próprias ações maldosas e não entendem o quanto lhes é prejudicial se aventurar a fazê-lo; pois se aqueles que buscam a virtude são gananciosos, concupiscentes e gostam de poder, o que deve ser você que odeia o próprio nome da virtude? Vocês afirmam que ninguém age conforme suas proposições, nem vive de acordo com o padrão que estabelece em seus discursos. Não é de se surpreender, tendo em vista que as palavras que proferem são corajosas, gigantescas e capazes de resistir a todas as tormentas que destroem a humanidade, enquanto eles próprios lutam para se desvencilhar das cruzes nas quais cada um de vocês crava o próprio prego. Contudo, aqueles que são crucificados pendem de um único lenho, mas estes que se punem estão repartidos entre tantas cruzes quantas são suas concupiscências; ainda assim, porém, são dados à maledicência e tão magníficos em seu desprezo pelos vícios dos outros que eu suporia que não têm nenhum próprio, não fosse que alguns criminosos, quando na forca, cuspissem nos espectadores.

XX. "FILÓSOFOS NÃO PRATICAM TUDO O que ensinam". Não, mas provocam muito bem por seus ensinamentos, pelos pensamentos nobres que concebem em suas mentes. Na verdade, se eles pudessem agir conforme pregam, quem poderia ser mais feliz do que eles seriam? Mas, por enquanto, você não tem o direito de desprezar bons dizeres e corações cheios de bons pensamentos. Os homens merecem elogios por se dedicarem a estudos proveitosos, mesmo que não produzam resultados. Por que nos surpreendemos se aqueles que começam a escalar uma trilha íngreme não conseguem chegar muito alto? Em contrapartida, se você é um homem, respeite aqueles que tentam realizar feitos grandiosos, mesmo que falhem. É atitude de um espírito generoso medir seus esforços não pela própria força, mas pela natureza humana, nutrir objetivos elevados e conceber planos vastos demais para serem executados, até mesmo por aqueles dotados de intelectos gigantescos, que estabelecem para si as seguintes regras: observarei a morte ou a comédia com a mesma expressão no semblante; irei me submeter à labuta, por maior que seja, sustentando a força do corpo com a da mente; desprezarei as riquezas, quando as possuir, tanto quanto não as tiver; caso estejam em outro lugar, não ficarei mais taciturno; se brilharem ao meu redor, não ficarei mais animado do que deveria; se a Fortuna chega ou parte, não lhe darei atenção; considerarei todas as terras como minhas e a minha própria como se pertencesse a toda a humanidade; viverei de modo a lembrar que nasci a fim de servir aos outros e agradecerei à Natureza por isso, pois como poderia ela ter feito algo melhor por mim? Concedeu-me somente para todos, e todos, somente para mim. O que quer que eu possua, não acumularei com avareza nem desperdiçarei com imprudência. Considerarei que não possuo bens que me pertençam tanto quanto os que doei a merecedores. Não julgarei benefícios por sua dimensão ou número, nem por qualquer outra coisa, exceto pelo valor estabelecido por quem os recebe. Jamais considerarei um dom exagerado se for concedido a um recebedor digno. Nada farei por causa da opinião pública, mas tudo pela consciência. Sempre que fizer qualquer coisa sozinho, acreditarei que os olhos do povo romano estão sobre mim enquanto o faço. Ao comer e beber, meu objetivo será saciar os desejos da Natureza, não encher e esvaziar minha barriga. Serei agradável com meus amigos, gentil e brando com meus inimigos. Concederei o perdão antes que me seja pedido, atenderei os desejos dos homens honrados com prontidão. Terei em mente que o mundo é minha cidade natal, que seus governadores são os deuses, e que estão acima e ao meu redor, analisando tudo o que faço ou digo. Quando quer que a Natureza exija meu fôlego de volta ou a razão me ordene a descartá-lo, deixarei esta vida, convocando a todos para que testemunhem que amei uma boa consciência e boas ocupações; que a liberdade de ninguém, muito menos a minha, foi prejudicada por minha causa. Aquele que estabelece tais regras para sua vida se elevará e se esforçará para alcançar os deuses e, é verdade, mesmo que não tenha êxito: "Falha em uma nobre empreitada".

Mas você, que odeia tanto a virtude quanto aqueles que a praticam, não faz nada capaz de nos surpreender, pois luzes fracas não suportam o sol, criaturas noturnas evitam o brilho do dia, e aos primeiros raios do amanhecer ficam desnorteadas e todas se recolhem aos seus covis juntas; criaturas que temem a luz se escondem em fendas. Então, continuem a resmungar e exercitem suas línguas miseráveis em censurar bons homens; abram bem suas mandíbulas, mordam com força; quebrarão muitos dentes antes de causar qualquer marca.

É atitude de um espírito generoso medir seus esforços não pela própria força, mas pela natureza humana

XXI. "Mas como é que este homem estuda filosofia e mesmo assim leva uma vida de rico? Por que ele afirma que a riqueza deve ser desprezada e ainda assim a possui? Que a vida deve ser desprezada, mas ainda assim a vive? Que a saúde deve ser desprezada e, ainda assim, a protege com o maior cuidado e deseja que seja a melhor possível? Considera exílio uma palavra vazia, e diz: 'Que mal há em trocar um país por outro?' e, ainda assim, se lhe for permitido, não envelhece em sua terra natal? Declara que não há diferença entre uma vida longa e uma curta, ainda assim, se não for impedido, não prolonga sua vida e floresce em avançada velhice?" Eis sua resposta: ele afirma que essas coisas devem ser desprezadas, não que não se deva possuí-las, mas que não se deve possuí-las com medo e ansiedade; ele não as afasta, mas quando o deixam, segue-as sem preocupação. De fato, onde a sorte pode aplicar riquezas com mais segurança do que em um lugar de onde sempre poderão ser recuperadas sem qualquer disputa com seu administrador? Marco Catão, quando louvava Cúrio e Corucânio e aquele século durante o qual a posse de algumas pequenas moedas de prata eram um crime punido pelo censor, ele próprio possuía quatro milhões de sestércios; sem dúvida, uma fortuna menor do que a de Crasso, mas maior do que a de Catão, o Censor. Se as quantias fossem comparadas, ele havia superado seu bisavô mais do que ele próprio foi superado por Crasso e, se riquezas ainda maiores lhe coubessem pela sorte, ele não as teria rejeitado. Porque o sábio não se acha indigno de qualquer presente do acaso; ele não ama as riquezas, mas prefere tê-las; não as recebe em seu espírito, mas apenas em sua casa; ele também não afasta de si a que já possui, mas a mantém, e está disposto que sua virtude receba matéria mais ampla para seu exercício.

 O que quer que eu possua, não acumularei com avareza, nem desperdiçarei com imprudência

XXII. Quem duvida, porém, que o sábio, se for rico, tem um campo mais amplo para o desenvolvimento de suas faculdades do que se ele for pobre, visto que nesse último caso a única virtude que poderá mostrar é a de não ser pervertido nem esmagado por sua pobreza, ao passo que, se for rico, terá um amplo campo para exibir temperança, generosidade, dedicação, disposição metódica e nobreza. O sábio não desprezará a si mesmo, por mais baixo de estatura que seja; no entanto, desejará ser alto; mesmo que seja frágil e caolho, pode gozar de boa saúde, mas preferirá ter força física, mesmo sabendo o tempo todo que há algo nele que é ainda mais poderoso; suportará a doença e terá esperança de boa saúde; pois algumas coisas, embora sejam insignificantes se comparadas com a soma total, e, apesar de poderem ser tiradas sem destruir o bem principal, acrescentam algo à alegria constante que surge da virtude. As riquezas encorajam e alegram tal homem, da mesma forma que um marinheiro fica encantado com um vento favorável que o impulsiona em seu caminho, ou do mesmo modo que as pessoas sentem prazer em um belo dia ou em um local ensolarado no frio. Qual sábio, quero dizer, de nossa escola, cujo único bem é a virtude, pode negar que mesmo essas coisas que não chamamos de boas nem de más têm em si certo valor e que algumas são preferíveis a outras? Para com algumas demonstramos certo respeito e, por outras, respeito demais. Portanto, não se engane: as riquezas pertencem à classe de coisas desejáveis. Você retruca: "Por que, então, ri de mim, já que lhes dá mesma importância que eu?" Deseja saber quão diferente é a importância que lhes dou? Se minhas riquezas me deixarem, não levarão consigo nada além delas mesmas; já você ficará perplexo e parecerá se perder se o abandonarem. Para mim, as riquezas ocupam certo lugar, mas para você elas ocupam o lugar mais elevado de todos. Em suma, eu possuo minhas riquezas, você é possuído pelas suas.

XXIII. Assim sendo, pare de proibir os filósofos de possuir dinheiro. Ninguém condenou a sabedoria à pobreza. O filósofo pode possuir ampla riqueza, mas não a que foi arrancada de outro ou que está manchada com o sangue de outra pessoa. A riqueza dele deve ser obtida sem enganar

Algumas coisas, embora sejam insignificantes se comparadas com a soma total, e, apesar de poderem ser tiradas sem destruir o bem principal, acrescentam algo à alegria constante que surge da virtude

ninguém e sem fazer uso de meios infames; deve ser tanto adquirida quanto despendida de forma honrosa, e necessita ser tal que só o despeito poderia repreendê-la. Acumule-a o quanto quiser, ainda será uma posse nobre, se, embora inclua muito que todos gostariam de chamar de seu, não inclui nada que qualquer um possa dizer ser seu. Tal homem não perderá seu direito ao favor da Fortuna, e não se vangloriará de sua herança nem se envergonhará dela se foi adquirida com honra; ainda assim, ele terá algo de que se gabar, se abrir sua casa, deixar todos os seus compatriotas entrarem em sua propriedade, e disser: "Se alguém reconhecer aqui qualquer coisa que lhe pertença, leve-a embora" Que grande homem, quão maravilhosamente rico será, se depois de dizer isso possuir tanto quanto tinha antes! Afirmo, então, que se ele puder, com segurança e confiança, submeter suas contas ao escrutínio do povo, e ninguém pode encontrar nelas qualquer item sobre o qual possa pôr as mãos, tal homem pode corajosa e despreocupadamente desfrutar de suas riquezas. O sábio não permitirá que um único centavo mal ganho cruze seu limiar; porém, não recusará ou fechará sua porta contra grandes riquezas, se são presentes da Fortuna e produtos da virtude, que razão ele tem para recusar-lhes bons aposentos; deixa-as vir e ser suas hóspedes. Ele não vai se gabar delas, nem as esconderá; uma é atitude de um espírito tolo, a outra de um covarde e insignificante, que, por assim dizer, esconde algo bom em seu colo. Nem ele, como eu disse antes, as expulsará de sua casa; pois o que ele dirá? Dirá ele "Você é inútil", ou "Eu não sei como usar as riquezas?" Da mesma forma que ele pode realizar uma viagem a pé, mas ainda prefere usar uma carruagem, assim também ele é capaz de ser pobre, mas desejará ser rico. Ele terá riqueza, mas a verá como uma posse incerta que algum dia o abandonará. Ele não permitirá que seja um fardo para si mesmo nem para mais ninguém. Ele vai dá-la — por que você apura seus ouvidos? por que abre seus bolsos? —, ele vai dá-la ou para bons homens ou para aqueles a quem ela pode tornar bons. Vai dá-la depois de ter se esforçado para escolher aqueles que estão mais aptos a recebê-la, como se espera daquele que sabe que deve prestar contas tanto do que gasta quanto do que recebe. Irá dá-la por razões boas e louváveis, pois um presente mal concedido conta como uma perda vergonhosa; seu bolso se abrirá com facilidade, mas não terá um buraco, de modo que muito pode ser tirado dele, mas nada pode cair fora dele.

XXIV. ENGANA-SE AQUELE QUE ACREDITA QUE dar é algo fácil. Oferece grandes dificuldades, se doamos nossa generosidade com cautela e não a espalhamos por impulso e ao acaso. Eu faço um serviço a este homem, retribuo a boa ação que aquele me fez; ajudo aquele outro, porque sinto pena dele; a mais um, por sua vez, ensino a não ser alvo certo para a pobreza oprimir ou degradar. Não darei nada a alguns homens, embora necessitem, porque, mesmo que lhes dê, ainda assim estarão necessitados. Oferecerei minha generosidade a alguns e a forçarei sobre outros; não posso negligenciar meus próprios interesses enquanto faço isso. Em momento algum deixo mais pessoas endividadas do que quando dou. "Como?", diz você, "você dá para que possa receber?" Qualquer que seja o caso, eu dou para não perder; o que dou deve ser colocado de forma que, embora eu não possa pedir sua devolução, ainda assim, possa ser devolvido para mim. Um benefício deve ser investido da mesma maneira que um tesouro enterrado nas profundezas da terra, que não seria desenterrado a menos que fosse de fato necessário. Ora, quantas oportunidades de fazer o bem apenas a casa de um rico oferece? Pois quem é que considera um comportamento generoso devido apenas aos que vestem a toga? A natureza comanda que eu faça o bem à humanidade, que diferença faz se são escravos ou homens livres, nascidos livres ou libertos, se sua liberdade seja legalmente adquirida ou concedida por acordo entre amigos?

Onde quer que exista um ser humano, há oportunidade de fazer bem. Como resultado, o dinheiro pode ser distribuído mesmo dentro da própria casa, e pode-se encontrar aí campo para a prática da liberalidade, que não é assim chamada porque é nosso dever para com os homens livres, mas porque tem sua origem em uma mente livre. No caso do sábio, isso nunca recai sobre destinatários desprezíveis e indignos, e nunca se esgota a ponto de não fluir, sempre que encontra objeto digno, como se seus estoques não tivessem diminuído. Por isso, não há motivos para que você não entenda a linguagem honrada, corajosa e espirituosa daqueles que estudam a sabedoria; antes de tudo, observe que um estudante da sabedoria não é igual a um homem que se tornou perfeito em sabedoria. O primeiro lhe dirá: "Em minha fala, expresso os mais admiráveis sentimentos, mas ainda estou me debatendo em meio a incontáveis males. Não me force a agir conforme minhas regras; no momento, estou me formando, moldando meu caráter e me esforçando para me elevar ao auge de um exemplo grandioso. Caso eu consiga realizar tudo o que me propus a fazer, você pode então exigir que minhas palavras e ações correspondam". Mas aquele que chegou ao cume da perfeição humana lidará de outra forma com você, e dirá: "Em primeiro lugar, você não tem o direito de se permitir julgar seus superiores. Já obtive prova de minha retidão, por ter me tornado objeto de antipatia aos homens maus. Todavia, para lhe dar uma resposta racional, que não nego a homem algum, escute o que digo e a que preço valorizo todas as coisas. Riquezas, afirmo, não são uma coisa boa, pois se fossem, tornariam os homens bons; agora, uma vez que aquilo que é encontrado mesmo entre os maus não pode ser considerado bom, não permito que seja chamado assim; não obstante, admito que são desejáveis e úteis e contribuem com grande conforto para nossas vidas".

XXV. Aprenda, então, uma vez que ambos concordamos que são coisas desejáveis, qual a minha razão para contá-las entre coisas boas, e em que aspectos eu me comportaria de forma diferente de você se eu as possuísse. Coloque-me como mestre na casa de um homem muito rico, coloque-me onde pratos de ouro e prata são usados para os fins mais corriqueiros. Não pensarei melhor de mim por coisas que, mesmo estando na minha casa, não são parte de mim. Leve-me para a ponte de madeira e me coloque lá embaixo entre os mendigos; não me desprezarei porque estou sentado entre os que estendem as mãos para esmolar; pois que importa a falta de um pedaço de pão para quem não falta a capacidade de morrer? E então? Prefiro a casa magnífica à ponte dos mendigos. Coloque-me entre móveis magníficos e todos os aparatos do luxo, e não me considerarei mais feliz porque meu manto é macio, porque meus convidados descansam sobre a púrpura. Mude a cena: não serei mais infeliz se minha cabeça cansada repousar sobre um feixe de feno, se eu me deito sobre uma almofada do circo, com todo o enchimento a ponto de sair por entre os remendos de pano puído. E então? Prefiro, no que diz respeito aos meus sentimentos, aparecer em público vestido de lã e com mantos de ofício, em vez de com ombros nus ou parcialmente cobertos; gostaria que os negócios de cada dia ocorressem exatamente como desejo, que novas alegrias sigam sempre as anteriores; ainda assim, não me orgulho disso; mude toda essa boa sorte por seu oposto, deixe meu espírito ser distraído por perdas, luto, vários tipos de ataques; que nenhuma hora passe sem algum problema; não vou por conta disso, embora assolado pelas maiores desgraças, me declarar o mais miserável dos seres, nem amaldiçoarei qualquer dia em especial, pois cuidei para não ter dias de azar. Qual é, então, o resultado de tudo isso? O resultado é que eu prefiro regular alegrias a sufocar tristezas. O grande Sócrates lhe diria a mesma coisa. "Faça-me", ele diria, "o conquistador de todas as nações; deixe que o voluptuoso carro de Baco me conduza em triunfo do nascente até Tebas; permita que os reis dos persas recebam suas leis de mim. Todavia, me sentirei um homem no exato momento que todos ao redor me saúdam como a um deus. Conecte de imediato essas grandes alturas com uma queda de cabeça no infortúnio; coloque-me sobre uma carruagem estrangeira para que eu honre o triunfo de um conquistador orgulhoso e feroz. Seguirei o carro de outro sem demonstrar mais humildade do que mostrei quando estava no meu. E então? Apesar de tudo isso, preferia ser um conquistador a ser um cativo. Desprezo todo domínio da Fortuna; ainda assim, se me fosse dada a escolha, escolheria suas melhores partes. Tornarei qualquer coisa que me aconteça em uma coisa boa, mas prefiro que o que me aconteça seja confortável, agradável e que não me cause aborrecimento; pois não suponha que qualquer virtude existe sem esforço, mas algumas virtudes precisam de esporas, enquanto outras precisam de freio. Da mesma forma que temos de controlar nosso corpo em uma descida e forçá-lo a escalar uma subida, assim também o caminho de algumas virtudes leva colina abaixo e o de outras morro acima. Podemos duvidar que a paciência, a coragem, a constância e todas as outras virtudes que precisam enfrentar forte oposição e esmagar a Fortuna sob seus pés estão escalando, lutando, conquistando seu caminho numa subida íngreme? Ora! Não é igualmente evidente que a generosidade, a moderação e a gentileza deslizam facilmente ladeira abaixo? Com essas últimas devemos conter nosso espírito, para que nos arraste, com as primeiras devemos instá-lo e estimulá-lo. Devemos, portanto, aplicar essas virtudes enérgicas e combativas à pobreza, e à riqueza aquelas outras mais econômicas que viajam com leveza e apenas suportam o próprio peso. Sendo essa a distinção entre elas, eu preferiria ter de lidar com aquelas que poderia praticar em relativa quietude do que com aquelas das quais só podemos experimentar por meio de sangue e suor. "Por essa razão", diz o sábio, "não falo de uma forma e vivo de outra, mas você não entende bem o que digo, apenas o som das minhas palavras chega aos seus ouvidos, você não tenta descobrir seu significado".

XXVI. "QUE DIFERENÇA, ENTÃO, HÁ ENTRE eu que sou um tolo, e você que é um sábio?" Toda a diferença do mundo; pois as riquezas são escravas na casa de um sábio, mas senhoras na de um tolo. Você se acostuma e se apega a elas como se alguém tivesse prometido que seriam suas para sempre, mas um sábio nunca pensa tanto na pobreza como quando está cercado por riquezas. Nenhum general confia tanto na manutenção da paz, a ponto de não se preparar para uma guerra, que, embora possa não ser travada de fato, foi declarada; você se orgulha demais por uma bela casa, como se ela nunca pudesse ser incendiada ou desabar, e riquezas viram suas cabeças, como se estivessem além do alcance de todo perigo e fossem tão grandes que a Fortuna não tem força suficiente para engoli-las. Você fica sentado brincando com sua riqueza e não prevê os perigos para ela reservados, tal como os selvagens em geral fazem quando sitiados, pois, por não compreenderem o uso de artilharia de cerco, observam ociosos os trabalhos dos sitiantes e não entendem o objetivo das máquinas que estão montando à distância. Isso é exatamente o que acontece com você; você adormece sobre sua propriedade e nunca reflete quantos infortúnios se aproximam, ameaçadores, cercando-o por todos os lados, e logo pilharão valiosos despojos; no entanto, se alguém toma riquezas do sábio, deixa-o ainda em posse de tudo que lhe pertence, pois ele vive feliz no presente, sem medo do futuro. O grande Sócrates, ou qualquer outro que tivesse a mesma superioridade e poder para suportar as coisas dessa vida, diria: "Eu não tenho princípio mais firme do que o de não alterar o curso de minha vida para se adequar aos seus juízos. Podem verter sua conversa costumeira sobre mim por todos os lados, não vou pensar que estão abusando de mim, apenas que estão choramingando como pobres bebezinhos". Isso é o que dirá o homem que possui sabedoria, cuja mente, livre de vícios, ordena-lhe que censure os outros, não porque ele os odeia, mas para melhorá-los; a isso ele acrescentará: "Sua opinião sobre mim me causa dor, não por meu próprio bem, mas pelo seu, porque odiar a perfeição e atacar a virtude é em si uma renúncia a toda esperança de fazer bem. Você não me faz mal, nem os homens ferem os deuses quando derrubam seus altares: mas está claro que sua intenção é má e que você deseja causar dano até mesmo quando não é capaz. Suporto sua tagarelice com o mesmo espírito que Júpiter, o melhor e o maior, aguenta os contos ociosos dos poetas, dos quais, um o representa com asas, o outro com chifres, um terceiro como um adúltero que fica fora a noite toda, outro como severo para com os deuses, outro como injusto para com os homens, mais outro como um sedutor de jovens nobres a quem leva embora à força, e até seus próprios parentes, outro ainda como parricida e conquistador do reino de outro, isto é, de seu pai. O único resultado de tais contos é que os homens sentem menos vergonha em cometer pecados se acreditam que os deuses são culpados de tais ações. Mas embora essa sua conduta não me prejudique, ainda assim, para seu próprio bem, eu o aconselho, respeite a virtude; acredite naqueles que, seguindo-a há muito tempo, clamam em voz alta que o que seguem é algo poderoso e que a cada dia parece mais poderoso ainda. Reverencie-a como faria aos deuses e reverencie seus seguidores como faria aos sacerdotes dos deuses. Toda vez que houver qualquer menção a escritos sagrados, *favete linguis*, favorece-nos com o silêncio: essa expressão não é derivada, como a maioria das pessoas imagina, de *favor*, mas exige silêncio, para que o serviço sagrado seja realizado sem interrupções de quaisquer palavras de mau presságio. É muito mais necessário que você seja ordenado a fazer isso, a fim de que sempre que aquele oráculo profira alguma palavra, você possa ouvi-lo com atenção e em silêncio. Sempre que alguém toca um sistro, fingindo fazê-lo por ordem divina, que qualquer um habilidoso em arranhar a própria pele ensanguenta os próprios braços e ombros com cortes superficiais, que alguém rasteja de joelhos uivando pela rua, ou qualquer velho vestido de linho sai à luz do dia com uma lamparina e um ramo de louro e grita que um dos deuses está furioso, vocês se aglomeram ao seu redor e escutam suas palavras, e, aumentando o espanto uns dos outros, declaram-no inspirado pelos deuses.

XXVII. Contemple! Daquela prisão que ao entrar ele se purificou da vergonha e tornou mais nobre do que qualquer Senado, Sócrates se dirige a você, dizendo: "O que é essa sua loucura?". Que disposição é essa, em guerra tanto com os deuses como com os homens, que os leva a caluniar a virtude e a ultrajar a santidade com acusações maliciosas? Louvem os bons homens, se forem capazes; se não forem, passem por eles em silêncio. Se, de fato, sentirem prazer nesse abuso ofensivo, caiam em desgraça uns com os outros; pois quando se queixam do Céu, não digo que cometem sacrilégio, mas perdem seu tempo. Certa vez, forneci a Aristófanes material para um gracejo, desde então toda a trupe de poetas cômicos me fez um alvo para sua venenosa sagacidade. Minha virtude brilhou com mais intensidade por causa dos golpes direcionados a ela, pois lhe é vantajoso ser trazida a público e exposta à tentação; ninguém compreende sua grandeza mais do que aqueles que seus ataques testaram sua força. A rigidez da pederneira não é conhecida por ninguém tão bem quanto por aqueles que a golpeiam. Ofereço-me a todos os ataques, tal como uma rocha solitária em mar raso, que as ondas nunca deixam de golpear, não importa de que lado venham, mas que não podem mover de seu lugar nem ainda desgastar, não importa por quantos anos incessantemente se choquem contra ela. Saltem sobre mim, precipitem-se sobre mim, irei superá-los suportando seu ataque, tudo o que golpeia aquilo que é firme e imbatível apenas se fere por sua própria violência. Por isso, procurem algum objeto macio e flexível para perfurar com seus dardos. Mas vocês dispõem de tempo livre para examinar as más ações de outros homens e para julgar alguém? Para perguntar como é que este filósofo tem uma casa tão espaçosa, ou aquele um jantar tão bom? Reparam nas espinhas alheias enquanto vocês próprios estão cobertos por inúmeras úlceras? É como se alguém devorado pela sarna apontasse com desprezo para as manchas e verrugas nos corpos dos homens mais belos. Censurem Platão por ter buscado dinheiro, censurem Aristóteles por tê-lo obtido, Demócrito por tê-lo desprezado, Epicuro por tê-lo gasto; repreendam-me por Fedro e Alcibíades, vocês que atingem o auge do prazer sempre que têm a oportunidade de imitar nossos vícios! Por que não preferem lançar seus olhos em torno de si mesmos para os males que os despedaçam por todos os lados, alguns atacando-os de fora, outros queimando em seus próprios seios? Por menos que conheçam seu próprio lugar, a humanidade ainda não chegou a tal ponto que podem ter a liberdade para sacudir suas línguas em busca de censurar aqueles que são melhores do que vocês.

XXVIII. Vocês não entendem isso e carregam um semblante que não condiz com a sua condição, como muitos homens que se sentam no circo ou no teatro sem saber que sua casa já está de luto. Eu, porém, olhando adiante de uma posição elevada, posso ver quais tempestades os estão ameaçando e logo se romperão em torrentes sobre vocês, ou estão próximas e a ponto de varrer todas as suas posses. Ora, apesar de mal terem consciência disso, não há um furacão intenso neste momento rodopiando e confundindo suas mentes, fazendo-as procurar e evitar exatamente as mesmas coisas, ora elevando-as e ora lançando-as abaixo?

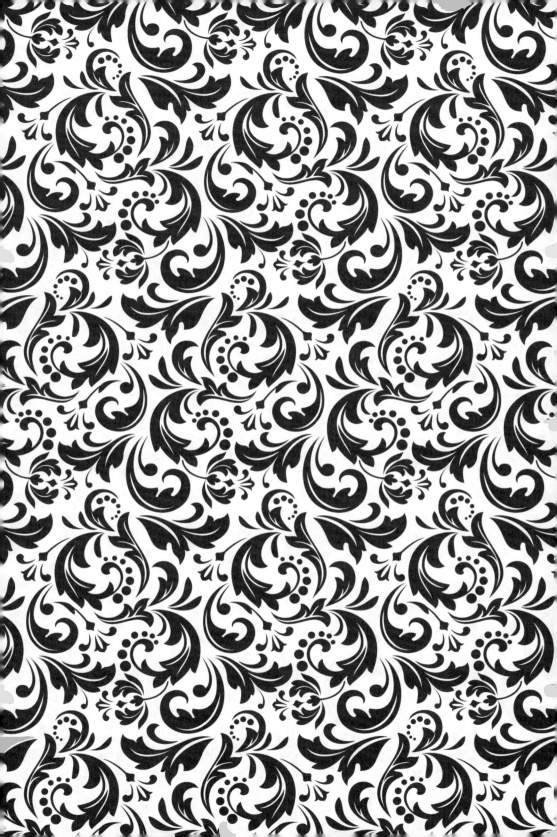

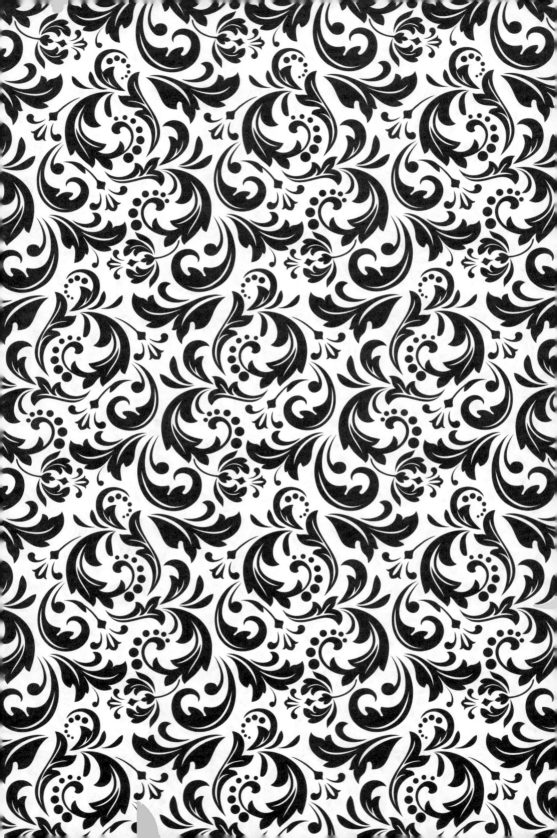

LIVRO DOS DIÁLOGOS DE LÚCIO ANEU SÊNECA, ENDEREÇADO A SERENO

Sobre a Tranquilidade da Alma

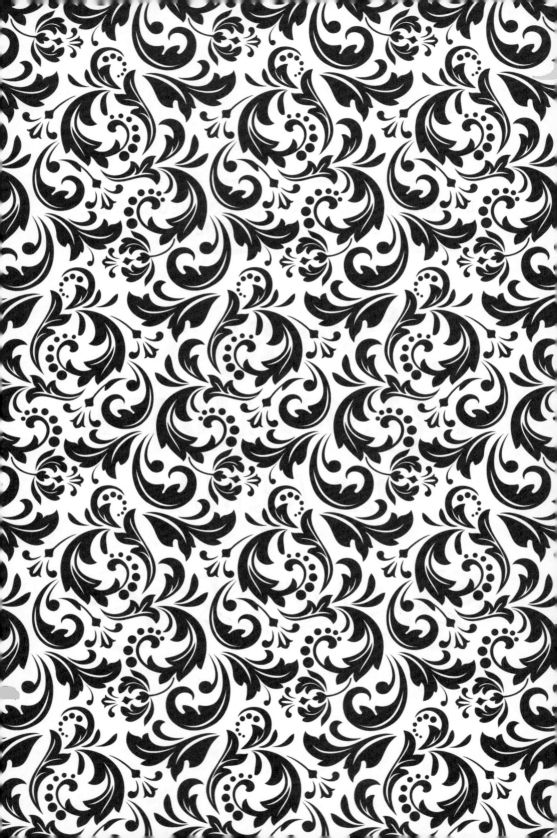

I. [*SERENO*] QUANDO ME EXAMINO, SÊNECA, alguns vícios aparecem na superfície, de forma que posso tocá-los, enquanto outros são menos distintos e mais difíceis de alcançar, há aqueles que nem sempre estão presentes, mas se repetem a intervalos, e a esses eu diria são os mais incômodos, sendo como um inimigo errante que ataca quando vê a oportunidade e que não permite que se fique de guarda, como na guerra, nem mesmo descanse sem medo, como na paz. Não obstante, o estado em que me encontro acima de tudo, pois por que não lhe diria a verdade como a um médico, é o de não estar livre por completo dos vícios que temo e odeio, nem ainda por inteiro cativo a eles; meu estado de espírito, embora não seja o pior possível, é particularmente descontente e mal-humorado; não estou doente nem bem. Não adianta me dizer que todas as virtudes são fracas no início e que adquirem força e solidez com o tempo, pois sei bem que mesmo aquelas que apenas auxiliam nossa aparência exterior, como a imponência, a reputação de eloquência, e tudo o que atrai os outros, ganham poder com o tempo. Tanto as que nos proporcionam verdadeira força quanto as que apenas nos enganam de modo mais atraente precisam de longos anos antes que aos poucos estejam adaptadas a nós pelo tempo. Contudo, temo que o hábito, que firma a maioria das coisas, implante esse vício cada vez mais profundamente em mim. Relacionar-se por muito tempo com pessoas boas e más leva a considerá-las todas iguais. O que é de fato este estado de fraqueza, no qual a mente se detém entre duas opiniões sem qualquer forte inclinação para o bem ou para o mal, serei mais capaz de mostrar-lhe por partes do que tudo de uma vez. Vou explicar-lhe o que acontece comigo, você deve descobrir o nome da enfermidade. Devo confessar o maior amor possível pela parcimônia; não me importo com uma cama com lindas cortinas nem com roupas retiradas de um baú ou prensadas sob pesos e lustradas por alisamentos frequentes, prefiro as comuns e baratas, que não exigem qualquer cuidado nem para mantê-las ou para colocá-las. Quanto à comida, não quero o que precisa de tropas inteiras de criados para preparar e admirar, nem o que é encomendado muitos dias antes e servido por muitas mãos, mas algo prático e fácil de encontrar, sem nada de sofisticado ou caro, que pode ser obtido em todas as partes do mundo, que não é pesado nem para o bolso nem para o corpo de alguém, que seja provável que não saia do corpo pelo mesmo caminho pelo qual entrou. Prefiro um criado rústico e sem refinamento, gosto do servo nascido em minha casa, do pesado prato de prata do meu pai camponês, sem o carimbo de um fabricante. Não quero uma mesa bonita com manchas salpicadas, ou conhecida por toda a cidade pelo número de pessoas elegantes a quem pertenceu em sucessão, mas que seja somente para uso, e que não faça com que algum convidado olhe para ela com prazer nem o inflame com inveja. Embora esteja bem satisfeito com isso, recordo-me das roupas de um menino, vestido com esmero e esplendor, de escravos ornados com ouro e todo um batalhão de criados resplendentes. Penso também nas casas, nas quais se caminha sobre pedras preciosas e onde há objetos de valor em cada canto, onde o próprio telhado é brilhantemente pintado e toda a nação assiste e acompanha uma herança rumando para a ruína. O que dizer das águas, transparentes até o fundo, que fluem ao redor dos convivas, e banquetes dignos do cenário no qual ocorrem? Vindo de um longo período de maçante frugalidade, encontro-me cercado pelo mais luminoso luxo, que irradia ao meu redor por todos os lados, minha visão fica um pouco ofuscada por isso; consigo afastar meu coração com mais facilidade do que meus olhos. Quando volto de vê-la, sou um homem mais triste, embora não seja um homem pior, não consigo caminhar em meio às minhas posses tão insignificantes com um passo tão altivo como antes e, sorrateira, se abate sobre mim um sentimento de desgosto, e a dúvida se esse modo de vida não seria melhor do que o meu. Nada disso altera meus princípios, mas tudo isso me perturba. Houve um tempo em que eu obedeceria aos preceitos de nossa escola e mergulharia na vida pública, obteria um cargo e me tornaria cônsul, não porque o manto púrpura e os machados de lictor me atraem, mas para que eu possa ser útil para meus amigos, meus parentes, todos os meus compatriotas e, na verdade, para toda a humanidade. Preparado e determinado, sigo os conselhos de Zenão, Cleantes e Crísipo, os quais instam todos a participar dos negócios públicos, embora nenhum jamais o tenha feito. Mas logo que algo me perturbe a mente, que não está acostumada a sofrer choques, assim que ocorre algo de vergonhoso, como muitas vezes acontece na vida dos homens, ou que não flui com muita facilidade, ou quando assuntos de bem pouca importância exigem que eu lhes dedique muito tempo, retorno à minha vida de ócio, e, tal como os rebanhos cansados andam mais rápidos ao voltar para casa, desejo me recolher e passar minha vida entre as paredes de minha casa. Declaro: Ninguém que não me dê compensação digna de tal perda jamais me roubará um dia. Que minha mente fique contida em si mesma e se aprimore, que não tome parte nos assuntos de outros homens e que não faça nada que dependa da aprovação de outros. Que eu desfrute de uma tranquilidade inabalada por problemas públicos ou privados". Contudo, sempre que meu espírito é despertado por ler palavras corajosas ou que algum exemplo nobre me estimula à ação, desejo correr para os tribunais, colocar minha voz à disposição de um homem, meus serviços à de outro, a tentar ajudá-lo mesmo que não obtenha sucesso, ou a sufocar o orgulho de algum advogado inflado por sucesso mal merecido. Contudo, penso que, por Hércules, na investigação filosófica é melhor ver as coisas tal como são e falar delas de modo direto e, quanto às palavras, confiá-las aos assuntos, e permitir que o discurso simplesmente siga para onde o levam. "Por que

SOBRE A TRANQUILIDADE DA ALMA

você quer fabricar um tecido que vai durar por anos? Por acaso não deseja fazê-lo para que a posteridade fale de você? Contudo, você nasceu para morrer, e uma morte silenciosa é a menos miserável. Portanto, escreva em um estilo simples, apenas para passar o tempo, para seu próprio uso, e não para publicação. Menos trabalho é necessário quando não se olha além do presente". Por outro lado, quando a mente se eleva pela grandeza de seus pensamentos, torna-se pomposa no seu uso das palavras, quanto mais elevadas suas aspirações, de modo mais altivo deseja expressá-las, e seu discurso se eleva à dignidade do tema. Nessas horas esqueço minha determinação branda e moderada e voo mais alto do que de costume, usando uma linguagem que não é a minha. Não para multiplicar exemplos, mas sou em todas as coisas acompanhado por essa fraqueza de uma mente bem-intencionada, a cujo nível temo que serei gradualmente rebaixado, ou, o que é ainda mais preocupante, que eu fique sempre suspenso como se prestes a cair, e que haja mais algum problema comigo do que eu mesmo percebo; pois temos visão favorável de nossos próprios assuntos, e a parcialidade sempre obscurece o julgamento. Imagino que muitos teriam alcançado a sabedoria se não acreditassem já tê-lo feito, se não tivessem enganado a si mesmos de propósito sobre algumas partes de seu caráter e fechado os olhos a outras, pois não há motivos para supor que a lisonja dos outros nos seja mais prejudicial do que a nossa. Quem se atreve a dizer a si mesmo a verdade? Quem existe que, por maior que seja a tropa de cortesãos bajuladores de que esteja cercado, apesar deles não é seu maior adulador? Imploro-lhe, portanto, se você tem algum remédio com o qual poderia acabar com essa minha vacilação, que me considere digno de dever a você minha paz de espírito. Sei muito bem que essas oscilações da mente não são perigosas e que não me ameaçam com desordem grave; para expressar do que me queixo com uma comparação precisa, não sofro com uma tempestade, mas com o enjoo. Livre-me, então, desse mal, seja lá qual for, e ajude alguém que está em perigo à vista da terra.

Ninguém que não me dê uma compensação digna de tal perda jamais me roubará um dia

II. [SÊNECA] HÁ MUITO ME PERGUNTO calado, meu amigo Sereno, a que deveria comparar tal estado de espírito, e creio que nada mais se assemelha a isso do que a conduta daqueles que, depois de terem se recuperado de longa e grave enfermidade, ocasionalmente experimentam leves indisposições e pontadas, e, apesar de terem passado pelos estágios finais da doença, ainda suspeitam que ela não os deixou e, embora em perfeita saúde, ainda oferecem o pulso para ser verificado pelo médico, e sempre que se sentem quentes, suspeitam que a febre está voltando. Tais homens, Sereno, não são doentes, mas não estão acostumados a ser saudáveis; da mesma forma que até um mar ou lago tranquilo ainda exibe certa ondulação quando suas águas estão se acalmando após uma tempestade. O que você precisa, portanto, não é qualquer um dos remédios mais severos aos quais foi feita alusão, você não deve em alguns casos se conter, em outros sentir raiva de si mesmo, em outros reprovar a si mesmo com severidade, mas deve adotar o que aparece por último na lista: ter confiança em si mesmo e acreditar que está seguindo pelo caminho certo, sem ser desviado pelas numerosas e divergentes trilhas de andarilhos que o cruzam em todas as direções, alguns perambulando ao redor do caminho certo em si. O que você deseja é algo grandioso, ou melhor, é superior a tudo e eleva um homem quase ao nível de um deus: ser impassível. Os gregos denominam *eutimia* essa calma firmeza mental, e o tratado de Demócrito sobre ela é excelente. Nomeio-a paz de espírito, pois não há necessidade de traduzir com tanta exatidão a ponto de copiar as palavras da expressão grega. O essencial é marcar o assunto em discussão com um nome que tenha o mesmo significado que seu nome grego, embora talvez não a mesma forma. O que buscamos, portanto, é como a mente pode sempre seguir um curso estável e sereno, estar satisfeita consigo mesma e olhar com prazer ao seu redor e não sofrer nenhuma interrupção dessa alegria, mas permanecer em uma condição pacífica, sem nunca ficar eufórica ou deprimida; isso será "paz de espírito". Consideremos agora de modo geral como pode ser alcançada. Então, você poderá aplicar tanto quanto quiser do remédio universal para o seu próprio caso. Enquanto isso, devemos arrastar para a luz toda a doença, então cada um reconhecerá sua parte nela; ao mesmo tempo, entenderá o quanto menos você sofre por seu menosprezo por si mesmo do que aqueles que estão presos por alguma declaração arrogante que fizeram, e são oprimidos por algum grande título de honra, de modo que a vergonha em vez de seu próprio livre-arbítrio os força a manter a pretensão. O mesmo se aplica tanto àqueles que sofrem de inconstância e de mudanças contínuas de propósito, que sempre gostam mais daquilo de que desistiram, quanto àqueles que apenas bocejam e vadiam; junte a esses aqueles que, como alguém que dorme mal, se viram de um lado para o outro, e se acomodam primeiro de uma forma e depois de outra, até que finalmente encontram repouso por puro cansaço: ao formar os hábitos de suas vidas, muitas vezes, terminam por adotar alguns aos quais não se prendem por qualquer aversão à mudança, mas pela prática que a velhice, que é lenta para se alterar, os pegou vivendo; adicione também aqueles que não são de forma alguma instáveis, mas que devem agradecer à sua apatia, não à sua consistência por serem assim, e que seguem vivendo não da maneira que desejam, mas da maneira como começaram. Existem numerosas outras formas especiais dessa doença, mas ela tem apenas um efeito: deixar as pessoas insatisfeitas consigo mesmas. Isso surge de um destempero da mente e de desejos que se tem medo de expressar ou se é incapaz de realizar, quando os homens ou não se atrevem a tentar tanto quanto desejam fazer, ou falham em seus esforços e dependem inteiramente da esperança. Tais pessoas são sempre inconstantes e mutáveis, consequência necessária de viver em estado de incerteza; usam qualquer meio para chegar a seus fins, e ensinam e forçam a si próprias a usar meios desonrosos e difíceis para fazê-lo, de modo que, quando sua labuta tiver sido em vão, sentem-se infelizes devido à desgraça do fracasso, e não se arrependem de ter ansiado pelo que era errado, mas pelo anseio ter sido em vão. Nesse momento, começam a se arrepender do que fizeram, e a ter medo de recomeçar, e sua mente cai aos poucos em um estado de vacilação sem fim, porque não são capazes nem de comandar nem de obedecer a suas paixões, de hesitação, porque sua vida não pode se desenvolver de forma adequada, e de decadência, à medida que a mente se torna entorpecida por decepções. Todos esses sintomas se agravam quando sua antipatia por uma penosa miséria os leva à ociosidade e a estudos secretos, que são insuportáveis para uma mente ávida por participar dos negócios públicos, desejosa de ação e inquieta por natureza, porque, é claro, encontra poucos recursos em si mesma. Assim sendo, quando perde a diversão que os negócios em si oferecem aos homens ocupados, não pode suportar a casa, a solidão ou as paredes de uma sala, e se considera com antipatia quando deixada consigo mesma. Daí surge o cansaço e a insatisfação consigo mesmo, a agitação de uma mente que não consegue encontrar descanso em lugar algum, a tolerância infeliz e relutante do ócio forçado. Em todos os casos que alguém sente vergonha de confessar a verdadeira causa de seu sofrimento, nos quais a modéstia o leva a internalizar sofrimentos, os desejos, reprimidos em um pequeno espaço sem qualquer ventilação, sufocam uns aos outros. Daí surgem a melancolia e o enfraquecimento do espírito, e mil vacilações de uma mente instável, que é mantida em suspensão pelas esperanças não realizadas e entristecida pelas desapontadas. Daí vem o estado de espírito dos que detestam sua ociosidade, reclamam que não têm nada para fazer, e observam o progresso dos outros com o mais amargo ciúme, pois uma preguiça infeliz favorece o crescimento da inveja, e os homens que não conseguem o sucesso desejam que todos os outros sejam arruinados. Esse desgosto pelo progresso dos outros e o desespero pelo próprio produz uma mente enfurecida contra a sorte, viciada em reclamar da época em que vive, em se esconder nos cantos e cismar sobre sua desgraça, até que fique doente e cansada de si mesma; pois a mente humana é por natureza ágil e apta a se mover, deleita-se com toda oportunidade de excitação e distração de si mesma, e quanto pior a disposição de um homem, mais ele se deleita nisso, porque gosta de se desgastar em ocupações agitadas, tal como algumas feridas anseiam pelas mãos que as machucam e se deliciam em ser tocadas, e a coceira desagradável gosta de qualquer coisa que a coça. Da mesma forma, garanto-lhe que essas mentes, sobre as quais os desejos se espalharam como úlceras malignas, têm prazer em labutas e problemas, pois há coisas que agradam nosso corpo e ao mesmo tempo lhe causam certa dor, como virar-se e mudar de lado antes que esteja cansado, ou se arrefecer mudando de posição. Como o Aquiles de Homero, deitando-se primeiro de bruços, em seguida, de costas, colocando-se em várias posições e, como os doentes costumam fazer, não aguentando nenhuma delas por muito tempo, e usando as mudanças como se fossem remédios. Dessa forma, os homens empreendem perambulações sem rumo, viajam por litorais distantes, e ora no mar, ora em terra, tentam acalmar essa inconstância de espírito que está sempre insatisfeita com o presente. "Vamos agora para Campânia; agora estou farto do cultivo refinado, vamos ver regiões selvagens, percorrer os desfiladeiros da Brútia e da Lucânia; porém, em meio ao ermo, deseja-se algo de belo que alivie nossos olhos mimados depois de passar tanto tempo em lugares selvagens. Vamos a Tarento, com seu famoso porto, seu inverno ameno, e seu distrito, rico o bastante para sustentar até mesmo as grandes hordas da antiguidade. Voltemos agora à cidade, nossos ouvidos há muito sentem falta de seus berros e ruídos, seria agradável também desfrutar da visão do derramamento de sangue humano". Assim, uma jornada sucede a outra, e uma paisagem substitui outra. Como diz Lucrécio: "Assim, cada mortal de si mesmo foge". Mas o que ganha ao fazer isso se não escapa de si mesmo? Persegue-se e se sobrecarrega com a própria enfadonha companhia. Logo, devemos entender que o que sofremos não é culpa dos lugares, mas de nós mesmos; somos fracos quando há algo a ser suportado, e não suportamos nem a labuta nem o prazer, nem os próprios negócios ou os de outra pessoa por muito tempo. Isso levou alguns homens à morte, porque, ao alterar muitas vezes seu propósito, sempre eram trazidos de volta ao mesmo ponto, e não haviam deixado espaço para nada de novo. Ficaram cansados da vida e do próprio mundo, e quando todos os prazeres pesaram sobre eles, começaram a se perguntar: "Por quanto tempo continuaremos a fazer a mesma coisa?"

III. Você me pergunta o que acho melhor usarmos para nos ajudar a suportar este enfado. Conforme diz Atenodoro: "A melhor coisa é ocupar-se com os negócios, com a gestão das coisas públicas e os deveres de um cidadão; pois, como alguns passam o dia se exercitando ao sol e cuidando de sua saúde física, e os atletas acham mais útil passar a maior parte do tempo nutrindo os músculos e a força a cujo cultivo dedicaram suas vidas, do mesmo modo para você que treina sua mente para tomar parte nas lutas da vida política é também muito mais honroso estar trabalhando assim do que ficar ocioso. Aquele cujo objetivo é servir aos seus compatriotas e a todos os mortais ao mesmo tempo se aprimora e faz o bem quando se ocupa em negócios e trabalha conforme sua capacidade tanto no interesse público quanto no de particulares. "Mas", prossegue ele, "como a inocência dificilmente está segura entre tais ambições furiosas e tantos homens que desviam outros do caminho certo, e é certo que encontrará sempre mais obstáculos do que ajuda, devemos nos retirar do fórum e da vida pública, e uma grande mente, mesmo em ocupação particular, encontra espaço para se expandir livremente. O confinamento em covis limita os saltos de leões e criaturas selvagens, mas isso não se aplica aos seres humanos, que muitas vezes realizam as obras mais importantes no isolamento. Contudo, que um homem se retire apenas de tal forma que, onde quer que passe seu tempo livre, seu desejo ainda seja beneficiar as pessoas individualmente e a humanidade, com seu intelecto, sua voz e seus conselhos. O homem que presta bom serviço ao Estado não é apenas aquele que promove candidatos a cargos públicos, defende os acusados e vota em questões de paz ou guerra, mas aquele que encoraja os jovens a fazerem o bem, que supre a atual escassez de bons professores incutindo em suas mentes os princípios da virtude, que captura e retém aqueles que correm descontrolados em busca de riquezas e luxo e, se não faz mais nada, pelo menos corrige seu curso; esse homem serve ao público embora no âmbito privado. Quem faz mais bem: aquele que julga estrangeiros, como *praetor peregrinus*, ou cidadãos como *praetor urbanus*, e pronuncia sentenças aos requerentes em sua corte, conforme ditado por seu assistente, ou aquele que lhes mostra o que significa justiça, sentimento filial, resistência, coragem, desprezo pela morte e conhecimento dos deuses, e o quanto um homem é auxiliado por uma boa consciência? Se você transfere para a filosofia o tempo que subtrai do serviço público, não será um desertor ou terá se recusado a cumprir sua tarefa. Um soldado não é apenas aquele que está nas fileiras e defende a ala direita ou esquerda do exército, mas também quem guarda os portões, um serviço que, embora menos perigoso, não é uma sinecura, quem vigia e cuida do arsenal; embora estes sejam deveres sem derramamento de sangue, ainda assim, contam como serviço militar. Assim que você se dedicar à filosofia, terá superado todo o desgosto pela vida; você não desejará a escuridão porque está cansado da luz nem será um problema para si mesmo e inútil para os outros; você conquistará muitos amigos, e todos os melhores homens serão atraídos para você; pois a virtude, por mais obscura que esteja, não pode ser escondida, mas dá sinais de sua presença; qualquer um que seja digno irá rastreá-la por seus passos. Contudo, se desistirmos de toda a companhia, virarmos as costas para toda a espécie humana, e vivermos em comunhão apenas com nós mesmos, essa solidão sem qualquer ocupação interessante levará à falta de algo para fazer. Começaremos a construir e a pôr abaixo, a represar o mar, a fazer as águas fluírem por obstáculos naturais e, em geral, a fazer mau uso do tempo que a Natureza nos concedeu. Alguns de nós o usamos com má vontade, outros o desperdiçamos; alguns de nós o gastamos para poder exibir nossos ganhos e perdas; outros de modo que não lhes restem bens, o que é o mais vergonhoso de tudo. Com frequência, um homem muito avançado em anos não tem nada além da idade pela qual possa provar que viveu muito tempo.

Devemos entender que o que sofremos não é culpa dos lugares, mas de nós mesmos; somos fracos quando há algo a ser suportado, e não suportamos nem a labuta nem o prazer, nem os próprios negócios ou os de outra pessoa por muito tempo

IV. Parece-me, caro Sereno, que Atenodoro rendeu-se demais aos tempos, fugiu cedo demais. Não nego que, às vezes, é preciso nos retirarmos, mas devemos nos retirar aos poucos, um passo de cada vez, sem perder nossas insígnias ou honras como soldados; aqueles que fazem acordos com armas nas mãos são mais respeitados por seus inimigos e estão mais seguros no meio deles. Isto é o que considero que deve ser feito em virtude e por alguém que pratica a virtude. Se a Fortuna levar a melhor e privá-lo do poder de ação, que ele não volte logo as costas para o inimigo, lance fora as armas e fuja em busca de um esconderijo, como se houvesse algum lugar onde a Fortuna não pudesse persegui-lo; mas que seja mais moderado ao aceitar cargo público e que, após a devida deliberação, descubra alguns meios pelos quais pode ser útil ao Estado. Não é capaz de servir no exército? Que se candidate então a honras cívicas. Deve viver como um particular? Que seja então um advogado. Está condenado a manter o silêncio? Então, que auxilie seus compatriotas com conselhos silenciosos. É perigoso para ele entrar no fórum? Então, que se prove um bom camarada, um amigo fiel, um convidado sóbrio na casa das pessoas, em espetáculos públicos e em degustações de vinho. Suponha que tenha perdido a condição de cidadão, então, que exerça a de homem. Nossa razão para recusar, generosamente, a nos confinarmos dentro dos muros de uma cidade, para sairmos a fim de desfrutar do contato com todas as terras e para nos declararmos cidadãos do mundo é que podemos, assim, ter um teatro maior no qual exibir nossa virtude. Vedaram a banca de juízes a você, proibiram-no de se dirigir ao povo das tribunas, ou de se candidatar nas eleições? Nessa situação, afaste seus olhos de Roma, veja que grande extensão de território, quantas nações se apresentam diante de você. Assim, nunca é possível que se fechem tantos espaços contra sua ambição que não permaneçam muitos mais abertos a ela. Entretanto, analise se essas proibições não decorrem de sua própria culpa. Não se escolhe dirigir os assuntos do Estado, a não ser que seja como cônsul ou prítane ou *meddix* ou sufete; o que diríamos se você se recusasse a servir no exército, salvo como general ou tribuno militar? Mesmo que outros formem a primeira fileira, e sua sorte o tenha colocado entre os veteranos da terceira, cumpra seu dever lá com sua palavra, encorajamento, exemplo e espírito; mesmo que as mãos de um homem sejam cortadas, ele pode encontrar meios para ajudar seu lado em uma batalha, caso se mantenha firme e torça por seus companheiros. Faça algo desse tipo por si mesmo; se a Fortuna tirá-lo da linha de frente, mantenha sua posição mesmo assim e incentive seus companheiros, e se alguém calar sua boca, mantenha-se de pé e ajude seu lado em silêncio. Os serviços de um bom cidadão nunca são jogados fora; ele faz o bem sendo ouvido e visto, com sua expressão, seus gestos, sua determinação silenciosa, e pelo seu próprio caminhar. Da mesma forma que alguns remédios nos beneficiam tanto pelo seu cheiro, bem como pelo seu sabor e toque, assim também a virtude, mesmo escondida e distante, derrama seu bem ao redor. Quer ela se mova à vontade e desfrute do que é seu de direito, ou só se manifeste com sofrimento e seja forçada a recolher a vela na tempestade, esteja ela desocupada, silenciosa e encerrada em um alojamento apertado, ou exibida abertamente, não importando com qual surja, ela sempre faz o bem. O quê? Pensa que não tem valor o exemplo de alguém que pode descansar com nobreza? De longe o melhor plano é, portanto, misturar lazer e negócios, sempre que impedimentos fortuitos ou o estado dos assuntos públicos proíbam alguém de levar uma vida ativa, pois uma pessoa nunca está tão isolada de todas as atividades a ponto de não haver mais espaço para atos honrados.

Com frequência, um homem muito avançado em anos não tem nada além da idade pela qual possa provar que viveu muito tempo

V. É POSSÍVEL ENCONTRAR UMA CIDADE mais miserável do que a de Atenas enquanto estava sendo despedaçada pelos trinta tiranos? Eles mataram 1.300 cidadãos, todos os melhores homens, e não pararam porque assim o fizeram, mas sua crueldade foi estimulada pelo exercício. Na cidade que possuía o mais reverendo tribunal, o Tribunal do Areópago, que possuía um Senado, e uma assembleia popular que era como um Senado, ali se reuniam diariamente uma tropa miserável de assassinos, e a infeliz câmara estava lotada de tiranos. Um estado, no qual havia tantos tiranos que teriam sido suficientes para formar uma guarda para um, decerto poderia ter tido um descanso dos conflitos; parecia impossível para as mentes dos homens até mesmo conceber esperanças de recuperar sua liberdade, nem poderiam ver qualquer chance para um remédio contra tanto mal, pois onde o infeliz estado poderia obter todos os Harmódios que precisaria para matar tantos tiranos? No entanto, Sócrates estava no seio da cidade, e consolou seus enlutados senadores, encorajou os que se desesperavam pela República, por suas exortações levou homens ricos, que temiam que sua riqueza viesse a ser sua ruína, a um arrependimento tardio de sua avareza, e vivia como um grande exemplo para aqueles que desejavam imitá-lo, porque caminhava como um homem livre no meio de trinta senhores. Todavia, a própria Atenas o condenou à morte na prisão, e a própria Liberdade não suportou a liberdade de alguém que havia tratado todo um bando de tiranos com desprezo. Logo, você pode ver que, mesmo em um estado oprimido, um homem sábio pode encontrar oportunidade de se colocar adiante, e que em um estado próspero e vigoroso, a insolência desenfreada, o ciúme e mil outros vícios covardes prevalecem. Devemos, por isso, nos expandir ou contrair conforme o estado se apresenta para nós, ou à medida que a Fortuna nos oferece oportunidades, mas de qualquer forma devemos nos mover e não ficar paralisados pelo medo. Não, é o melhor homem aquele que, embora o perigo o ameace por todos os lados e armas e correntes assolem seu caminho, não reprime nem esconde sua virtude, pois manter-se a salvo não significa enterrar-se. Creio que Cúrio Dentato falou a verdade quando disse que preferia estar morto a estar vivo; o pior mal de todos é deixar as fileiras dos vivos antes de morrer; ainda assim, é seu dever, caso viva em uma época em que não é fácil servir ao Estado, dedicar mais tempo ao ócio e à literatura. Assim, como se estivesse fazendo uma viagem perigosa, você pode de tempos em tempos atracar e se liberar dos negócios públicos sem esperar que isso ocorra.

VI. DEVEMOS, PORÉM, PRIMEIRO NOS EXAMINAR; a seguir, o negócio a que nos propomos realizar; depois, aqueles para cujo bem ou em cuja companhia o realizamos. Antes de tudo, é necessário fazer uma verdadeira avaliação de si mesmo, porque, via de regra, pensamos que podemos fazer mais do que somos capazes; um homem é levado longe demais pela confiança na própria eloquência, outro exige mais de sua propriedade do que essa pode produzir, aquele sobrecarrega um corpo fraco com algum dever laborioso. Alguns homens têm muita vergonha para conduzir os negócios públicos, que exigem um semblante inabalável; o orgulho obstinado de alguns homens os torna inadequados para os tribunais; outros não são capazes de controlar sua raiva e usam uma linguagem descontrolada à menor provocação. Alguns não conseguem controlar sua sagacidade ou resistir a fazer piadas arriscadas; para todos esses homens, o ócio é melhor do que o trabalho. Uma natureza ousada, arrogante e impaciente deve evitar qualquer coisa que possa levá-la a usar uma liberdade de expressão que a levará à ruína. Em seguida, devemos fazer uma estimativa da matéria com a qual queremos lidar, e comparar nossa força à ação que estamos prestes a tentar, pois o portador deve sempre ser mais forte do que sua carga. Na verdade, cargas pesadas demais para seu portador certamente irão esmagá-lo; alguns assuntos também não são tão importantes em si mesmos, mas são prolíficos e levam a muito outros negócios, que ocupações, como nos envolvem em novas e várias formas de trabalho, devem ser recusadas. Tampouco deve-se envolver em algo de que não esteja livre para se retirar. Dedique-se a algo que você possa concluir ou, pelo menos, pode ter esperança de concluir; é melhor não se intrometer em operações que crescem em importância, enquanto estão sendo realizadas, e que não vão terminar onde você pretendia que elas parassem.

Evite homens desanimados que resmungam por qualquer coisa que aconteça e em tudo encontram algo de que reclamar. A paz de espírito é destruída por um camarada cuja mente é azeda e que encara todos os incidentes com um gemido

VII. EM TODOS OS CASOS, DEVE-SE ter cuidado ao escolher os homens, e ver se são dignos de que lhes concedamos parte de nossa vida, ou se desperdiçaremos nosso tempo e também o deles, pois alguns até nos consideram em sua dívida por causa de nossos serviços a eles. Atenodoro disse que "nem mesmo jantaria com um homem que não lhe fosse grato por fazê-lo". O que significa, imagino, que menos ainda jantaria com aqueles que recompensem os serviços de seus amigos à sua mesa, e consideram os pratos como doações, como se eles se empanturrassem para homenagear a outros. Tirem desses homens suas testemunhas e espectadores, não terão prazer na gula solitária. Você deve decidir se sua disposição é mais adequada a uma ação vigorosa ou à reflexão e contemplação tranquilas, e você deve adotar qualquer que seja a inclinação de seu gênio. Isócrates pegou Éforo e o tirou do fórum, julgando que ele seria mais útil na compilação de crônicas; pois nada de bom advém de forçar a mente a realizar um trabalho desagradável; é vão lutar contra a Natureza. Em contrapartida, nada encanta tanto a mente quanto a amizade fiel e agradável: que bênção é ter alguém cujo seio está pronto para receber todos os seus segredos com segurança, cujo conhecimento de suas ações você teme menos do que sua própria consciência, cuja palavra dissipa suas ansiedades, cujo conselho auxilia seus planos, cuja alegria dispersa sua tristeza, cuja simples visão o encanta! Devemos escolher como amigos os homens que sejam, tanto quanto possível, livres de fortes paixões, pois vícios são contagiosos e passam de um homem a outro e prejudicam quem os toca. Como, portanto, em tempos de peste, devemos ter cuidado para não nos sentarmos próximos a pessoas infectadas e em quem a doença está no auge, porque assim fazendo, correremos perigo e pegaremos a praga de seu próprio hálito, assim, também, ao escolher as disposições de nossos amigos, devemos ter o cuidado de selecionar aqueles que estão tão longe quanto possível das máculas do mundo; pois a maneira de criar doenças é misturar o que está são com o que está podre. No entanto, não o aconselho a seguir ou a atrair para si ninguém, exceto um sábio, pois onde encontrará aquele que por tantos séculos procuramos em vão? No lugar do melhor homem possível, tome aquele que é menos mau. Dificilmente se encontraria época que lhe permitiria fazer uma escolha mais feliz do que se pudesse ter procurado um bom homem entre os Platões e Xenofontes e o restante dos frutos da prole de Sócrates, ou se lhe fosse permitido escolher um da era de Catão, época que gerou muitos homens dignos de nascer na época de Catão, assim como também gerou muitos homens piores do que se conhecia antes, fomentadores dos piores crimes, pois ambas as classes são necessárias para fazer com que Catão seja compreendido; necessitava tanto dos bons, para que pudesse conquistar sua aprovação, como dos maus, contra os quais poderia provar sua força. Nos dias de hoje, porém, quando há tanta escassez de bons homens, deve-se ser menos escrupuloso na escolha. Acima de tudo, no entanto, evite homens desanimados que resmungam por qualquer coisa que aconteça e em tudo encontram algo de que reclamar. Embora ele possa continuar leal e amigável para com você, ainda assim, a paz de espírito é destruída por um camarada cuja mente é azeda e que encara todos os incidentes com um gemido.

VIII. PASSEMOS AGORA À CONSIDERAÇÃO DA propriedade, a fonte mais fértil de sofrimentos humanos; pois, se você comparar todos os outros males dos quais sofremos — mortes, doenças, medos, arrependimentos, tolerância às dores e labutas — com as desgraças que nosso dinheiro nos inflige, estas últimas superarão em muito todas as outras. Reflita, então, como é muito menos doloroso nunca ter tido dinheiro do que tê-lo perdido; entenderemos assim que quanto menos a pobreza tem a perder, menos tem com o que nos afligir; pois você se engana se pensa que os ricos suportam suas perdas com maior ânimo do que os pobres. Uma ferida causa a mesma quantidade de dor a um corpo maior ou menor. Era um ditado claro de Bíon: "ter os cabelos puxados machuca tanto os carecas quanto os cabeludos". Tenha certeza de que o mesmo é verdadeiro para ricos e pobres, que seu sofrimento é igual, pois seu dinheiro se apega a ambas as classes, e não pode ser arrancado sem que o sintam. Ainda assim, é mais suportável, como eu disse, e mais fácil não adquirir propriedade do que perdê-la; desse modo, você vai descobrir que aqueles para os quais a Fortuna nunca sorriu são mais alegres do que aqueles a quem ela abandonou. Diógenes, homem de espírito infinito, percebeu isso e tornou impossível que qualquer coisa lhe fosse tirada. Chame a essa proteção contra a perda de pobreza, vontade, necessidade ou qualquer nome desdenhoso que queira. Considerarei tal homem feliz, a menos que você me encontre outro que não possa perder coisa alguma. Se não me engano, é um atributo real entre tantos avarentos, vigaristas e ladrões ser o único que não pode ser ferido. Se alguém duvida da felicidade de Diógenes, duvidaria se a condição dos deuses imortais é de suficiente felicidade. Porque eles não têm fazendas nem jardins, nem propriedades valiosas alugadas a inquilinos estranhos, nem grandes empréstimos no mercado monetário. Não tem vergonha de si mesmo, você, que olha para as riquezas com espantada admiração? Observe o Universo: verá os deuses completamente desprovidos de propriedade, e nada possuem, embora tudo deem. Você acha que esse homem que se despojou de todos os acessórios da sorte é um mendigo, ou que se iguala aos deuses imortais? Você considera Demétrio, o liberto de Pompeu, um homem mais feliz, ele que não tinha vergonha de ser mais rico que Pompeu, que todo dia recebia uma lista com o número de seus escravos, como um general recebe a de seu exército, embora merecesse há muito tempo que todas as suas riquezas consistissem de um par de subordinados e uma cela mais espaçosa que as dos outros escravos? Mas o único escravo de Diógenes fugiu, e quando o apontaram para Diógenes, ele não considerou que valia a pena trazê-lo de volta. "É uma pena", disse ele, "que Manes seja capaz de viver sem Diógenes, e que Diógenes não seja capaz de viver sem Manes". Parece-me que ele disse: "Fortuna, faça seu trabalho. Diógenes não possui mais nada que lhe pertença. Meu escravo fugiu? Não, ele me deixou como um homem livre". Uma casa com escravos requer comida e roupas, as barrigas de tantas criaturas famintas precisam ser enchidas, deve-se comprar vestimentas para eles, deve-se observar suas mãos desonestas e fazer uso dos serviços de pessoas que nos lamentam e nos execram. Quão mais feliz é aquele que não deve nada a ninguém, exceto aquilo de que pode se privar com a maior facilidade! Uma vez que nós, porém, não temos tal força de espírito, devemos de qualquer forma diminuir a extensão de nossas posses, a fim de estarmos menos expostos aos ataques da fortuna. Os homens cujos corpos cabem dentro do abrigo de suas armaduras são mais preparados para a guerra do que aqueles cujo tamanho enorme se estende além dela por todos os lados e o expõe a ferimentos. A melhor quantidade de bens a se ter é aquela que basta para nos manter longe da pobreza, mas que não está longe dela.

É mais suportável, como eu disse, e mais fácil não adquirir propriedade do que perdê-la; desse modo, você vai descobrir que aqueles para os quais a Fortuna nunca sorriu são mais alegres do que aqueles a quem ela abandonou

IX. FICAREMOS SATISFEITOS COM ESTA MEDIDA de riqueza se tivermos antes tido prazer na frugalidade, sem o qual nenhuma riqueza é suficiente e com o qual nenhuma é insuficiente, em especial porque o remédio está sempre à mão, e a própria pobreza, invocando a ajuda da frugalidade, pode se converter em riqueza. Acostumemo-nos a deixar de lado a mera aparência externa e a medir as coisas por seus usos, não por seus ornamentos. Que nossa fome seja saciada pela comida, nossa sede, pela bebida, que nossa luxúria seja confinada aos limites necessários;

aprendamos a usar nossos membros e a dispor nossa vestimenta e modo de vida de acordo com o que foi aprovado por nossos ancestrais, não em imitação de modelos novos. Aprendamos a aumentar nossa continência, a reprimir a luxúria, a limitar nosso orgulho, a aliviar nossa raiva, a encarar a pobreza sem preconceitos, a praticar a frugalidade, embora muitos tenham vergonha de fazê-lo, a aplicar remédios baratos às necessidades da natureza, a manter todas as esperanças e aspirações indisciplinadas, por assim dizer, trancadas a sete chaves, e tornar nosso negócio a obter nossas riquezas de nós mesmos e não da Fortuna. Nunca podemos derrotar tão por completo a vasta diversidade e a malignidade do infortúnio com que somos ameaçados, a ponto de não sentir a força de muitas rajadas se oferecermos uma grande vela aberta ao vento. Devemos limitar nossos assuntos a uma pequena esfera, para tornar os dardos da Fortuna inúteis. Por essa razão, às vezes pequenos percalços se transformaram em remédios, e distúrbios mais graves foram curados por outros mais leves. Quando a mente não presta atenção a bons conselhos, e não pode ser trazida à razão por medidas mais brandas, por que não deveríamos pensar que seus interesses estão sendo servidos pela pobreza, desgraça ou ruína financeira lhe sendo aplicada? Um mal é equilibrado por outro. Ensinemo-nos, então, a ser capazes de jantar sem termos Roma inteira para olhar, a sermos escravos de menos escravos, a adquirir roupas que cumpram seu propósito original, e a viver em uma casa menor. A curva interna é a única a se tomar, não só nas corridas e nas competições do circo, mas também na corrida da vida; até mesmo as atividades literárias, o que há de mais apropriado para um cavalheiro gastar dinheiro, só são justificáveis desde que tenham limites. Qual é a utilidade de possuir diversos livros e bibliotecas, cujos títulos seu proprietário dificilmente poderá ler na vida? Um aprendiz é oprimido por tal volume, não instruído, e é muito melhor dedicar-se a alguns escritores do que folhear muitos. Quarenta mil livros foram queimados em Alexandria: alguns teriam elogiado essa biblioteca como o mais nobre memorial da riqueza real, como Tito Lívio, que afirma que foi "um esplêndido resultado do bom gosto e do cuidado atencioso dos reis". Não tinha nada a ver com gosto ou cuidado, mas era um luxo erudito, ou melhor, nem mesmo erudito, já que o acumularam não para aprender, mas para exibir, como muitos homens que sabem menos sobre as letras do que se espera de um escravo, e que usam seus livros não para ajudá-los em seus estudos, mas para ornamentar sua sala de jantar. Que um homem, portanto, adquira quantos livros quiser, mas nenhum para exibir. Você afirma: "É mais respeitável gastar dinheiro em tais livros do que em vasos de bronze coríntio e pinturas". Não é assim, tudo o que é excessivo está errado. Que desculpas você pode encontrar para um homem ávido para comprar estantes de marfim e cedro, para coletar as obras de autores desconhecidos ou desacreditados, que se senta bocejando entre milhares de livros, cujas lombadas e títulos lhe agradam mais do que qualquer outra parte deles? Assim, nas casas dos homens mais preguiçosos você encontrará as obras de todos os oradores e historiadores empilhadas em prateleiras que chegam ao teto. Atualmente, uma biblioteca tornou-se apêndice tão necessário para uma casa quanto um banho quente e frio. Eu os desculparia de imediato se realmente fossem movidos por zelo excessivo pela literatura; mas, do jeito que está, essas obras caras de gênio sagrado, com todas as ilustrações que as enfeitam, são compradas apenas para exibição e servem como adornos de parede.

X. SUPONHA, PORÉM, QUE SUA VIDA se encheu de problemas, e que, sem saber o que fazia, você caiu em alguma armadilha que a Fortuna, seja pública ou privada, preparou para você, e que você não pode desfazê-la nem interrompê-la. Lembre-se, então, de que homens acorrentados sofrem muito no início com os fardos e os entraves em suas pernas; depois, quando decidem não se preocupar com eles, mas suportá-los, a necessidade os ensina a fazê-lo com bravura e o hábito a fazê-lo com facilidade. Em cada estágio da vida, encontrará diversões, relaxamentos e prazeres; isto é, desde que esteja disposto a menosprezar os males em vez de odiá-los. Sabendo das tristezas para as quais nascemos, não há nada pelo que a Natureza mais mereça nossos agradecimentos do que por ter criado o hábito como alívio para o infortúnio, que logo nos acostuma aos males mais severos. Ninguém poderia resistir ao infortúnio se ele sempre exercesse a mesma força que no seu primeiro ataque. Estamos todos acorrentados à Fortuna, a corrente de alguns homens é frouxa e feita de ouro, a de outros é apertada e de metal menos nobre, mas que diferença isso faz? Estamos todos presos no mesmo cativeiro, e mesmo aqueles que nos aprisionaram estão eles próprios presos. A menos que você pense que uma corrente do lado esquerdo é mais leve; um homem pode ser obrigado pelo serviço público, outro pela riqueza; alguns têm de suportar o peso do nascimento ilustre, outro do humilde; alguns estão sujeitos aos comandos de outros, alguns apenas aos próprios; alguns estão presos a um lugar por serem banidos para lá, outros por serem eleitos para o sacerdócio. Toda vida é escravidão; que cada homem se reconcilie com sua sorte, dela reclame o mínimo possível, e se apose de qualquer bem que esteja ao seu alcance. Nenhuma condição pode ser tão miserável que uma mente imparcial não encontre compensações nela. Locais pequenos, se divididos com engenhosidade, podem ser usados para muitos propósitos diferentes, e o arranjo tornará habitável o mais estreito dos aposentos. Invoque o bom senso em seu auxílio contra as dificuldades; é possível suavizar o que é rigoroso, ampliar o que é muito estreito, e fazer com que os fardos pesados pressionem com menos severidade sobre quem habilmente os carrega. Além disso, não podemos permitir que nossos desejos vaguem para longe, mas devemos confiná-los à nossa vizinhança imediata, já que não vão suportar ser trancados por completo. Devemos deixar de lado aquilo que não pode acontecer ou que só pode ser efetuado com dificuldade, e seguir na busca de coisas que estão próximas e ao alcance de nossas esperanças, lembrando sempre que todas as coisas são igualmente sem importância e que, embora tenham aparência externa diferente, todas são da mesma forma vazias por dentro. Tampouco invejemos aqueles em altas posições; as alturas que nos parecem elevadas são íngremes e acidentadas. Mais uma vez, aqueles que o destino cruel colocou em situações críticas

SOBRE A TRANQUILIDADE DA ALMA

estarão mais seguros se mostrarem o mínimo de orgulho possível em sua posição altiva e se fizerem tudo o que forem capazes para reduzir suas fortunas ao nível das dos outros homens. Há muitos que precisam se apegar ao seu alto pináculo de poder, porque não podem descer, salvo se caírem de cabeça; entretanto, nos garantem que seu maior fardo é serem obrigados a ser um fardo para os outros, e que estão pregados ao seu altivo posto em vez de elevados a ele. Que eles, então, ao dispensar justiça, clemência e bondade com uma mão aberta e liberal, forneçam a si mesmos auxílio para amortecer sua queda, e ansiosos para que isso mantenha sua posição com mais esperança. Contudo, nada nos liberta dessas alternâncias de esperança e medo tal como sempre fixar limite para nossos sucessos, e não permitir que a Fortuna escolha quando interromper nossa carreira, mas parar por nossa própria vontade muito antes de aparentemente precisarmos fazê-lo. Agindo assim, certos desejos despertarão nossos espíritos, porém, confinados dentro de limites, não nos levarão a embarcar em vastas e vagas empreitadas.

XI. ESSAS MINHAS OBSERVAÇÕES APLICAM-SE APENAS a naturezas imperfeitas, comuns e insalubres, não ao sábio, que não precisa andar com passos tímidos e cautelosos; pois ele confia tanto em si mesmo que não hesita em ir direto rumo aos dentes da Fortuna e nunca cederá a ela. Nem tem qualquer razão para temê-la, pois conta não só os rebanhos, os bens e os altos cargos, mas inclusive seu corpo, seus olhos, suas mãos, e tudo o que faz a vida mais cara para nós, ou melhor, até mesmo seu próprio ser, como coisas cuja posse é incerta; ele vive como se as tivesse emprestado, e está pronto para devolvê-las com alegria, quando quer que sejam reivindicadas. Todavia, ele não se comporta com mesquinhez, porque sabe que não pertence a si mesmo, mas cumpre todos os seus deveres com o mesmo cuidado e prudência que um homem piedoso e escrupuloso cuidaria da propriedade deixada sob sua responsabilidade como administrador. Quando for convidado a entregá-las, ele não reclamará da Fortuna, mas dirá: "Agradeço por tudo que possuí;

administrei sua propriedade de forma a aumentá-la ao máximo, mas já que me ordena, devolvo-a de bom grado e agradecido. Se ainda quiser que eu possua qualquer coisa sua, vou guardá-lo para você; caso você tenha outros planos em vista, entrego em suas mãos e restituo toda a minha prata forjada e cunhada, minha casa e minha família". Caso a Natureza se lembre do que antes nos confiou, digamos a ela também: "Receba de volta meu espírito, que está melhor do que quando você me deu; não me demoro nem fico para trás. De minha própria vontade, estou pronto para devolver o que você me deu antes que eu pudesse pensar: leve-me". Que dificuldade pode haver em retornar ao lugar de onde se veio? Um homem não pode viver bem se não sabe como morrer bem. Devemos, por isso, retirar dessa mercadoria seu valor original e considerar o sopro da vida como uma coisa barata. "Não gostamos de gladiadores", disse Cícero, "se estão ansiosos para salvar suas vidas custe o que custar, mas os consideramos com bons olhos caso sejam abertamente descuidados com ela". Tenha certeza de que a mesma coisa ocorre conosco: muitas vezes morremos porque temos medo da morte. A Fortuna, que considera nossas vidas como um espetáculo na arena para seu próprio divertimento, diz: "Por que deveria poupá-lo, criatura vil e covarde que você é? Será perfurado e cortado com ainda mais feridas porque não sabe como oferecer sua garganta para a faca. Enquanto você, que recebe o golpe sem afastar o pescoço ou levantar as mãos para detê-lo, viverá mais e morrerá mais rapidamente". Aquele que teme a morte nunca agirá como é apropriado a um homem vivo; aquele, porém, que sabe que seu destino foi traçado no momento de sua concepção, viverá de acordo com ele e, por essa força de espírito, ganhará mais essa vantagem; nada poderá se abater sobre ele de forma inesperada, pois, ao esperar por tudo o que pode acontecer como se fosse lhe acontecer, ele tira o ferrão de todos os males, que não pode fazer diferença para aqueles que o esperam e estão preparados para enfrentá-lo. O mal só vem com força sobre aqueles que viveram sem nele pensar e cuja atenção se dirigiu apenas para a felicidade. Doenças, cativeiros, desastres, incêndios, nada é inesperado; eu sempre soube

Um homem não pode viver bem se não sabe como morrer bem

com que companhia desregrada a Natureza me associou. Os mortos têm sido muitas vezes lamentados em minha vizinhança; a tocha e o círio muitas vezes passaram pela minha porta diante do esquife de alguém que morreu antes de seu tempo; o estrondo de edifícios desabando muitas vezes ressoou ao meu lado; a noite arrebatou muitos daqueles com quem me tornei íntimo no fórum, no Senado e na sociedade, e separou mãos unidas em amizade. Deveria eu me surpreender se os perigos que sempre circularam ao meu redor no passado, por fim, me assaltam? Quão grande parte da humanidade nunca pensa em tempestades quando está prestes a zarpar? Nunca terei vergonha de citar um bom ditado porque vem de um mau autor. Publílio, que era um escritor mais poderoso do que qualquer um dos nossos outros dramaturgos, seja cômico ou trágico, sempre que decidia se erguer acima das farsas absurdas e dos discursos dirigidos à galeria, entre muitos versos nobres demais até mesmo para a tragédia, quanto mais para a comédia, tem este: "O que um sofreu pode recair sobre todos nós". Se um homem leva isso no fundo de seu coração e observa todos os infortúnios de outros homens, dos quais há sempre abundância, com esse espírito, lembrando que não há nada que impeça que também recaiam sobre ele, irá se armar contra eles muito antes que o ataquem. É tarde demais para ensinar a mente a suportar o perigo depois que o perigo veio. "Não pensei que isso iria acontecer" e "Você teria acreditado que isso aconteceria?", diz você. Mas por que não deveria? Onde estão as riquezas atrás das quais a carência, a fome e a mendicância não vêm? Que ofício há cujo manto púrpura, cajado áugure e rédeas patrícias não têm como acompanhantes trapos e banimento, a marca da infâmia, mil desgraças e total reprovação? Que reino existe para o qual a ruína, grassando sorrateira, um tirano e um açougueiro não estejam à mão? E essas realidades nem mesmo são separadas por longos períodos de tempo, mas há apenas o espaço de uma hora entre sentarmos no trono nós mesmos e apertarmos os joelhos de outro como suplicantes. Saiba, portanto, que cada fase da vida é transitória, e que o que já aconteceu com alguém pode lhe acontecer também. Você é rico; é mais rico do que Pompeu? No entanto, quando Caio, seu parente antigo e novo anfitrião, abriu a casa de César para que ele fechasse a própria, faltava-lhe pão e água; embora possuísse diversos rios que tanto brotavam quanto desaguavam dentro de seus domínios, teve de implorar por gotas d'água; pereceu de fome e sede no palácio de seu parente, enquanto seu herdeiro contratava um funeral público para alguém a quem faltava comida. Você ocupou cargos públicos; eram tão importantes, tão inesperados ou tão abrangentes quanto os de Sejano? Todavia, no dia em que o Senado o desgraçou, o povo o despedaçou; o carrasco não conseguiu encontrar parte ampla o suficiente para arrastar até o Tibre, de alguém sobre quem deuses e homens haviam derramado tudo o que poderia ser dado ao homem. Você é um rei; não vou mandar que se volte para Creso como exemplo, ele que, enquanto ainda em vida, viu sua pira funerária acesa e extinta, sendo levado a sobreviver não só a seu reino, mas até mesmo à própria morte, nem a Jugurta, a quem o povo de Roma viu como cativo no mesmo ano em que o temeram. Vimos Ptolomeu, Rei da África, e Mitrídates, Rei da Armênia, sob a responsabilidade dos guardas de Caio; o primeiro foi enviado para o exílio, o segundo o escolheu, a fim de torná-lo mais honroso. Entre essas mudanças e reviravoltas contínuas, a menos que você espere que tudo o que possa acontecer lhe acontecerá, você dá à adversidade poder contra si, poder este que pode ser destruído por qualquer um que o observe de antemão.

XII. O PRÓXIMO PONTO SERÁ CUIDAR para que não trabalhemos pelo que é vão, ou trabalhemos em vão; ou seja, nem desejar o que não somos capazes de obter, nem ainda, tendo obtido nosso desejo tarde demais e depois de muita labuta, descobrir que era tolice. Em outras palavras, que nosso trabalho não fique sem resultado, e que o resultado não seja indigno do nosso trabalho; pois, via de regra, a tristeza surge de uma

É tarde demais para ensinar a mente a suportar o perigo depois que o perigo veio

dessas duas coisas, seja por falta de sucesso ou por vergonha de tê-lo conseguido. Devemos limitar a corrida para lá e para cá que a maioria dos homens pratica, tagarelando sobre casas, teatros e mercados. Eles cuidam dos negócios de outros e sempre parecem ter algo a fazer. Se você perguntar a um deles quando sair pela própria porta, "Para onde vai?", ele responderá: "Por Hércules, eu não sei, mas encontrarei algumas pessoas e farei alguma coisa". Eles vagam sem propósito em busca de algo para fazer, e fazem, não o que decidiram fazer, mas o que por acaso caiu em seu caminho. Eles se movem inutilmente e sem qualquer plano, tal como formigas rastejando sobre arbustos, que sobem até o topo e depois descem de novo sem ganhar nada. Muitos homens passam a vida exatamente da mesma maneira, que se pode chamar de estado de indolência inquieta. Você teria pena de alguns deles quando os visse correndo como se sua casa estivesse em chamas; na verdade, eles empurram todos os que encontram, e se apressam e outros com eles, embora o tempo todo estejam indo apenas saudar a alguém que não retribuirá seu cumprimento, ou para assistir ao funeral de alguém que não conheciam; vão escutar o veredicto de alguém que muitas vezes vai à justiça, ou ver o casamento de alguém que muitas vezes se casa; vão seguir a liteira de um homem, e em alguns casos até mesmo vão carregá-la, retornando então para casa, cansados da ociosidade, juram que não sabem por que saíram nem onde estiveram e, no dia seguinte, vão voltar a vaguear pela mesma rotina. Assim sendo, que todo o seu trabalho, portanto, tenha algum propósito, e mantenha algum objetivo à vista. Essas pessoas inquietas não são inquietadas pelo trabalho, mas levadas à insanidade por ideias equivocadas, porque nem elas se colocam em movimento sem qualquer esperança; estão animadas com a aparência externa de algo e sua mente louca não pode ver sua inutilidade. Da mesma maneira, cada um dos que saem para engrossar a multidão nas ruas é levado pela cidade por razões inúteis e vazias. O amanhecer o faz sair, embora nada tenha para fazer e, depois que ele abriu caminho nas portas de muitos homens e saudou seus nomencladores um após o outro, e foi rejeitado por muitos outros, ele descobre que a pessoa mais difícil de encontrar em casa entre todas é ele próprio. Desse hábito maligno vem o pior dos vícios: a fofoca, a intromissão em segredos públicos e privados, o conhecimento de muitas coisas, que não é seguro contar nem ouvir.

XIII. Imagino que foi seguindo este princípio que Demócrito ensinou que "aquele que deseja viver em paz não deve ter muitos negócios, sejam públicos, sejam privados", referindo-se, é claro, a negócios desnecessários, pois se houver alguma necessidade devemos tratar de não apenas muitos, mas negócios sem fim, tanto públicos quanto privados. Nos casos, porém, em que nenhum dever solene nos leva a agir, é melhor nos mantermos quietos; pois aquele que faz muitas coisas geralmente se coloca sob o poder da Fortuna, e é mais seguro não tentá-la com frequência, mas sempre lembrar-se de sua existência, e nunca prometer nada a si mesmo confiando nela. Vou zarpar, a menos que algo me impeça; serei pretor, se nada me atrapalhar; minhas operações financeiras terão êxito, a menos que algo dê errado com elas. É por isso que dizemos que nada recai sobre o sábio que ele não esperasse, não o isentamos dos acasos da vida humana, mas de seus erros, nem tudo lhe acontece como desejou, mas como cogitou que seria; ora, seu primeiro pensamento foi que seu propósito poderia encontrar algum obstáculo, e a dor de desejos frustrados deve afetar menos a mente de um homem, se ele não estiver de todo confiante no sucesso.

XIV. Além disso, devemos cultivar um temperamento fácil, e não nos afeiçoarmos muito à sorte que o destino nos designou, mas nos transportar para qualquer outra condição a que o acaso possa nos levar, e não temer nenhuma alteração, seja em nossos propósitos ou em nossa posição na vida, desde que não fiquemos sujeitos ao capricho, que de todos os vícios é o mais hostil ao repouso, pois a obstinação, da qual a Fortuna muitas vezes arranca alguma concessão, deve ser ansiosa e infeliz, mas o capricho, que nunca pode se conter, deve ser mais ainda. Ambas as qualidades, tanto a de não alterar nada, quanto a de se estar insatisfeito com tudo, são inimigas da tranquilidade. A mente deve sempre ser afastada da contemplação de coisas externas para a de si mesma; deixe-a confiar em si mesma, alegrar-se em si mesma, admirar as próprias obras; evitar, tanto quanto for possível, as dos outros, e dedicar-se a si mesma; que não sinta as perdas e que erga algo bom mesmo dos infortúnios. Zenão, mestre da nossa escola, quando ouviu a notícia de um naufrágio, no qual todas as suas propriedades se perderam, comentou: "A Fortuna ordena que eu siga a filosofia com uma marcha mais leve". Um tirano ameaçou Teodoro de morte sem sepultamento. Ele respondeu: "Pode fazer o que quiser, meu meio litro de sangue está em seu poder, mas, quanto ao enterro, que tolo deve ser se acha que me importo caso apodreça acima do solo ou abaixo dele". Júlio Cano, um homem de grandeza peculiar, a quem mesmo o fato de ter nascido neste século não impede nossa admiração, teve uma longa disputa com Caio, e quando estava indo embora aquele Fálaris lhe disse: "Para que não se iluda com quaisquer esperanças tolas, ordenei que fosse executado", ao que respondeu: "Eu agradeço, excelentíssimo príncipe!". Não estou certo do que ele quis dizer, pois muitas maneiras de explicar sua conduta me ocorrem. Queria ele demonstrar reprovação e apontar-lhe quão grande devia ser sua crueldade se a morte se tornasse uma bondade? Ou o repreendeu em sua insanidade costumeira? Pois até mesmo aqueles cujos filhos eram mortos e cujos bens eram confiscados costumavam agradecê-lo. Ou aceitava de bom grado a morte, considerando-a liberdade? Seja lá o que ele quisesse dizer, foi uma resposta magnânima. Alguém pode dizer: "Depois disso, Caio poderia tê-lo deixado viver". Cano não temia isso, Caio mantinha sua palavra em ordens desse tipo, como era bem sabido. Você acredita que ele passou os dez dias anteriores à sua execução sem o menor desânimo? É admirável como aquele homem falou e agiu, e como estava em paz. Ele jogava damas quando o centurião encarregado de alguns dos que seriam executados ordenou que se juntasse a eles; ante a convocação contou suas peças e disse ao seu companheiro: "Lembre-se, não minta após a minha morte e diga que ganhou". Então, voltando-se para o centurião, disse: "Será minha testemunha de que estou um ponto à frente dele". Você acha que Cano jogava naquele tabuleiro? Não, ele zombava. Seus amigos estavam tristes por estarem prestes a perder um homem tão grande. "Por que estão cabisbaixos?", ele perguntou. "Questionam se nossas almas são imortais, mas eu logo saberei". Até o fim, não parou de buscar a verdade e argumentou sobre a própria morte. Seu próprio mestre de filosofia o acompanhou, e não estavam longe da colina em que o sacrifício diário a César, nosso deus, era oferecido, quando ele disse: "Sobre o que você está pensando agora, Cano? O que lhe passa pela mente?" Cano respondeu: "Decidi, naquele momento mais rápido de todos, observar se o espírito estará consciente do ato de deixar o corpo" Prometeu, também, que se fizesse alguma descoberta, viria até seus amigos e lhes diria qual era a condição das almas dos faleci-dos. Havia paz em meio à tempestade; aqui estava uma alma digna da vida eterna, que usou o próprio destino como prova da verdade, a qual quando no último passo da vida experimentou com seu fôlego fugaz, e não apenas continuou a aprender até morrer, mas aprendeu algo até mesmo com a morte em si. Nenhum homem levou a vida de um filósofo tão longe. Não deixarei às pressas o assunto de um grande homem, e um que merece ser mencionado com respeito. Vou lhe en-tregar a toda a posteridade, ó mais nobre dos corações, o maior entre as muitas vítimas de Caio.

XV. NO ENTANTO, NÃO GANHAMOS NADA nos livrando de todas as cau-sas pessoais de tristeza, pois às vezes estamos possuídos pelo ódio à humanidade. Quando você reflete quão rara é a simplicidade, quão desconhecida é a inocência, quão raramente é mantida a fé, a menos que seja a nosso favor, quando você se lembra de tantos crimes bem--sucedidos, tantas perdas e ganhos igualmente odiosos de luxúria, e ambição tão impaciente até mesmo de seus próprios limites naturais que está disposta a adquirir distinção pela vileza, a mente parece ter sido lançada na escuridão, e as sombras se erguem diante dela como se as virtudes tivessem sido todas derrotadas e não tivéssemos mais permissão para ter esperança de possuí-las ou ser beneficiados por sua posse. Devemos, portanto, chegar a tal estado de espírito que todos os vícios do vulgo não pareçam odiosos, mas somente ridículos, e devemos imitar Demócrito em vez de Heráclito. Este último, sempre que aparecia em público, costumava chorar, o primeiro a rir; aquele achava que todos os atos humanos eram tolices, o outro achava que eram desgraças. Devemos ter uma visão mais elevada de todas as coisas e suportá-las mais facilmente; é melhor zombar da vida do que lamentar por ela. Some-se a isso que aquele que ri da raça humana merece mais do que aquele que chora por ela, pois o primeiro deixa boas esperanças de melhora, enquanto o último lamenta, estúpido, por aquilo que abandonou todas as esperanças de consertar. Aquele que depois de examinar o universo não pode conter seu riso mostra, também, mente superior à daquele que não pode conter suas lágrimas, porque sua mente só é afetada no menor grau possível, e não acha que qualquer parte de todo esse sistema é importante, ou sério, ou infeliz. Quanto às várias causas que nos deixam felizes ou tristes, que cada um as descreva para si mesmo, e aprenda a verdade do dito de Bíon: "Que todos os atos dos homens eram muito parecidos com aquilo que ele começou, e que não há nada em suas vidas que seja mais sagrado ou decente do que sua concepção". No entanto, é melhor aceitar a moral pública e os vícios humanos com tranquilidade, sem explodir em risadas nem lágrimas; pois sofrer pelos sofrimentos dos outros é ser sempre miserável, enquanto desfrutar dos sofrimentos alheios é um prazer desumano, assim como é um sinal inútil de humanidade chorar e fazer cara feia porque alguém enterra seu filho. Em seus próprios infortúnios, também, conduza-se de forma a conceder-lhes tanta tristeza quanto razão, não tanto quanto o costume exige; porque muitos derramam lágrimas a fim de exibi-las, e sempre que ninguém está olhando para eles seus olhos estão secos, mas acham vergonhoso não chorar quando todos o fazem. Esse mal de ser guiado pela opinião alheia está tão profundamente enraizado em nós, que até mesmo o luto, a mais simples das emoções, começa a ser fingido.

XVI. CHEGA AGORA UMA PARTE DO nosso assunto que costuma sempre, com razão, nos deixar tristes e ansiosos; falo de quando homens bons chegam a maus fins. Quando Sócrates é forçado a morrer na prisão, Rutílio a viver no exílio, Pompeu e Cícero a oferecem seus pescoços às espadas dos próprios seguidores, quando o grande Catão, imagem viva da virtude, lança-se sobre sua espada e rasga a si mesmo e à República, não se pode deixar de lamentar que a Fortuna conceda seus dons tão injustamente. E o que pode um homem bom esperar obter quando vê os melhores homens tendo os piores destinos? Bem, veja como cada um deles suportou seu destino, e se resistiram bravamente, deseje em seu coração por coragem tão grande quanto a deles; se morreram de forma fraca e covarde, nada foi perdido; ou mereceram que você admirasse sua coragem, ou então, não mereceram que você desejasse imitar sua covardia, pois o que pode ser mais vergonhoso do que os maiores homens morrerem tão bravamente a ponto de acovardar as pessoas. Louvemos aquele que merece tais elogios constantes, e diga-mos: "Quanto mais corajoso se é, mais feliz se é! Você escapou de todos os acidentes, ciúmes, doenças; você escapou da prisão. Os deuses não julgaram que você era merecedor de má sorte, mas pensaram que a Fortuna não merecia mais ter qualquer poder sobre você". Mas quando qualquer um se encolhe na hora da morte e olha, saudoso, para a vida, devemos colocar as mãos sobre ele. Jamais chorarei por um homem que morre com alegria, nem por um que morre chorando; o primeiro enxuga minhas lágrimas, o segundo, pelas próprias lágrimas, torna-se indigno de que qualquer um derrame alguma por ele. Devo chorar por Hércules porque foi queimado vivo, ou por Régulo porque foi perfurado por tantos pregos, ou por Catão porque abriu suas feridas uma segunda vez? Todos esses homens descobriram como, ao custo de uma pequena porção de tempo, poderiam obter a imortalidade, e por suas mortes ganharam a vida eterna.

XVII. TAMBÉM SE MOSTRA UMA FONTE fértil de problemas se você se esforça para esconder seus sentimentos e nunca se mostra a ninguém sem disfarces, mas, como muitos fazem, leva uma vida artificial, a fim de se impor aos outros; pois a vigilância constante de si mesmo se torna um tormento para o homem, e ele teme ser pego fazendo algo em desacordo com seus hábitos; de fato, nunca estaremos à vontade se imaginarmos que cada pessoa que olha para nós mede nosso valor real, porque muitas coisas ocorrem que tiram as pessoas de seu disfarce, por mais relutantes que estejam ao se separarem dele, e mesmo se todo esse problema consigo mesmo for bem-sucedido, ainda assim, a vida não é nem feliz nem segura quando se tem de usar uma máscara. Mas que prazer há nessa franqueza direta que é seu próprio ornamento, e que não esconde nenhuma parte de seu caráter? Apesar disso, mesmo essa vida, que não esconde nada de ninguém, corre algum risco de ser desprezada; pois há pessoas que desdenham de qualquer coisa da qual se aproximam, mas não há perigo de que a virtude se torne desprezível quando é trazida para perto de nossos olhos, e é melhor ser desprezado pela própria simplicidade do que suportar o fardo da hipocrisia incessante. Ainda assim, devemos observar a moderação, pois há enorme diferença entre viver com simplicidade e viver com desleixo. Além disso, devemos nos recolher em nós mesmos, pois a associação com pessoas diferentes de nós perturba tudo o que havíamos estabelecido, desperta as paixões em repouso, e toca em um lugar dolorido e que não foi de todo curado em nossas mentes. Não obstante, devemos mesclar essas duas coisas e passar nossas vidas ora na solidão e ora entre multidões; pois a primeira nos fará ansiar pela companhia da humanidade, a segunda pela nossa própria, e uma neutralizará a outra; a solidão nos curará quando estivermos cansados das multidões, e as multidões nos curarão quando estivermos cansados da solidão. Não devemos manter a mente sempre no mesmo nível de tensão; às vezes, devemos ser relaxados pela diversão. Sócrates não corava por brincar com os meninos; Catão costumava renovar sua mente com vinho depois de tê-la cansado aplicando-a para assuntos de Estado, e Cipião movimentava seus membros triunfantes e militares ao som da música, não com um andar fraco e vacilante, como é a moda hoje em dia, quando oscilamos em nossa própria caminhada com mais do que fraqueza indolente, mas dançando como os homens costumavam fazer nos velhos tempos em ocasiões esportivas e festivas, com saltos vigorosos, pensando que não faz mal ser visto fazendo isso até mesmo por seus inimigos. As mentes dos homens precisam de relaxamento, elevam-se melhor e com mais vigor depois do repouso. Não devemos forçar colheitas de campos ricos, pois um curso ininterrupto de intensa apanha logo esgotará sua fertilidade, assim também, a vivacidade de nossas mentes será destruída pelo trabalho incessante, mas recuperará sua força após curto período de descanso e alívio; pois a labuta contínua produz uma espécie de dormência e lentidão. Os homens não ansiariam tanto por isso, se a distração e a diversão não possuíssem atrações naturais para eles, embora a indulgência constante neles retire toda a gravidade e toda a força da mente, porque o sono, também, é necessário para o nosso alívio, porém, se é prolongado por dias e noites seguidos se tornará morte. Há grande diferença entre afrouxar o aperto de uma coisa e soltá-la de vez. Os criadores de nossas leis estabeleceram festivais, a fim de que os homens fossem publicamente encorajados à alegria, e achavam necessário intercalar nossos trabalhos com diversões; como eu disse antes, alguns homens notáveis costumam dar-se certo número de feriados em cada mês, e outros dividiram todos os dias entre tempo para diversão e tempo para trabalho. Assim, lembro-me que o grande orador Asínio Polião não tratava de negócio algum após a décima hora; ele nem sequer lia cartas depois desse horário, por receio de que algum novo problema surgisse, mas durante essas duas horas costumava se livrar do cansaço que havia acumulado durante todo o dia. Alguns descansam no meio do dia, e reservam alguma ocupação leve para a tarde. Nossos

Sobre a tranquilidade da alma

ancestrais, também, proibiam que qualquer nova moção fosse feita no Senado após a décima hora. Os soldados dividem suas vigílias e os que acabam de voltar do serviço ativo podem dormir a noite inteira sem serem perturbados. Devemos cuidar de nossa mente e conceder-lhe descanso de tempos em tempos, o que atua sobre ele como alimento, e restaura suas forças. Faz bem também realizar passeios fora de casa, para que nosso espírito se anime e se recupere com o ar livre e a brisa fresca; às vezes, ganhamos energia por andar de carruagem, por viajar, por mudar de ares ou por refeições sociais e goles mais generosos de vinho, outras vezes devemos beber até a embriaguez, não para nos afogarmos, mas apenas para mergulhar no vinho, pois o vinho varre os problemas e os desaloja das profundezas da mente, e age como remédio para a tristeza, assim como faz com algumas doenças. O inventor do vinho é chamado Líber, não por liberar as nossas línguas, mas porque liberta a mente da escravidão das preocupações e a emancipa, a anima e a torna mais ousada em tudo que se dispõe. Todavia, a moderação é saudável tanto na liberdade quanto no vinho. Acredita-se que Sólon e Arcesilau costumavam beber muito. Catão é acusado de embriaguez, mas quem lançar isso em sua cara vai achar mais fácil transformar sua reprovação em uma comenda do que provar que Catão fez algo errado. Entretanto, não devemos fazê-lo com frequência, por receio de que a mente contraia maus hábitos, embora às vezes deva ser forçada à brincadeira e à franqueza e a abandonar a maçante sobriedade por um tempo. Se acreditarmos no poeta grego, "às vezes é agradável ser louco"; mais uma vez, Platão sempre batia em vão à porta da poesia quando estava sóbrio; ou, se acreditarmos em Aristóteles, nenhum grande gênio jamais existiu sem um toque de loucura. A mente não pode usar linguagem elevada, acima daquela da multidão comum, a menos que seja estimulada. Quando rejeita os ambientes habituais do costume, e se eleva sublime, imbuída com fogo sagrado, somente então pode entoar uma canção grandiosa demais para lábios mortais; enquanto continua a habitar dentro de si, não pode se elevar a qualquer tom de esplendor, deve abandonar a trilha batida e entrar em frenesi, até que roa o freio e corra para longe, arraste seu cavaleiro a alturas às quais ele temeria subir sozinho.

Pois bem, meu querido Sereno, relatei-lhe as coisas que podem preservar a paz de espírito, quais coisas podem restaurá-la para nós, o que pode deter os vícios que em segredo a minam; mas, esteja certo, nada disso é forte o suficiente para nos capacitar a reter uma bênção tão fugaz, a menos que cuidemos de nossa mente vacilante com zelo intenso e incessante.

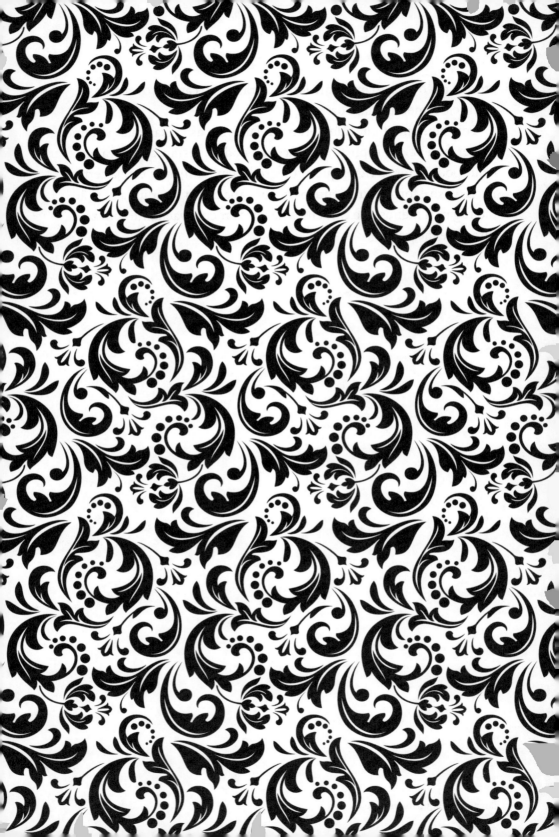

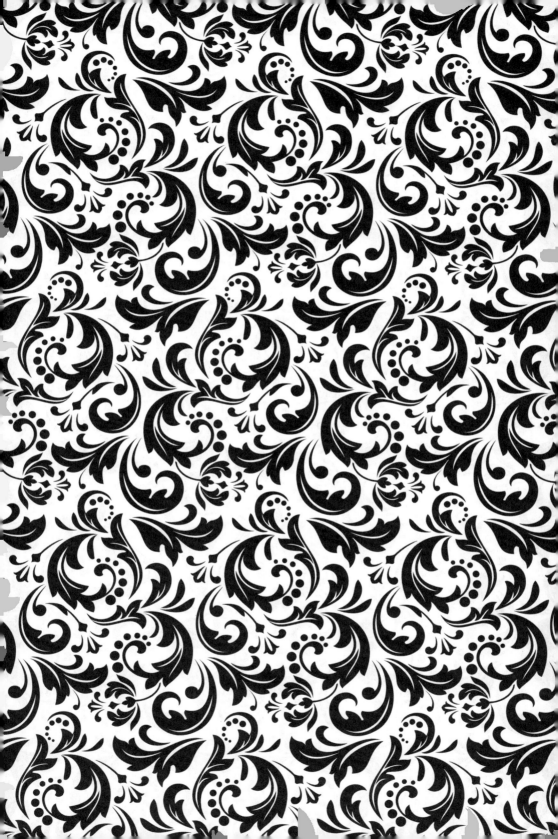